ALEXA VON HEYDEN

MOHN UND REGEN

ALEXA VON HEYDEN

MOHN UND REGEN

Wie die Reise mit meiner Mutter zu mir selbst führte

MEMOIR

DIANA

Sollte diese Publikation Links auf Webseiten Dritter enthalten,
so übernehmen wir für deren Inhalte keine Haftung,
da wir uns diese nicht zu eigen machen, sondern lediglich
auf deren Stand zum Zeitpunkt der Erstveröffentlichung verweisen.

Zitathinweis:
S. 412 John Steinbeck, *Früchte des Zorns*, 1991[5], dtv Verlagsgesellschaft

FSC
www.fsc.org
MIX
Papier | Fördert
gute Waldnutzung
FSC® C083411

Penguin Random House Verlagsgruppe FSC® N001967

in der Penguin Random House Verlagsgruppe GmbH,
Neumarkter Straße 28, 81673 München
Redaktion: Janine Malz
Umschlaggestaltung: SERIFA, München
Umschlagmotiv: © Juliane Dunkel / juliliPHOTOGRAPHY
www.juliliphotography.com
Satz: Leingärtner, Nabburg
Druck und Bindung: CPI books GmbH, Leck

Printed in Germany
ISBN 978-3-453-29247-5

www.diana-verlag.de

Was gibt uns Halt in unserem Leben?
Was ist, wenn wir diesen Halt suchen, aber nicht finden?
Was passiert, wenn wir aufhören, diesen Halt zu suchen?

MOHN & REGEN – KAPITEL 1

LAST MINUTE

Als ich die Nachricht bekomme, auf die ich seit zehn Jahren warte, halte ich sie zunächst für einen Scherz.

Ich habe mir eine Wohnung angeschaut, schreibt meine Mutter per WhatsApp. *Ein kleines Penthouse mit Aufzug. Ich war gerade da und bin begeistert!* Emoji einer winkenden Frau. Rotes Herz. Smiley schickt Küsschen.

Ich stutze, lese die Nachricht noch einmal, weil ich es nicht glauben kann. Penthouse, Aufzug? Hatte sie das wirklich geschrieben? Obwohl sich die Wohnung laut meiner Mutter noch im Bau befindet und erst in ein paar Monaten bezugsfertig sein wird, huscht ein Lächeln über mein Gesicht: *Gott sei Dank*, denke ich. Endlich würde sie dieses Haus verlassen, in dem sie seit über dreißig Jahren zur Miete lebt. Bislang war sie nicht willens dazu, obwohl ich seit Jahren auf sie einrede. Aber sie hängt daran. Es mein »Elternhaus« zu nennen, wäre übertrieben. Es war das Haus in meiner Heimatstadt Bonn, in das wir nach dem Tod meines Vaters gezogen sind. Fast wäre es auch das Grab meiner Mutter geworden.

Meine Mutter hat die Immobilie damals ungesehen gemietet. Eine Freundin hatte die Anzeige in der Tageszeitung entdeckt. Ein schlichter Dreizeiler aus Abkürzungen, ohne Fotos oder einen Link. Das Internet gab es damals noch nicht. Die Freundin ist auch in Vertretung für meine Mutter zu der Besichtigung gefahren. Sie lief einmal mit der Vermieterin durch alle Zimmer und sagte danach, das Haus sei okay. Sie beschrieb es meiner Mutter als Doppelhaushälfte mit schwarz lackierter Holzschalung, zwei Bädern sowie einem

Mülltonnen- und Stromkasten aus Beton vor der Tür. Die Fläche davor würde eines Tages bebaut werden, aber so lange hätten wir Blick auf eine Wiese mit einem Mandelbaum in der Mitte. Es gäbe sogar einen kleinen Garten und eine Garage mit Platz für das Auto und den Rasenmäher. Zur Schule konnten wir mit dem Fahrrad fahren. Auch der Supermarkt und Schreibwarenladen, in dem wir später unsere Schulhefte und Tintenpatronen kauften, waren nicht weit. Meine Mutter unterschrieb den Mietvertrag und brachte ihn zur Post. Wir packten Kartons und zogen um.

So bekamen wir unsere Kindheit zurück und waren nicht mehr nur die Familie, deren Vater sich im Keller umgebracht hatte. Die Welt schien für mich wieder halbwegs in Ordnung. Jeden Tag nach dem Unterricht saß ich auf dem Stromkasten und wartete auf meine Freundin. Wir spielten barfuß auf der Straße Federball, liefen zum Spielplatz oder bauten Buden im Wald. Natürlich wusste jeder, was vorgefallen war, aber wir bekamen die Chance auf einen Neuanfang. Mein Vater war tot, da war eine Lücke, die nichts und niemand füllen konnte. Aber wir lernten mithilfe dieser Nachbarschaft unsere Geschichte zu tragen. Es waren schöne Jahre in diesem Haus.

Trotz des frühen und tragischen Todes meines Vaters kann ich also sagen, dass ich eine glückliche Kindheit hatte. Meine Mutter hat versucht, uns jeden Wunsch zu erfüllen: Sie bezahlte uns Ballett- und Reitstunden, flog in den Sommerferien mit uns nach Ibiza oder an die Algarve, zeigte uns Städte wie Paris, London oder Florenz, kaufte Konzerttickets und nach den Sommerferien eine neue Levi's 501. Außerdem hat sie ein Vermögen in die Mathe-Nachhilfe für mich investiert, leider vergeblich, aber das hat sie mir nie vorgeworfen.

Anders als viele meiner Freundinnen bin ich nach dem Abitur trotzdem nicht zu Hause wohnen geblieben, sondern sofort in die Großstadt abgehauen, erst nach Hamburg, später nach Berlin. Meine Mutter hat geweint, als ich ihr aus dem Umzugswagen winkte. Ich habe es nicht böse gemeint, aber ich weiß, dass ich mich an diesem

Tag rechtzeitig vor der Verantwortung drücken wollte. Vielleicht ahnte ich damals schon, was mit dem Haus eines Tages auf mich zukommen würde.

Andere Eltern sind zu zweit und können sich gemeinsam überlegen, wie und wo sie alt werden. Sie können entscheiden, wann sie in eine altersgerechte Wohnung oder ein Altersheim umziehen und was dann mit ihren Sachen passieren soll. Oder sie besitzen ein Eigenheim, das sie verkaufen können, um sich mit dem Geld eine schöne Zeit zu machen. Andere wollen bis zum Ende in ihrem Haus bleiben und mit dem Blick auf den Garten, den sie all die Jahre gepflegt haben, sterben. Ich dagegen habe meine Mutter mit all meinem Zeug allein sitzen gelassen. Ich konnte in einer anderen Stadt ein neues Leben anfangen. Sie nicht.

Sie war die Gefangene meiner Schulbücher, Barbies und Klamotten. Für mich war es schön, einen Ort zu haben, an dem sich die Dinge nicht dauernd veränderten, sondern mich daran erinnerten, wer ich war, wenn ich es beim Erwachsenwerden zwischenzeitlich vergaß. Die Auslegware, die unter meinen Fußsohlen sanft nachgab, wenn ich darüberlief, war für mich vertrautes Terrain. Mamis Handtücher waren weich und dufteten, nicht so wie meine, die bretthart waren und nach nassem Hund rochen, sobald ich mir damit einmal das Wasser aus den Haaren wrang.

Lange Zeit erkannte ich nicht, dass das Haus für meine Mutter zu einem Gefängnis geworden war. Es war für sie bequemer geworden, einfach weiter darin zu leben, als sich von all dem ganzen Krempel zu trennen. Es waren im Laufe der Jahre einfach zu viele Schränke, zu viele Kleidersäcke, zu viele Kartons geworden. Wir packten die Vergangenheit in eine Kiste, stellten sie auf den Dachboden zu dem anderen Gerümpel und schlossen die Tür. Meine Mutter sagte immer, dass in einem dieser Kartons all ihre Erinnerungen lägen, denn sie führt seit ihrer Jugend Tagebuch. Und ihre Doktorarbeit, die sie nach dem Tod meines Vaters nicht zu Ende hatte schreiben können, weil sie als Alleinerziehende keine Zeit mehr dafür hatte.

Glücklicherweise braucht man nicht unbedingt eine Promotion, um als Ärztin zu praktizieren, dennoch schien ihr dieses Manko immer noch nachzuhängen. Bevor ich anfange auszumisten und wegzuschmeißen, muss ich erst meine Doktorarbeit finden, sagte sie oft. Manches Mal durchwühlte ich das Zeug auf der Suche nach einem alten Sweatshirt oder der Weihnachtsdekoration, aber die Doktorarbeit fand ich dabei nie. Ich räumte die Kartons auch nie auf oder sortierte etwas aus. Erst wenn ein Karton schimmelte, flog er auf den Müll.

Meine Mutter hat ihren eigenen Weg gefunden, mit dem Berg aus müffelnden Erinnerungen umzugehen. Bestimmte Räume betritt sie nur, wenn es unbedingt nötig ist. Auf dem Dachboden oder im Hobbykeller, in dem wir an Regentagen früher immer gespielt haben, war sie seit Monaten nicht. Wenn ich diesen Raum mit heutigen Kinderzimmern vergleiche, denke ich, dass wir – meine Schwester, unsere Freundinnen und ich – ziemlich anspruchslos gewesen sind. Der Teppich war braun, die Wände waren aus nacktem Stein, und als einzige Lichtquelle diente eine vergitterte Lampe an der Wand. Einmal hat es so stark geregnet, dass eine Kröte im Keller saß. Das Trostlose war für uns Normalität. Wir haben diese Räume mit unserer Fantasie gefüllt.

Ich wohne schon lange nicht mehr zu Hause. Meine Besuche sind selten geworden. Aber egal, was ich erzähle, ich lande immer wieder bei meiner Mutter. Sie ist nach wie vor die wichtigste Bezugsperson in meinem Leben. Wahrscheinlich hat sie sich das anders vorgestellt. Mit achtzehn sind die Kinder doch aus dem Gröbsten raus, so die allgemeine Annahme. Ich aber löse mich auch als Erwachsene nicht, sondern fange erst recht an zu kleben. Ich kenne Leute, die telefonieren einmal im Monat mit ihren Eltern. Die wissen nichts voneinander. Nicht, was die kleinen Sorgen sind, nicht, wo die großen Probleme liegen, nur, dass das Wetter wechselhaft, der Job okay und der Urlaub auf Mallorca schön war. Meine Mutter ist nicht nur mein Fels in der Brandung. Sie ist die Mülltonne, in die ich alles reinkippe, was mich belastet. Sie ist der Bankautomat, der mich aus den Miesen holt. Meine Mutter ist meine Sehnsucht, die ich einmal am Tag stillen muss, um ihr am Telefon zu sagen, dass ich sie lieb habe und vermisse. Oder ist es schlechtes Gewissen? Ich habe Angst, dass sie überraschend stirbt und ich es ihr an diesem Tag nicht gesagt habe. Doch ich fahre nicht zu ihr. Ich muss ja arbeiten.

Alles beginnt mit ihr. Achtunddreißig Jahre später existiert zwischen uns noch immer dieses Band, nicht so lebendig und nährend wie eine Nabelschnur, aber lang und elastisch wie ein Spinnfaden, der an mir zieht, wenn ich zu weit oder zu lange weg bin. Ich taste danach, wenn ich mich unsicher fühle, so als wäre eine Schnur um meinen Bauch gebunden, an der ich durch ein Labyrinth laufe. Dieses Labyrinth, in dem ich herumirre, das ist mein Leben, seit ich von zu Hause ausgezogen bin. Ich suche, verlaufe mich, bewege mich im Kreis oder lande in einer Sackgasse.

Ich bin fast vierzig, und noch immer sehe ich keinen Sinn in dem, was ich tue. Ich hatte gehofft, ihn als erwachsene Frau zu erkennen, aber ich habe nicht die leiseste Ahnung, was ich mir eigentlich vom Leben wünsche, nachdem ich gerade erst mal wieder lernen musste, »ich« anstatt dauernd »wir« zu sagen. Da ist nur eine Sache, von der ich mir sicher bin, dass ich sie mir wünsche: ein Kind. Das klingt erst einmal seltsam. Warum will eine Frau, die ihrer Meinung nach gefühlt nichts auf die Reihe bekommt, ein Kind? Ein Kind sollte man doch erst dann in die Welt setzen, wenn alles dafür bereit ist. Aber ich habe kein fertiges Nest, und wenn meine Freundin Gitti über den Klimawandel spricht, dann denke ich, dass mein Wunsch egoistisch ist, weil mein Kind die Erderwärmung miterleben wird. Trotzdem ist es wie ein eingebauter Schalter in meinem Kopf, der angeknipst worden ist. Mein Vater war achtunddreißig, als er gestorben ist. Für mich ist das eine magische Grenze.

Seit einem Jahr bin ich von meinem Mann geschieden. Jetzt habe ich einen neuen Freund, ohne dass ich dafür jemals eine Dating-App anschmeißen musste. Anfangs waren wir nur Kumpels. Sein Café lag neben meinem Büro in Berlin. An einem Sommerabend ist mehr daraus geworden, wobei wir uns bis heute nicht erklären können, wann genau es *Boom* gemacht hat. Ich habe jeden Morgen meinen Kaffee bei ihm geholt. Er nahm meine Pakete an, wenn ich nicht da war, und schippte im Winter den Schnee vor der Tür weg, weil ich keine Schneeschaufel besaß. An einem Sommerabend saßen wir auf der Bank vor meinem Büro, hörten Musik und tranken Wein. Später habe ich ihn auf dem Weg in eine Bar in einen dunklen Hauseingang gezogen und geküsst. Es war nachts noch so warm, dass alle Menschen in T-Shirts herumliefen. Der Verkehr kam zur Ruhe, und aus dem Fast-Food-Restaurant an der Ecke strömte der Geruch von Frittenfett. Floyd hatte Hunger, sein Kuss schmeckte nach Pfennigen. Für mich war es nicht nur ein Kuss. Für mich war es eine Wiedergeburt als Frau. Ich wollte mich wieder jung fühlen und die Leichtigkeit einer verliebten Sommernacht spüren, nachdem ich so lange niemanden geküsst hatte. Er hat in dieser Nacht bei mir geschlafen und ist nie wieder gegangen. Es war für uns beide keine Liebe auf den ersten Blick, aber er ist einfühlsam und hilft mir mit so vielem, nicht nur mit Schneeschippen. Ich nenne ihn Floyd, was er nicht mag, aber ich find's lustig. Wir schlafen ohne Verhütung miteinander und sind uns einig: Wenn es passiert, dann passiert es. Früher hätte ich das nie einfach so gesagt.

Ich erinnere mich, wie ich zu Studienzeiten mal allein im Badezimmer einen Schwangerschaftstest gemacht habe. Damals nahm ich zwar die Pille, aber mir war dauernd schwindelig, ohne dass es eine Erklärung dafür gab. Ich pinkelte in einen Plastikbecher, steckte den Teststreifen in den Urin und fing an zu heulen. Ich war so davon überzeugt, schwanger zu sein, dass ich das Wort »negativ« als »positiv« deutete. Letztlich hatte ich mir einen Halswirbel eingeklemmt, der auf einen Nerv drückte und in meinem Kopf den Schwindel auslöste. Absurd, dass ich mir jetzt etwas wünsche, was ich zuvor jahrelang mit Medikamenten verhindert habe.

Die Tochter einer alleinerziehenden Mutter zu sein, prägt mein ganzes Leben. Wenn die Rede davon ist, eine neue Ära weiblicher Macht sei angebrochen und wir stünden am Übergang von einem patriarchalen zu einem matriarchalen Zeitalter, dann denke ich: *Entschuldigung, was genau ist daran neu? So lebt meine Mutter schon ihr ganzes Leben.* Das Patriarchat hat in den letzten drei Generationen unserer Familie nicht lange überlebt. Die Frauen haben immer den Laden geschmissen. Die Männer spielten nur Nebenrollen, wenn auch unfreiwillig: Mein Großvater ist im Krieg gefallen, mein Vater hat sich das Leben genommen, und ich bin geschieden. Patriarchale Strukturen sind mir fremd. Ich bin so erzogen worden, dass ich ohne Häuptling zurechtkomme. Aber niemals ohne Mutterschiff.

Meine Mutter und ich telefonieren jeden Tag, und wenn wir uns nicht erreichen können, dauert es eine halbe Stunde, bis eine von uns beiden in Panik gerät und den Rest der Familie abtelefoniert. Das Merkwürdige ist: Wenn wir uns wiedersehen, dauert es fünf Minuten, bis wir uns anbrüllen. Man kann wirklich die Uhr danach stellen. Im Nachhinein kann ich mir immer gar nicht erklären, was zu dem Kurzschluss geführt hat. Ich glaube, es liegt daran, dass meine Mutter der einzige Mensch auf der Welt ist, bei dem ich mir keine Sorgen machen muss, dass sie mich nicht mehr liebt, wenn ich mein wahres Gesicht zeige. Keiner versteht mich so, wie sie es tut. Man könnte auch sagen: Keiner hält mich so aus wie sie.

Sie geht mir oft auf den Keks, wenn sie zum hundertsten Mal Geschichten von früher erzählt, meiner Meinung nach zu viel Wein und zu wenig Wasser trinkt oder vor dem Fernseher einschläft und schnarcht, während ich meine Serie schauen möchte. Außerdem motzt sie dauernd. Je älter sie wird, desto mehr steigert sie sich in Dinge rein, zum Beispiel, dass meine Cousine nicht auf ihre Glückwunschkarte zur Geburt geantwortet hat oder dass die Chinesen durch jahrelange Industriespionage und Preisdumping die deutsche Photovoltaikbranche zerstört haben. Das stresst mich, und ich habe keinen Bock auf Stress, vor allem dann, wenn meine Mutter knallrot anläuft und ich befürchten muss, dass sie gleich einen Schlaganfall bekommt. Dann überlege ich jedes Mal, noch während sie schimpft, welche Nummer ich im Notfall anrufen müsste: 110 oder 112? Letztlich habe ich das Internet befragt: »Was tun bei Schlaganfall? Erste-Hilfe-Maßnahmen im Ernstfall« und Folgendes gefunden: *Notruf 112 wählen. Betroffene mit erhöhtem Oberkörper lagern. Bei Bedarf abschirmen. Die gelähmten Körperteile polstern. Bei Bewusstlosigkeit und fehlender normaler Atmung Herz-Lungen-Wiederbelebung durchführen.*

Eine Wiederbelebung habe ich noch nie gemacht, also würde meine Mutter trotz meiner Anwesenheit vermutlich sterben. Deshalb verfolge ich neuerdings die Taktik, sie dazu zu kriegen, sich nicht so aufzuregen. Vergebens. Es endet immer im Streit. Irgendwann ist mir aufgegangen, dass es einfach Menschen gibt, die in ihren Beziehungen immer Reibung suchen, weil sie es nicht anders kennen.

Wenn meine Mutter zum Beispiel Heidi Klum im Fernsehen sieht, fängt sie an zu schimpfen. Nicht etwa wegen ihrer hohen Stimme oder wegen der TV-Shows, die das Model moderiert. Sondern, weil sie ihren Wohnort falsch ausspricht.

Heidi Klum sagt: »Ich bin endlich wieder in Los Äinscheles.« Das machen viele Deutsche, selbst Nachrichtensprecher und Moderatoren. Hollywood-Interviews kommentiert meine Mutter deshalb immer mit: »Das heißt Los ÄNSCHELES, nicht ÄINSCHELES, ihr Blödmänner. Der Name kommt von *El Pueblo de la Reina de Los Ángeles*. Los An-cheeee-les – die Engel!« Bei der vorletzten Silbe lässt meine Mutter das »ch« in ihrem Rachen kratzen wie Edelstahlpads in einem Spülbecken.

Dagegen kann ich nichts einwenden: Meine Mutter weiß wirklich, wie man den Namen korrekt ausspricht. Sie hat früher in Kalifornien gelebt. Vermutlich nicht in der gleichen noblen Gegend wie Heidi Klum, aber in der Nähe. Ich habe nichts gegen Heidi Klum, eigentlich finde ich sie sogar toll, weil sie als Deutsche international bekannt und Mutter von vier Kindern ist. Da fragt man sich doch: große Familie, Figur wie eine Tänzerin und krass erfolgreich – wie macht sie das? Ich habe weder die Figur einer Tänzerin, noch werde ich vier Kinder in meinem Leben bekommen. So viel steht fest. Diese Endgültigkeit ist hart.

Es war nicht so, dass Floyd und ich eines Abends romantisch im Schein von Vanille-Teelichtern beschlossen haben, gemeinsam Eltern zu werden. Wir lernten uns kennen und kamen uns näher. Als er seine Klamotten in meinen Schrank räumte und praktisch bei mir einzog, vergaßen wir immer häufiger die Kondome. Die Pille wollte ich nicht wieder nehmen, denn wer weiß, ob die Beziehung hält. Ich erinnere mich noch an jene Nacht, in der Floyd nach dem Sex sagte: »Ich glaube, ich habe gerade ein Kind gezeugt.« Mein Körper wurde von Angst geflutet, aber es war ein anderes Gefühl als die Panik damals im Badezimmer. Die Angst war wie eine alte Bekannte, die unmittelbar vor mir steht, mir aber nichts mehr zu sagen hat. Sie schaute mich kurz an, drehte sich um und ging. Ich sah, wie ihre Umrisse verschwanden, und wusste, dass ich sie nie mehr wiedersehen würde. Ich blieb im Bett liegen und zog die Beine an. Ich habe mal gelesen, dass man als Frau nach dem Sex einen Augenblick im Bett liegen bleiben und nicht gleich aufs Klo rennen sollte, damit die Spermien ihren Weg zur Eizelle finden. Noch besser: eine Kerze machen. Also hob ich meinen Hintern in die Luft und streckte die Zehenspitzen zur Decke.

»Sie können auf natürlichem Wege kein Kind bekommen«, sagt die Ärztin zu mir, als ich auf Anraten meiner Mutter zusammen mit Floyd zu einem Check-up gehe.

Meine Mutter hatte mich schon ein paar Tage zuvor am Telefon gefragt, wie wir eigentlich verhüteten, und als ich »Gar nicht« antwortete, blieb es am anderen Ende der Leitung still. Wenn sie in die Rolle der Ärztin schlüpft, trägt meine Mutter normalerweise sachlich und präzise die Fakten vor. Aber mir, ihrer Tochter, gegenüber blieb sie in diesem Moment zurückhaltend. Sie ahnte die Diagnose, noch bevor unsere Testergebnisse vorlagen.

Der Wartebereich der Kinderwunschklinik sieht aus wie die Lobby eines Fünfsternehotels: In der Mitte des Raumes steht ein großer Tisch mit einem Blumenarrangement aus pinken Orchideen und purpurroten Callas, darunter liegen sternförmig ausgebreitet internationale Mode- und Klatschzeitschriften, sowohl deutsch- als auch englischsprachig. Auf einem Sideboard steht ein Tablett mit verschiedenen Teesorten: Grüner Tee, Earl Grey, Kamillentee. Es gibt Kaffee in einer großen silbernen Kanne, außerdem eine Karaffe Wasser und eine Schale mit Äpfeln, an denen man sich bedienen kann. Floyd nimmt einen Kaffee mit Milch und einen Apfel, so als wäre dies hier nicht eine Kinderwunschklinik, sondern eine Flughafenlounge. Ich glaube nicht, dass er realisiert, wo wir uns hier befinden. Die Sitzmöglichkeiten sind versetzt angeordnet, sodass die Privatsphäre der Paare geschützt bleibt. In einer Ecke steht Spielzeug für Kinder: Stofftiere, Bücher und Bauklötze. *Wer bitte bringt seine Kinder mit in eine Kinderwunschklinik?*, frage ich mich. Dabei sind sie der beste Beweis für den Erfolg der Behandlung. Aber mir entgeht nicht, wie die anderen Frauen im Wartezimmer mit den Blicken mich und meinen Bauch mustern, und ich ahne, auf welchen Weg ich mich hier begebe.

Der Satz der Ärztin trifft mich wie ein Faustschlag ins Gesicht, obwohl mich noch nie jemand mit der Faust ins Gesicht geschlagen hat, aber so stelle ich es mir vor: ein stumpfer, plötzlicher Schmerz und eine Wucht, die einem den Atem raubt. Ich habe mal eine Backpfeife von meiner Mutter kassiert, als ich mir aus Versehen die Augenbrauen abrasiert habe. Damals wollte ich herausfinden, was passiert, wenn ich mit einer Rasierklinge über die Haare fahre. Meine Mutter schlug mich, um mich für meine Blödheit zu bestrafen, denn ich hatte mich selbst entstellt. Ich fing sofort an zu heulen.

In diesem Moment im Sprechzimmer mahlen meine Zähne gegen die Tränen an. Mit dieser Diagnose habe ich nicht gerechnet. Ich schaue die Ärztin kopfschüttelnd an, öffne den Mund, aber es kommt nicht mehr als ein Stöhnen heraus. Sie muss sich irren. Mein

Sprachzentrum ist so gelähmt wie ich. Dann beginnt sich der Raum zu drehen. *Bitte lass das eine Verwechslung sein. Bestimmt haben sie nur die Testergebnisse vertauscht.*

Seit dem Beginn meiner Regelblutung dachte ich, dass ich jederzeit schwanger werden kann. Deshalb habe ich zwei Jahrzehnte lang die Pille geschluckt. Ich machte mein Abitur, ging studieren und fing danach sofort an zu arbeiten. Ich nahm weiter die Pille, saß bis spätabends im Büro, verhandelte zaghaft mein Gehalt und erlaubte mir niemals die Frage nach meinem Kinderwunsch, weil ich dachte, dass ich erst einmal finanziell abgesichert sein müsste, bevor ich Mutter werden könnte. Hätte man nicht schon früher mal prüfen können, ob ich überhaupt schwanger werden kann? Klar, die Pille hat mir eine reine Haut beschert. Aber wenn ich niemals eine Empfängnisverhütung gebraucht hätte, dann hätte ich das gerne gewusst. Floyd neben mir ergreift meine Hand, doch ich nehme ihn kaum wahr.

»Sie sind leider nicht mehr die Jüngste«, sagt die Ärztin und zieht eine Schnute. Ihre Worte verunsichern mich, weil mein Alter bis zu diesem Zeitpunkt noch nie ein Hindernis für irgendwas gewesen war.

»Aber ich fühle mich noch gar nicht so alt.«

»Die Natur ist da anderer Meinung.«

»Ich verstehe das nicht.«

»Sie haben die Wahrheit verdient: Auf natürliche Weise werden Sie nicht schwanger.«

Diesen Satz haut sie gnadenlos raus, wie ein Tennisspieler seinen besten Aufschlag. Vermutlich hat sie diesen Satz einstudiert, weil darauf ihr ganzes Geschäftsmodell beruht. Ihr macht das nichts aus, für sie ist es so gesehen ja eine positive Diagnose, denn sie kann mich als neue Patientin aufnehmen.

»Ich bin gerade mal Ende dreißig«, antworte ich. Meine Stimme leiert. Ich blicke verlegen auf ihr goldenes Armband. Ich habe diese Praxis nicht betreten, damit sie mich runtermacht.

»Leider *schon* Ende dreißig. Damit sind Sie auf der falschen Seite der fünfunddreißig«, sagt die Medizinerin und sieht mir dabei zu, wie ich einen dicken Kloß im Hals hinunterschlucke. Ich schließe die Augen und atme aus.

Floyd drückt fester meine Hand. Seine Handflächen schwitzen.

»Die meisten Frauen sind falsch informiert. Sie glauben, dass es erst ab vierzig schwieriger wird, schwanger zu werden. Dabei belegen wissenschaftliche Studien, dass die Fruchtbarkeit einer Frau schon ab dreißig sinkt.«

Ich atme aus und schaue aus dem Fenster. Ob Floyd es bereut, mit mir zusammen zu sein? Er wünscht sich ein Kind, und jetzt sitzen wir hier. Mein Magen verkrampft sich.

Obwohl wir beide immer blasser werden, redet die Ärztin unbeeindruckt weiter: »Vielen Menschen fällt eine Einschränkung ihrer Fruchtbarkeit gar nicht auf, solange sie keinen Kinderwunsch haben und immer verhüten. Dabei liegt die monatliche Fruchtbarkeitsrate bei Frauen zwischen zwanzig und dreißig Jahren pro Zyklus ohnehin nur bei fünfundzwanzig Prozent. Bei Frauen über fünfunddreißig sind es weniger als zehn Prozent. Mit der Qualität der Eizellen geht es dann schnell bergab. Ganz zu schweigen von der Gefahr einer Fehl- oder Frühgeburt und Missbildung des Kindes.«

Sie schreibt die Zahlen, die sie gerade genannt hat, vor uns auf ein kariertes Blatt Papier. Die *fünfunddreißig* und die *zehn Prozent* unterstreicht sie zweimal mit dem blauen Kuli und malt daneben einen Pfeil, der nach unten zeigt.

Die Nachricht, die bei mir ankommt: Ich kann nicht schwanger werden, und selbst wenn ich es werde, könnte es sein, dass ich aufgrund meines fortgeschrittenen Alters ein geistig oder körperlich behindertes Kind bekomme. Wenn ich das Baby nicht schon vor der Geburt verliere.

»Die Frauen warten heute zu lange«, sagt die Expertin. »Sie machen ihre Ausbildung oder ihr Studium zu Ende und möchten erst einmal beruflich durchstarten, sich selbst verwirklichen. Der Wunsch nach einem Baby wird frühestens ab Mitte dreißig relevant, wenn bis dahin überhaupt ein Partner mit Papi- oder Mami-Potenzial aufgetaucht ist. Die fruchtbarste Zeit ist dann allerdings vorbei.« Sie klingt jetzt versöhnlicher.

Mich packt die Wut: »Das ist doch normal! Man kann sich als junge Frau doch nicht einfach schwängern lassen, ohne dabei die beruflichen Konsequenzen zu bedenken. Das funktioniert nicht. Da wird man von den Kolleginnen schief angeguckt, und beim Chef ist man abgeschrieben als ›die Mutti mit Klotz am Bein‹. Dann tappt man in die Teilzeitfalle und bekommt später eine mickrige Rente. Und das Homeoffice spart höchstens die Anfahrt!«

Die Ärztin nickt. Sie hat das alles schon mal gehört. »Trotzdem sind Sie jetzt mit einem späten Kinderwunsch hier.«

»Mir war nicht klar, dass es *so* spät ist. Es hat sich vorher einfach nicht ergeben.«

Für eine Großstadt ist mein Alter beim ersten Kind nicht ungewöhnlich.

Die Ärztin sieht das anders. »Falls Sie Mutter werden, dann last minute«, sagt sie.

Wir schweigen einen Moment lang. Mein Hals ist trocken.

All die Jahre so viel Arbeit und zum Dank Last-minute-Mutter, denke ich.

Die Ärztin redet weiter. Man merkt, wie sehr sie im Gegensatz zu mir mit der Faktenlage vertraut ist. »Das Problem liegt nicht nur bei den Frauen. Auch die Spermienqualität der Männer nimmt rapide ab. Fünfundachtzig Prozent der Spermien sind nicht in der Lage, eine Eizelle zu befruchten. Das geht nicht nur Männern in Deutschland so, sondern auch in der Schweiz, in Nordamerika, Australien oder Neuseeland.«

»Und woran liegt das?«

»Würde ich die genaue Ursache kennen, bekäme ich vermutlich einen Nobelpreis. Das ist kein Scherz. In der Medizin geht man inzwischen unter anderem davon aus, dass es an den Weichmachern liegt, weil sie eine hormonähnliche Wirkung haben. Die sind praktisch überall drin, in PVC-Böden, Kunstleder, Wasserflaschen, Plastikspielzeug. Dasselbe gilt auch für Pestizide, Desinfektions- oder Sonnenschutzmittel.«

»Benutzen wir so etwas auch?«, fragt Floyd leise.

Ich zucke mit den Schultern, denn ich weiß nichts von all diesen Dingen und lege jetzt seine Hand in meine, um ihm zu signalisieren: *Du hast nichts falsch gemacht.* Ich denke an die weißen Kunstledersofas im Wartebereich und aus wie vielen Plastikwasserflaschen ich in meinem Leben schon getrunken habe. Und dann beginne ich zu begreifen, dass Fruchtbarkeit kein Recht, sondern ein Privileg ist.

»Ach so, und: Spermien mögen übrigens keine Wärme. Die optimale Betriebstemperatur der Hoden liegt zwei Grad unter der Körperkerntemperatur. Eine heiße Sauna, der Laptop auf dem Schoß oder die Sitzheizung im Auto sind schlecht für Ihre kleinen Jungs.«

Floyd sieht aus, als würde er sich am liebsten ein Kühlpad in den Schritt stopfen.

Asthenozoospermie bedeutet zu wenige bewegliche Spermien im Ejakulat, *Teratozoospermie* zu viele deformierte und *Oligozoospermie* zu wenige Spermien, lese ich in einer Broschüre, die sie vor uns aufklappt. Ich kann diese Begriffe nicht mal aussprechen.

»Das ist ein echtes Problem«, sagt sie und veranschaulicht das Ganze mit einem Vergleich: Ein Spermium ist zehnmal kleiner als der Punkt am Ende eines Satzes. »Es gibt sogar Patienten, die nur mit Platzpatronen schießen und denen wir die Samenzellen aus dem Hodengewebe entnehmen müssen«, erklärt die Ärztin.

Floyd schlägt die Beine übereinander und hüstelt. »Ich finde, diese Zahlen sollte man den Kindern im Biologieunterricht in der Schule zeigen«, sagt er.

»Das klingt ja so, als sollten wir uns gar nicht mehr fortpflanzen«, stelle ich fest.

»Interessant, dass Sie das sagen. Tatsächlich geht es den Menschen in der ersten Welt dank ausreichend Nahrung und Medizin so gut, dass sie eine hohe Lebenserwartung haben. Das führt zum Zelltod der Spermien. Die Evolution reduziert den Nachwuchs, weil es genug gibt.«

»Also heißt es jetzt: Wir gegen die Evolution?«, frage ich.

Es herrscht Stille im Raum, nur die Klimaanlage hinten in der Ecke röchelt.

In meinem Kopf echot es: *Fehlgeburt oder Missbildung, Fehlgeburt oder Missbildung, Fehlgeburt oder Missbildung.* Will ich das Leben eines Kindes unbedingt erzwingen? Schlaflose Nächte haben, in einer chaotischen Wohnung leben und morgens auf dem nassen Sandkastenrand hocken, während andere Frauen in ihren gemütlichen Boxspringbetten einen Kaffee mit aufgeschäumter Milch trinken? Will ich diese Behandlung wirklich, oder sage ich jetzt: *Okay, danke für die Information – ich mache mir ohne Kind ein schönes Leben! Ciao!*

Floyd ist noch blasser geworden. Er leckt sich über die trockenen Lippen und ringt nach Worten.

»Ich möchte Ihnen die möglichen Komplikationen nicht vorenthalten, damit Sie abwägen können, ob eine Behandlung für Sie infrage kommt. Fragen Sie sich: Wie viel Energie habe ich? Wie alt wäre ich bei meinem ersten Kind? Wie wichtig ist mir meine Berufstätigkeit? Sie sollten nicht unkritisch sein. Auch was Ihre Erwartungshaltung angeht. Niemand kann Ihnen den Erfolg der Behandlung garantieren. Es gibt Paare, die ein Haus mit drei Kinderzimmern kaufen, die alle leer bleiben. Manche Reproduktionsmediziner fragen sich ohnehin, ob eine Kinderwunschbehandlung bei Frauen ab vierzig überhaupt sinnvoll ist«, sagt die Ärztin. »Eigentlich sollten Sie sich vielmehr mit dem Thema Wechseljahre beschäftigen.«

»Bitte was?«

Ich sehe mich statt mit Babybauch mit Hitzewallungen, trockener Haut und schütterem Haar vor dem Spiegel stehen.

»Wie stehen unsere Chancen?«, frage ich wie ferngesteuert.

Die Ärztin wertet das als ein Zeichen fürs Weitermachen. »Bitte machen Sie sich untenrum frei und kommen Sie zu mir auf den Untersuchungsstuhl«, sagt sie.

Ich löse mich aus Floyds schwitzigem Handgriff und gehe mit weichen Knien in die Umkleidekabine. Ich ziehe meine Schuhe und Jeans aus, behalte die Socken an. Dann trete ich halb nackt wieder hinaus, ziehe mein T-Shirt etwas länger über den Po, setze mich auf den Stuhl und lege meine Beine in die schalenförmigen Halterungen, während Floyd vor dem Schreibtisch sitzen bleibt und in seinen Schoß starrt. Die Frauenärztin zieht sich Einmalhandschuhe an, spritzt Gleitgel auf den Ultraschallkopf und führt die Sonde, die so lang wie ein Unterarm ist, in mich ein. Ich werde mich nie an diesen Moment gewöhnen. Erst neulich habe ich dank eines Instagramposts verstanden, was der Unterschied zwischen Vulva und Vagina ist, echt peinlich für eine achtunddreißigjährige Frau. Die Bezeichnung *Scheide*, von der ich bislang dachte, sie sei korrekt, ist dagegen frauenfeindlich. Sie bezieht sich auf die Schwertscheide, in die man ein Schwert steckt. Das weibliche Geschlechtsorgan wird damit auf ein Loch reduziert.

Die Ärztin durchleuchtet meine Vagina, die Gebärmutter und Eierstöcke auf ihren Zustand. Man könnte auch sagen: auf das Verfallsdatum. Auf einem großen Bildschirm an der Wand sehe ich mein Innerstes in Schwarz-Weiß und fühle mich wertlos. Wenn man schwanger ist, dann sieht man auf dem Ultraschallbild einen Punkt, die Fruchthöhle in der Gebärmutter, erklärt sie mir. Später kann man den Embryo erkennen, der in der fünften Schwangerschaftswoche die Größe eines Sonnenblumenkerns und zum Ende der Schwangerschaft, in der vierzigsten Woche, die Größe einer Wassermelone hat.

»Die Eierstöcke sehen gut aus. Für Ihre Gebärmutterschleimhaut würden andere Frauen töten. Aber Sie haben zwei große Myome in der Gebärmutter. Hier und hier«, sagt die Ärztin. »Die müssen vorher operativ entfernt werden, sonst können wir keinen Embryo einpflanzen.«

Floyd dreht sich zu uns um und macht große Augen. Unsere Blicke treffen sich und mir wird klar, dass er in diesem Moment am liebsten mit mir diese Praxis verlassen und nie wieder das Wort *Baby* in den Mund nehmen würde.

Bei mir löst die Diagnose »unfruchtbar« einen Selbsthass aus, der in einen eisernen Ehrgeiz mündet, eine Schwangerschaft zu erreichen, so als sei sie das Idealgewicht zum Start der Bikinisaison. Auf Instagram werde ich später viele Gleichgesinnte finden – die *#KiWu-Kriegerinnen, #KiWu-Mädels* oder *#ivfwarriors*. Diese Frauen veröffentlichen ihr Alter und das ihres Partners oder ihrer Partnerin, ihre Diagnosen, wie viele Versuche sie hinter sich oder wie viele Fehlgeburten sie schon erlitten haben. Man kann bei ihnen den kompletten Verlauf einer In-vitro-Fertilisation (IVF) oder Intrazytoplasmatischen Spermieninjektion (ICSI) wie ein Online-Tagebuch nachverfolgen. Bei einer Neunundzwanzigjährigen steht *Leider nicht geklappt* und mehrere Daten, die mit einem Sternchen gekennzeichnet sind. Eine andere postet glücklich zusammen mit ihrer Frau Fotos mit der Bildunterschrift: *Wir sind offiziell schwanger*. Manche haben drei Versuche hinter sich, andere bereits sieben oder sogar zwölf. Sie wünschen sich gegenseitig *#babydust* oder verraten Insidertipps. Als Vorbereitung für den Embryo-Transfer soll man zum Beispiel jeden Tag eine halbe Bio-Ananas essen, weil das darin enthaltene Enzym Bromelain das Blut verdünnt, was wiederum gut für die Einnistung sein soll.

»Ich melde Sie bei meinem Kollegen zur Operation an, einverstanden?«, fragt die Ärztin und zieht die Sonde aus meinem Körper.

Ich verfalle in eine Mischung aus Selbstmitleid und Zorn auf alle anderen Frauen, die auf natürliche Art ein Kind bekommen. Ich nicke und fühle wieder den Drang, mich für meine Lage rechtfertigen zu müssen: »Ich habe nicht gewartet, sondern gearbeitet. Ich konnte mir das nicht aussuchen, sondern musste meine Ausbildung zu Ende machen und den Erwartungen an mich gerecht werden«, stottere ich, während ich immer noch mit gespreizten Beinen auf dem Untersuchungsstuhl liege.

Die Ärztin reicht mir ein Stück Küchenrolle, mit dem ich das Gleitgel abwischen kann.

»Ich wollte die anderen nicht enttäuschen oder verletzen. Außerdem wollte ich eine gewisse Sicherheit im Leben.« Meine Zähne mahlen weiter, damit keine Tränen kommen.

Dabei dachte ich nicht an das perfekte Alter, sondern an den perfekten Kontostand. Mit Mitte zwanzig hatte ich noch nicht viel Geld zur Seite gelegt. Zudem hätte ich nicht viel Elterngeld bekommen, weil ich noch nicht genug verdiente.

»Sicher ist eines: Unsere klinische Erfahrung mit späten Erstgebärenden legt nahe, dass bei diesen Frauen konflikthaft verlaufende Reifungsprozesse zur Mütterlichkeit lange abgewehrt worden sind«, erklärt mir die Ärztin und zitiert aus einem Fachblatt.

Floyd hat sich zu uns umgedreht und schaut mich an, als hätte ich soeben meine wahre Existenz als Marsmännchen offenbart.

Mit anderen Worten, ich bin selbst schuld, weil ich nicht nur zu lange gewartet habe, sondern offensichtlich auch noch ein psychisches Problem mit mir herumschleppe, von dem ich nichts weiß.

»Späten Erstgebärenden?«, frage ich. Den Begriff habe ich noch nie gehört. Ich finde ihn noch frauenfeindlicher als *Scheide*. Das Gefühl, trotz ständiger Selbstoptimierung in einem so wichtigen Punkt zu viel Zeit vergeudet zu haben, übermannt mich. Ich schluchze auf. »Das ist so ungerecht. Alte Väter stehen viel weniger in der Kritik als Frauen, obwohl es ja viele gibt, die noch jenseits der fünfzig Kinder bekommen. Das ist dann meist aber auch schon ihre dritte Ehe.«

Die Ärztin streichelt mein Fußgelenk. Die Berührung tut gut. Ich habe das Gefühl, dass sie sich um mich kümmern will. Dann steht sie vom Hocker auf, geht zurück zu Floyd und ihrem Schreibtisch und beginnt einen Behandlungsplan aufzuschreiben, der in Zukunft mein Leben bestimmen wird.

Als wir die Praxis verlassen, wartet vor dem Aufzug ein junges Paar. Die Anspannung zwischen ihnen liegt wie elektrische Ladung in der Luft. Die Frau trägt einen schwarzen Mantel mit Gürtel, graue Leggings und weiße Sneaker, die zu ihrer Tasche passen. Sie hat matte schwarze Haare, die sie mit ihren langen Fingernägeln durchkämmt. Der Mann sieht so jung aus, als würde er noch zur Schule gehen. Es ist die Art, wie er seine Kappe trägt. Eine Basecap mit breitem flachem Schirm, die er auf dem Kopf balanciert, statt sie richtig aufzusetzen. Er hat seine Hände tief in den Taschen seiner Jogginghose vergraben und starrt zu Boden. Wir stellen uns mit etwas Abstand hinter ihnen an, hören aber deutlich, wie sie ihm zuzischt: »Hätte ich das gewusst, hätte ich dich nicht geheiratet.« Der Mann macht ein bellendes Geräusch, als wenn er gleichzeitig husten und sich übergeben müsste. Dann zieht er die zähe Flüssigkeit in seiner Nase bis in den Rachen.

Viele trifft die Diagnose, unfruchtbar zu sein, so hart wie die Nachricht vom Tod eines Familienmitglieds oder die Diagnose einer unheilbaren Krankheit, sagte die Ärztin noch, bevor wir das Sprechzimmer verließen.

Wie soll man als Paar drei leere Kinderzimmer verkraften?, frage ich mich vor dem Aufzug.

»Wir nehmen den nächsten«, sagt Floyd, als die beiden vor uns in die Kabine einsteigen und wir an den schwarzen Schlieren auf ihren Wangen sehen können, dass die Frau geweint hat. Ich schätze sie zehn Jahre jünger als mich. Ihre Wangen sind prall, ebenso wie ihre Lippen, und sie hat einen großen runden Busen, den sie mit einem schmalen schwarzen T-Shirt betont. Der Mann will ihre Hand nehmen, doch sie reagiert nicht.

»Warum blamierst du mich?«, fragt er sie.

Ich beobachte sie durch meine Sonnenbrille und würde die beiden so gerne in den Arm nehmen und sagen: *Scheiße, verdammt. Uns passiert das gerade auch.*

Und nun das: Floyd und ich befinden uns in einer Kinderwunschbehandlung, obwohl wir bis vor ein paar Wochen noch nicht mal wussten, was das ist. Das Paar vom Aufzug haben wir nie wieder in der Klinik gesehen.

Als ich meine Mutter anrufe, um ihr schluchzend die Diagnose »unfruchtbar« und den Termin für meine Myom-OP mitzuteilen, kann ich am anderen Ende der Leitung hören, wie ihr Mutterherz ächzt. Das hatte sie sich nicht für mich gewünscht, auch wenn sie es war, die mir von klein auf das Mantra der finanziellen Unabhängigkeit vorgesungen hatte, bis es in der allerletzten Gehirnzelle angekommen und sich wie ein kleiner Käfer hineingefressen hatte: *Du musst eine Ausbildung machen. Du musst finanziell unabhängig sein. Du darfst dich niemals auf einen Mann verlassen. Sei niemals abhängig, sei niemals untätig, sei niemals pleite. Mach nicht die gleichen Fehler, die deine Großmutter gemacht hat, lalala.*

»Das kommt häufiger vor, als du denkst«, sagt sie und meint die Diagnose, die sich für mich immer noch anfühlt, als sei ich kaputt. In ihrer Praxis hatte sie viele Patientinnen mit unerfülltem Kinderwunsch, erzählt sie. Sie war über vierzig Jahre lang eine gefragte Frauenärztin. Wenn sie das sagt, dann glaube ich es ihr.

»Ja, aber ich habe nicht verstanden: Was können wir denn noch machen, außer meiner OP?« Ich stelle das Gespräch auf laut, weil Floyd neben mir sitzt.

»Du brauchst auf jeden Fall keine teuren Vitamin-Tabletten kaufen, auch wenn sie angeblich bei der Erfüllung des Kinderwunsches helfen sollen.«

»Aber, Mama. Wieso ausgerechnet ich?«, heule ich, denn ich verstehe noch immer nicht, warum die Natur so ungerecht ist und Frauen über fünfunddreißig das Kinderkriegen so schwer macht, obwohl sie dann erst auf eigenen Beinen stehen. Ich hatte nie das Gefühl, dass ich eine Wahl hatte. Ich musste all das machen und habe es bis zu dem Moment, in dem ich noch etwas anderes dazu wollte, nie angezweifelt. Warum war mir das mit meinen Eizellen nicht klar gewesen?

»Warum hast du mir nicht früher gesagt, dass ich mich um das Kinderthema kümmern sollte?«, frage ich meine Mutter.

»Du erinnerst dich vielleicht, dass ich dich immer wieder gefragt habe. Du hast mir jedes Mal geantwortet, dass du noch keine Kinder willst.«

»… weil ich dachte, dass ich noch Zeit habe und du nur Druck machst, weil du wie deine Freundinnen unbedingt Oma werden willst. Warum hast du mir nie gesagt, dass meine besten Jahre verstreichen, während ich im Büro gehockt und nebenbei sogar noch mal studiert habe, um einen besseren Abschluss zu haben!«

»Du hast einen hervorragenden Abschluss von einer der besten Universitäten Europas. Dieses Privileg haben nicht alle Frauen.«

»Das hilft mir nichts.«

»Machst du mir jetzt einen Vorwurf?«

»Du bist Ärztin, und ich bin deine Tochter. Du hättest es mir sagen sollen.«

»Du hast mich immer abgewimmelt, wenn ich dich gefragt habe.«

»Es war mir nicht klar, dass ich keine Zeit mehr habe.«

»Es gibt viele Frauen, die trotz Myomen schwanger werden.«

»Ich zähle wohl nicht dazu.«

»Nein.«

Die Wut in meinem Bauch steigt wie kochendes Wasser in einem Kessel nach oben, und ich schreie ins Telefon: »Was hat mir deine Emanzipation gebracht, außer Einsamkeit, Mama? Meine erste Ehe ist zerbrochen, meine Zeugnisse will keiner sehen, und ich hangele mich von einem Freelancer-Job zum nächsten. Und jetzt kann ich noch nicht mal ein Kind bekommen! Das ist ein Deal, den ich nie wollte!«

Wenn ich sauer bin, teile ich gerne mit beiden Händen aus, so als sei mein Ärger ein Haufen Sand, den ich jemand anderem vor die Füße schmeißen kann, damit der auch Sand im Schuh hat. Und meine Mutter bekommt gerade zwei Stiefel voll.

Manchmal mache ich mir Sorgen, dass ich diese Ausbrüche von meinem bipolaren Vater geerbt habe, so, wie ich bei all meinen negativen Eigenschaften immer denke, dass ich sie von ihm habe. Vor allem diese Wut, die ich nicht kontrollieren kann. Es ist, als würde jemand in meinem Kopf einen Radiosender verstellen. Gerade noch Vivaldi, plötzlich Death Metal. Ich schreie laut, trete gegen die Tür, will weg und nie wieder reden. Niemand in meiner Familie ist so wie ich. Es dauert nicht lange, bis meine Wut verpufft, und dann dudelt in meinem Kopf wieder der klassische Radiosender von vorhin. Wenn ich mich dann wieder vertragen möchte, verstehe ich nicht, dass mein Gegenüber verletzt ist und meine Entschuldigung nicht akzeptiert. Ist es ungerecht zu denken, dass ich das, was ich nicht kontrollieren kann, von meinem Vater habe, weil er psychisch krank war? Ich kann ihn nicht fragen. Ich kann niemanden fragen, weil er tot ist und die Erinnerungen an ihn verblassen, so wie die Fotos in den schwarzen Lederalben, die in einem Regal im Wohnzimmer meiner Mutter stehen.

Früher haben wir uns oft die Bilder zusammen angeschaut. Der Geruch des genarbten Leders, das Knistern des Fotopapiers, die handschriftlichen Notizen meiner Eltern unter den Bildern – all das war so liebevoll für uns Kinder gestaltet. Welche Mühe sie sich damals gemacht haben. Ich knipse alle meine Fotos auf dem Handy, und wenn ich Abzüge haben will, sind es so viele Bilder, dass ich mich nicht entscheiden kann, welches das beste ist.

»Männer und Frauen sind ungefähr zu gleichen Teilen die Verursacher, aber keiner weiß genau, was die Ursachen für Unfruchtbarkeit sind. Man vermutet die Weichmacher in Plastikflaschen oder Wandfarben, die eine hormonähnliche Wirkung haben …«, redet meine Mutter weiter.

Ich schalte ab. Für heute habe ich genügend Erklärungsversuche gehört, warum Floyd und ich keine Eltern werden können. Ich weiß, dass ich es verkackt habe, indem ich – wie die Ärztin sich ausdrückte – zu lange gewartet und den Job und meinen Kontostand an erste Stelle gestellt habe. Gehetzt von meinem übervollen Leben und zu großen Ansprüchen an mich selbst, habe ich mich selber ins Aus geschossen.

»Ich würde es verstehen, wenn du mich nicht mehr heiraten willst«, sagt Floyd, als wir abends vor unserem online georderten Sushi-Menü sitzen, Rosé-Champagner trinken und so tun, als wären wir so cool und könnten den größten Schock unseres Lebens einfach wegfeiern.

»Ich werde nie wieder heiraten«, antworte ich und tunke ein Lachs-Nigiri in die Sojasoße. Der Reis saugt sich mit der braunen Würze voll. Die Trennung von meinem ersten Mann liegt eine Weile zurück, und ich bin froh, dass ich diese Zeit überwunden habe. Ich möchte nie wieder in einer Wohnung sitzen und das Gefühl haben, dass ich nicht gehen kann, wenn ich es nicht mehr aushalte.

»Ich frage dich trotzdem.«

Mein Körper erstarrt. Gerade wollte ich mir die Rolle Sushi in den Mund »stäbeln«.

Floyd wirkt plötzlich nervös.

Ich gucke ihn an, meine Kinnlade sinkt nach unten. »Wie?«

»Du weißt, was jetzt kommt.«

Ich schiebe mir das tropfende Reisbällchen schnell in den Mund, bevor mir die Stäbchen aus der Hand fallen.

Floyd steht von seinem Stuhl auf, wischt sich die Hände an den Hosenbeinen ab und fällt vor mir auf den Dielen auf die Knie.

»Das ist nicht dein Ernst?«, frage ich mit vollem Mund und spucke dabei ein Korn Reis auf den Tisch. »Ich habe doch gerade gesagt, dass ich nie wieder heirate.«

»Wenn wir verheiratet sind, übernimmt die Krankenkasse einen Anteil der Behandlungskosten«, sagt Floyd.

Wenn es um Geld geht, bin ich schnell von einer Sache zu überzeugen. Und es stimmt: Unverheiratete Paare, die gesetzlich versichert sind, müssen die Kosten für die Kinderwunschbehandlung selbst tragen. Aber schmeiße ich deswegen innerhalb weniger Minuten meine gerade erst erarbeiteten Prinzipien wieder über den Haufen? Mir wird schwindelig.

»Wo ist der Ring?«, entgegne ich und lehne mich zurück, während ich das Essen zerkaue. Ich bin mir sicher, dass ich damit Floyds Angebot für ungültig erklärt habe und er gleich einen Rückzieher macht.

»Ich habe keinen Ring. Nur meine Hand.«

Mich in einer Situation zu fragen, wo er mit einem Nein rechnen muss und noch nicht mal einen Ring hat – diesen Mut finde ich bemerkenswert. Wenn ich mich mit einem Mann in diese Behandlung begebe, dann mit Floyd.

Ich lache und lege den Kopf auf dem Tisch ab. »Dann müssen wir aber relativ bald heiraten«, antworte ich.

»Also sagst du Ja?« Floyd springt auf und nimmt meine Hände.

»Nur wegen der Behandlung.«

Wir umarmen uns. Wir haben beide schon viel erlebt, wir sind erwachsen. Wir schaffen das.

Drei Wochen später ist der Winter eingebrochen. Wir haben einen Hochzeitstermin in seinem Heimatdorf. In der Stadt hätte es mit dem Heiraten nicht so schnell geklappt. Da sind die Wartezeiten für eine standesamtliche Trauung drei Monate oder länger. Ich trage ein bodenlanges Tüllkleid mit einem perlenbestickten Bustier, das eine Freundin für mich online bestellt hat. Ich wollte eigentlich keine große Sache aus der Hochzeit machen, schnell rein ins Standesamt und dann mit der Familie mittagessen gehen. Meine Freundin hingegen befand: »Du spinnst wohl.« Also bestellte sie dieses Traumkleid für mich, das ich mir eigentlich nicht leisten kann, aber ich traue mich nicht, es zurückzugeben. Sie meint es gut, und ich will sie nicht enttäuschen. Dabei bekomme ich das Kleid hinten nicht mal zu. Sie zwängt meinen Rückenspeck und mich hinein. Tief einatmen kann ich jetzt nicht mehr. Mein Bräutigam sagt, ich sehe toll aus.

Eine echte Winterbraut. Draußen ist es frostig, auf dem Gehweg vor der Tür liegt eine schneebedeckte Eisschicht, die perfekt zu meinem Kleid passt. Über meinen nackten Schultern trage ich eine weiße Kunstpelzjacke, unter dem Kleid eine Skiunterhose aus Seide und Lammfellstiefel. Meine Fingernägel sind dunkelrot lackiert, die Farbe auf meinen Lippen heißt *Zimt* und passt zu meinen Augen. Floyd trägt einen dunkelblauen Anzug, der ihm ein wenig zu eng ist, aber es war das letzte Modell in Dunkelblau in seiner Größe. Er hätte auch einen schwarzen Anzug gekauft, aber ich sagte, wir feiern Hochzeit, keine Beerdigung. Die Blume an seinem Revers passt zu meinem Strauß. Es sind pinke Hyazinthen, Wachsblumen und duftender Eukalyptus. Floyds Eltern sind da, seine Großeltern, Geschwister und unsere Trauzeugen. Von meiner Familie konnte nur meine Mutter kommen. Sie trägt einen schwarzen Blazer und Jeans, darüber einen Parka und ein großes Wolltuch, in das sie sich bis zur Nasenspitze eingewickelt hat. Sie behauptet, es sei hier so kalt wie in Sibirien. Die Trauung ist kurzweilig, die Standesbeamtin lernen wir an diesem Tag erst kennen. In ihrer Rede zitiert sie Erich Kästner: »Die Liebe ist ein Zeitvertreib, man nimmt dazu den Unterleib.« Ich denke an die Kinderwunschbehandlung und meine Myome, aber keinen Moment mehr darüber nach, dass ich bis vor ein paar Wochen nie wieder heiraten wollte, und sage »Ja«, als ich gefragt werde, ob ich Floyds Frau werden will. Wir küssen uns und lachen und umarmen uns kurz. Wir sind glücklich, aber unsere Gäste wissen, warum wir heiraten, und so ist dieser Tag süß und bitter zugleich, weil uns alle wünschen, dass wir bei dem, was wir vorhaben, so glücklich bleiben, wie wir es jetzt sind. Tatsächlich ist die emotionale Belastung für viele ungewollt kinderlose Paare so groß, dass sie die Behandlung abbrechen oder sich trennen. Ich kann das für uns nicht ausschließen.

Nach der Trauung gehen wir in einem Restaurant in der Stadt essen. Es gibt Rinderfilet, Rotwein und zum Nachtisch flüssigen Schokoladenkuchen. Floyd und ich trinken beide viel Rotwein. Wir stoßen an, weil wir das Gefühl haben, auf dem richtigen Weg zu sein. *Wir sind ganz nah dran*, denke ich.

Statt Flitterwochen zu machen, entscheide ich mich dafür, die laparoskopische Myomentfernung durchzuziehen, auch wenn es bedeutet, dass ich ein paar Tage nicht arbeiten kann. Aber ich sehe ein: Man zeugt nicht ein Leben im Glas, um es dann in eine mit Knoten übersäte Höhle zu setzen, wo es nicht anwachsen kann. Allerdings besteht bei so einer Operation in der Gebärmutter die Gefahr, dass wegen unstillbarer Blutungen eine komplette Entfernung der Gebärmutter nötig wird. So lese ich auf dem zehnseitigen Aufklärungsbogen, der auf meinen Knien liegt. Im Kleingedruckten steht also mit anderen Worten: Dann war's das komplett mit dem Kinderkriegen. Aufgrund der Narbe auf der Gebärmutter werde ich – sollte ich denn jemals schwanger werden – niemals eine natürliche Geburt erleben können, sondern benötige einen Kaiserschnitt. Das Blutungsrisiko wäre sonst zu hoch. Dann wäre nicht nur meine Gebärmutter hinüber, sondern auch ich.

Ich checke in eine noble Klinik im grünen Speckgürtel Berlins ein, die als eine der besten in Deutschland für Chirurgie und Gynäkologie gilt. Es gibt sogar ein extra »Myom-Zentrum«.

Der Arzt, der mich begrüßt, ist sehr nett und macht mir weiter Hoffnung, dass ich mit der OP auf dem richtigen Weg bin. Meine Myome seien groß wie zwei Golfbälle, aber der Schnitt in meinem Bauch werde nicht größer als ein Zweicentstück, sagt er. Die Klinik sei ein Ort, an dem ich mich ganz auf mich und das Gesundwerden konzentrieren könne. Da lache ich laut auf. »Ich muss arbeiten«, antworte ich und denke an die Texte, die ich noch schreiben muss, damit ich Geld auf mein Konto bekomme und die nächste Miete zahlen kann.

Die Operation ist gut verlaufen, alle Myome konnten entfernt werden, und ich habe nur einen kleinen Schnitt am Bauch, der allerdings von einem riesigen blaugrünen Bluterguss umrahmt wird.

Kaum bin ich in meinem mit bodenlangen weißen Gaze-Vorhängen ausgestatteten Einzelzimmer aus der Narkose erwacht, klappe ich den Laptop auf. Ich will arbeiten. Schnell merke ich, dass mich das Tippen anstrengt und ich wirklich Ruhe brauche. Draußen scheint die Sonne, es ist ein schöner Tag, aber ich finde gerade mal die Kraft, ein paar Minuten lang eine Fernsehsendung über jahreszeitliche Gartengestaltung zu schauen. Ich sehe an mir herunter und denke darüber nach, dass andere Leute einfach nur Sex haben müssen, um ein Kind zu bekommen. Ich habe ein Loch im Bauch. Dann schlafe ich wieder ein.

Obwohl ich frisch operiert bin, fühle ich mich schuldig, weil ich an den darauffolgenden Tagen nichts machen kann. Insgeheim genieße ich es aber, im Krankenhaus in einem geschützten Raum zu sein, in dem ich nicht erreichbar bin und einfach mitten am Tag auf dem Bett dösen kann. Ich bin das gar nicht mehr gewohnt, an einem Dienstag nicht zu arbeiten. Andere offenbar auch nicht. Sonst bin ich immer erreichbar, auch am Wochenende. Einer meiner Auftraggeber schreibt mir am nächsten Tag eine E-Mail, dass es ihm nichts nütze, wenn ich nur tröpfchenweise neue Artikel lieferte. Er wisse, dass ich operiert worden sei, und warum. Ich erkenne, wie unbarmherzig Menschen nicht nur zu sich selbst, sondern auch zueinander sein können. Die Nachricht ist frei von Mitgefühl oder Verständnis. Ihn interessiert nur die Antwort auf die Frage: *Wann kannst du wieder arbeiten?*

Ich weiß noch, dass ich in der Abi-Zeitung bei der Frage *Wo siehst du dich mit 30?* schrieb, dass ich mit einem Jungen aus meiner Klasse, unseren sechs Kindern und einem Ferrari auf einer Insel im Pazifischen Ozean leben möchte. Als eine der Schülerinnen mit dem schlechtesten Notendurchschnitt versuchte ich stets, mit meinen Witzen zu punkten, aber der Schwachsinn dieser Zukunftsvision war mir damals mit achtzehn nicht annähernd bewusst. Ich dachte: Ich bin jung, alle meine Träume werden wahr. Für mich bedeutete das:

viel Geld und eine Familie haben. Ein nach außen sichtbarer Wohlstand war wichtig für mich, weil ich dachte, dass reiche Familien glücklich sind, da sie sich um nichts Sorgen machen müssen.

Anders als wir. Wir hatten viele Sorgen, nachdem mein Vater gestorben war. Es war nicht nur das Geld, das fehlte. Das Leben meiner Mutter war einsam. Wir Kinder konnten ihr nicht helfen. Ich wollte deshalb immer, dass alle glauben, meine Familie wäre reich und sorglos. Wir waren anders, und damals wurde so etwas, im Gegensatz zu heute, nicht gefeiert, sondern verurteilt. Meine Mutter war verwitwet und blieb, bis auf ein paar Affären im Laufe der Jahre, alleinstehend. Heute denke ich, dass die Frauen in der Nachbarschaft oder im Freundeskreis sie als eine Bedrohung empfunden haben müssen, denn sie war eine schöne Frau und erst neununddreißig Jahre alt, als mein Vater starb. Und eine Frau braucht einen Mann, ist doch klar, oder? Aber da war niemand, der ihr das Wasser reichen konnte, oder es gab niemanden, der eine Frau mit Kindern wollte. Wir lebten also ohne Vater.

Meine Mutter arbeitete in ihrer Praxis, und wenn sie gerade nicht arbeitete, schlief sie erschöpft auf dem Sofa im Wohnzimmer ein. Sie hatte keine Zeit für all die Dinge, für die andere Mütter in meiner damaligen Wahrnehmung genug Zeit fanden, weshalb deren Zuhause sauber und geordnet war, anders als bei uns, wo immer viel Zeug herumlag. Freitags kochte meine Mutter Fisch mit Salat und Pellkartoffeln, weil sie schon mittags freihatte. Das war unser »gesunder« Tag. Ansonsten bestand unser Mittagessen meist aus chinesischem oder griechischem Take-away und war nur noch lauwarm, wenn meine Mutter es am Nachmittag mitbrachte. Sie parkte auf der Auffahrt und schaute durchs Fenster, um zu sehen, ob meine Schwester und ich einen der drei Fernsehsender schauten. Der Moment, wenn meine Mutter nach Hause kam, war für mich der schönste des ganzen Tages. Wir liefen hinaus, um die Einkäufe und das Essen ins Haus zu tragen. Wir waren wieder zusammen, das war die Hauptsache.

Für die Berge an Wäsche, die wir als Familie produzierten, stellte meine Mutter eine »Bügelfee« ein. Sie hieß Anja, war Studentin und trug immer eine blütenweiße Bluse. Ich mochte sie sehr. Sie war wie eine große Schwester für mich. Während sie vor dem Fernseher bügelte, inspizierte ich, welche Jeans sie trug oder wie sie ihre Haare frisierte. Nachdem sie ihren Abschluss gemacht hatte, kam sie nicht mehr. Wie meine Mutter mir erzählte, war sie für ein Praktikum nach New York gegangen. Das Haus putzte alle paar Wochen Rose, eine Philippina, die nur Spanisch und Englisch sprach, meiner Mutter zum Dank kitschige Muschelbilder schenkte und für meine Schwester und mich Chicken Afritada kochte. So hatten wir neben dem gesunden Tag auch einen philippinischen Tag. Das Gericht bestand aus Fleisch, Tomaten und Kartoffeln. Rose servierte dazu dampfenden Reis. Wir mochten es gerne, weil es selbst gekocht war und Rose für uns kleine Fruchtstücke mit in die Soße schnitt. Das kannten wir von der süßsauren Soße vom Chinesen. Die Dinge, für die Väter normalerweise zuständig sind, fanden bei uns nicht statt, oder meine Mutter erledigte sie – grillen oder den Rasen mähen zum Beispiel. Ich erinnere mich an meine Mutter, wie sie in einem ärmellosen Top, Shorts und ihren Clogs durch das hohe Gras schritt, während ihr das rote Kabel des Rasenmähers über die Schulter hing, damit sie nicht darüberfuhr und einen Stromschlag bekam. Danach baute sie unseren Grill auf, eine verrostete Schale mit einem verstellbaren Rost, zündete Holzkohle an und grillte Nackensteaks, über die sie eine Mischung aus Öl, scharfem Paprika, Knoblauch und Kümmel goss. Mojo hieß diese Soße, von diesem Rezept schwärmt sie bis heute, weil uns das damals allen so geschmeckt hat. Die Küchenschublade blieb indes dreißig Jahre lang kaputt, weil sich niemand fand, der sie reparierte.

Ich habe damals nicht begriffen, was meine Mutter jeden Tag für uns leistete. Halbtags arbeiten, nachmittags nach Hause kommen, damit sie wenigstens physisch anwesend ist, wenn auch nur mit geschlossenen Augen auf dem Sofa, abends Rasen mähen und grillen.

Für mich war das nie genug, und ich war sauer, dass es bei uns keinen Marken-Ketchup, sondern diese Scheiß-Mojo gab. »Gott erhalte die Arbeitskraft meiner Mutter«, seufzte sie jedes Mal, wenn ich ihr meine neue Shopping-Wunschliste vortrug.

Der Vater meiner sechs Kinder und ich waren übrigens nie ein Paar. Ich habe ihn nur einmal beim Tanz in den Mai überrumpelt und auf einer Wiese im Wald geküsst. Er mochte mich, hätte sich das aber wahrscheinlich nie getraut. Ich habe seine Verknalltheit ausgenutzt und mit ihm gespielt wie eine Katze mit einem Wollknäuel. Ich fand ihn nett und wirklich gut aussehend, aber als Freund hätte ich ihn nie in Erwägung gezogen, weil wir in eine Klasse gingen und kurz vor dem Abitur standen. Ich wollte ihm aber auch nicht wehtun. Er hatte so volle Lippen, einen richtigen Knutschmund, und einen durchtrainierten Körper. Ich habe ihn nie nackt gesehen, aber anhand seiner Statur konnte ich es mir vorstellen. Er war so ein richtiger Highschool-Dreamboy. Ich verstand deshalb auch gar nicht, warum er ausgerechnet auf mich stand: Ich rauchte, trank Bier und schminkte meine Augen mit einem dicken schwarzen Lidstrich. Aber wir gingen oft nach Schulschluss zusammen zur Bushaltestelle und unterhielten uns. Ich redete und redete und merkte dabei gar nicht, wie seine Gefühle für mich wuchsen. Beim Tanz in den Mai war ich schon vor Ende des Maifeuers ziemlich angetrunken. Die Sonne strahlte so schön an diesem Abend, wie eine versöhnliche Geste der Natur, die die Kälte des Winters vertreibt und den Frühling beginnen lässt. Es wurde nur allmählich dunkel, und von den Wiesen stieg sanfter Nebel auf. In diesem Zwielicht nahm ich seine Hand und sprang mit ihm über das glühende Holz des Maifeuers. Verliebte Paare schlossen sich uns an, um ihre Verbundenheit zu zeigen. Als wir sprangen, knallte unter unseren Füßen das Feuer. Wir landeten lachend auf der anderen Seite und schlugen ein. Dann küsste ich ihn. Ich werde nie seinen Blick vergessen, so überrascht und erschrocken glücklich. Wir hätten gemeinsam in den Büschen verschwinden können. Aber ich erstickte diesen Moment wie ein feuchter Finger den brennenden Docht einer Kerze und ging mit Freunden auf eine Party. Denn noch während ich über das Feuer sprang, erinnerte ich mich trotz Trunkenheit daran, dass ich nie wieder einen Jungen daten wollte, mit dem ich in eine Klasse ging. Das hatte ich einmal in der fünften Klasse gemacht, und es war nicht gut gegangen.

Alle, die damals zwischen uns in der Bankreihe saßen, hatten unsere Briefe, die wir uns während des Unterrichts, er in blauer Tinte, ich in Türkis, schrieben, mitgelesen. Jeder wusste, dass er mich »Kätzchen« nannte. Sie zogen mich dafür auf, nicht ihn, der mir diesen bescheuerten Namen gab. Ich schämte mich, denn in dieser Zeit war ich ohnehin ziemlich durcheinander. Als eines der ersten Mädchen in meiner Klasse bekam ich meine Tage. Es war mir total peinlich, als im Schulsport gefühlt alle wussten, dass eine Binde in meiner Unterhose klebte. Gleichzeitig bekam ich meinen Busen, meine sexuelle Neugier wuchs, und das alles zusammen war für mich enorm verwirrend. Der Junge und ich küssten uns das erste Mal, als wir abends alleine auf dem Sportplatz waren. Heute würde man denken: Was machen denn die beiden Kinder da? Wo sind denn die Eltern? Aber auf uns passte niemand auf. Es war dunkel und schneite. Eigentlich eine schöne Kulisse für den ersten Kuss. Ich saß auf dem Geländer, er stellte sich zwischen meine Beine und schob mir seine Zunge in den Mund. Ein Schock. Ich empfand es als eklig, nicht nur das Gefühl seiner nassen Zunge, sondern auch, wie mir der eigene Speichel am Kinn runterlief und ich nicht wusste, was ich mit meiner Zunge beim Küssen anstellen sollte. Von meiner Mutter und im Sexualkunde-Unterricht in der Schule war ich darüber aufgeklärt worden, dass Mann und Frau unterschiedliche Geschlechtsteile haben und wie die Entwicklung eines Kindes aussieht, ja, aber nirgends stand in meinen Büchern, wie Küssen geht und wie man es schafft, dass es Spaß macht, anstatt abstoßend zu sein. Ich wollte es gut machen, denn ich war in diesen Jungen, seine braunen Augen und süßen Sommersprossen, verknallt. Zumindest glaubte ich das, weil alle in ihn verknallt waren. Dieser erste Kuss war nicht unbedingt schön, aber interessant. Ich wollte wissen, wie es weitergeht. Im Supermarkt blätterte ich in der *Bravo*, aber da ging es gleich um Petting oder feuchte Träume. Der zweite Kuss war schon angenehmer. Ich gewöhnte mich ans Rummachen, so, wie es mit vielen Dingen im Leben ist, die erst neu sind, und dann kann man gar nicht mehr genug davon bekommen.

Zwei Wochen später ging dieser Junge mit meiner Banknachbarin, die bis dahin eigentlich meine Freundin war. Noch mal zwei Wochen später verließ er auch sie. Er ging dann mit einem Mädchen, das in der ersten Reihe saß und schweres, honigblondes Haar hatte, an das ich mich noch heute erinnere, weil es in ihrem Nacken zu einem strengen Knoten gebunden war und ich hinter ihr saß. Sie war in allen Fächern eine hervorragende Schülerin, steckte ihr T-Shirt in die Karottenhose, trug Sandalen mit Klettverschlüssen und rot-blau gestreifte Socken. Ich konnte nicht verstehen, was er an ihr fand. Sie war das Gegenteil von mir, eine liebe kleine Streberin. Trotzdem wollte er sie und nicht mich. Daraufhin definierte ich mich noch stärker über meine Outfits. Passend zu meinem Pullover trug ich nur noch farblich passende Samt-Haargummis und Turnschuhe. Das war für mich ein perfekter, unantastbarer Look. So viele Styling-Möglichkeiten waren finanziell bei meiner Mutter eigentlich nicht drin, aber ich drangsalierte sie trotzdem, kaum dass sie von der Arbeit nach Hause kam und sich müde aufs Sofa fallen ließ, mit meinen wöchentlichen Wunschlisten und zwang sie dazu, mit mir in die Stadt zu fahren, um zu shoppen. Es war mir überaus wichtig, mir immer wieder eine neue Hülle überzustreifen, damit keiner merkte, wie unsicher ich eigentlich darunter war.

Warum wir Mädchen diesen Kerl damals nicht gemeinsam zum Teufel jagten, sondern darauf warteten, wem er als Nächstes das Herz brechen würde? Ich weiß es nicht. Alles, was ich weiß, ist, dass ich jeden Tag darauf hoffte, er würde zu mir zurückkehren, damit ich die Schmach der Verlassenen nicht mehr mit mir herumtragen musste. Es muss diesen Jungen fasziniert haben, uns nach und nach wie Blumen zu pflücken und fallen zu lassen. Aber ich war schon einmal von einem wichtigen Mann in meinem Leben verlassen worden. Insofern konnte ich dieses Dilemma nur auflösen, indem ich ganz schnell einen neuen Freund hatte. Nachdem wir auf verschiedene Schulen gewechselt waren, habe ich ihn erst Jahre später wieder gesehen. Er war inzwischen ein Versicherungsvertreter mit schütterem Haar und Doppelkinn, der mit seiner Freundin und drei Perserkatzen zusammenlebte. Innerlich gab ich mir ein High Five.

Und der Typ mit den sechs Kindern? Am Morgen nach der Mainacht hatte jemand von unserem Haus bis zur Schule eine Linie mit weißer Kreide gezogen. Das bedeutete so viel wie: Wir gehören zusammen. Meine Mutter hing aus dem Fenster und rief, das sei die romantischste Liebeserklärung aller Zeiten. Seine Ernsthaftigkeit machte mir Angst. Als es dunkel war, lief ich entlang der Kreidelinie an seinem Elternhaus vorbei und stand eine Weile unter seinem Fenster. Das blaue Licht eines Fernsehers flimmerte durch die Dunkelheit. Ich ging zurück und tat am nächsten Morgen so, als hätte es unseren Kuss nie gegeben. Ich musste das Abi schaffen, meine Mutter passte noch mehr auf als sonst, dass ich auch ja lernte. Einmal mehr wurde ich ermahnt, dass ich mein Bildungsprivileg nutzen musste, damit ich unabhängig von einem Mann das Leben führen konnte, das ich mir wünschte. Ich fügte mich dem System und lernte, mehr an die Bedürfnisse der anderen zu denken als an meine eigenen. Wenn ich das Abi nicht schaffen würde und das Schuljahr wiederholen müsste, wäre der Heilige Gral der finanziellen Unabhängigkeit wieder um ein Jahr in die Ferne gerückt.

Mir war klar, dass ich nach dem Abitur sofort abhauen würde. Genau wie meine Mutter in ihrer Jugend. Einfach nur weg. Ich konnte ihre Einsamkeit nicht mehr ertragen und hoffte, dass sie vielleicht doch eine neue Beziehung finden würde, wenn wir Kinder aus dem Haus wären und auf einen potenziellen Mann nicht mehr wie ein Klotz am Bein wirkten.

Auf dem Abi-Ball bekam ich nach ein paar Gläsern Sekt wieder Lust, meinen Klassenkameraden zu küssen, mehr noch, ich wollte in dieser Nacht mit ihm schlafen. Die Schule war vorbei, und wir gingen nicht mehr in eine Klasse. Er wusste, dass ich weggehen wollte. Wir tanzten einen Foxtrott. Als das Lied vorbei war, ließ er mich stehen. Ich war irritiert von seiner Konsequenz. Alles nur wegen des einen Kusses und wie ich mich am nächsten Tag in der Schule verhalten hatte? Er sagte, ich hätte ihn verarscht. Danach gab es zwischen dem Hausmeister und ein paar Party-Crashern eine Schlägerei. Der Abiball war zu Ende, und ich sah den Jungen nie wieder. Ich weiß nicht, was aus ihm geworden ist. Wahrscheinlich hat er sechs Kinder und fährt Ferrari.

Ein Medizinstudium, wie es meine Eltern absolviert hatten, konnte ich mit meinem Dreierschnitt vergessen. Ich ging trotzdem zur Universität, studierte Journalismus, erst in Hamburg, dann in Berlin. Schon während des Studiums machte ich unbezahlte Praktika. Nach dem Abschluss bekam ich meinen ersten Auftrag als freiberufliche Texterin mit der Aussicht auf eine Festanstellung, die niemals kam. Ich heiratete das erste Mal, aber an Kinder dachte ich nicht. Ich machte einmal im Jahr eine große Reise, den Rest der Zeit arbeitete ich. Die Ehe scheiterte, und ein neuer Mann trat in mein Leben. Alles veränderte sich, nur eines nicht: das Gefühl, zu schwimmen, mich gerade so über Wasser zu halten.

Ich gebe viel Geld für mich selber aus. Vor allem für Klamotten. Mit der richtigen Handtasche über der Schulter werde ich von anderen als erfolgreiche Frau gesehen. Die Wahrheit ist: Ich bin ein Schwan im Schneesturm. Niemand sieht, wie heillos verloren ich bin. Denn diese Handtaschen, die ich trage, liegen weit über meinem Budget.

Jeden Monat hangele ich mich als freie Texterin von einem Job zum nächsten, und die paar Euro, die ich verdiene, gehen für die Miete und meine Versicherungen drauf. Meine Situation wird in Zukunft wohl kaum besser werden, denn während die meisten meiner Schulfreundinnen und sogar meine jüngere Schwester mich gehaltsmäßig längst überholt haben und sich in ihren Festanstellungen berechenbar von einer Beförderung zur nächsten hocharbeiten, flattere ich wie ein Schmetterling von Job zu Job. Ich bin frei, aber die Aufträge werden immer weniger. Eigentlich wäre es egal, wenn ich, anstatt zu schreiben, kellnern würde, unter dem Strich käme finanziell das Gleiche raus. Ich war so oft an dem Punkt, an dem ich alles hinschmeißen wollte. So wie jetzt. Einfach nur weg, einfach nur raus. Bloß wie?

Das Problem an meinem Beruf ist ja die Frage, ob meine Texte überhaupt veröffentlicht werden und ich ein Honorar bekomme. Jeder Artikel muss so elegant geschrieben sein, dass er Chancen auf den Pulitzerpreis hätte, wobei das eher der Anspruch der Textchefs ist als mein eigener. Ich galt nie als Edelfeder, und deshalb nehme ich jeden Job an, der mir angeboten wird. Noch am anständigsten bezahlt sind PR-Texte. Renommierte Zeitungen zahlen wenig Honorar, dafür steht mein Name darunter, und ich kann aufgeregt zum Kiosk laufen und die Zeitung auf der Suche nach meinem Artikel durchblättern. Früher habe ich dieses Gefühl geliebt. Heute bedeutet es mir nichts mehr. Für mich sind es nur Buchstaben, die zufällig meinen Namen ergeben.

Während ich auf das Feedback für meine Texte warte, drücke ich mir die Pickel am Oberarm aus, so als könnte ich damit meine Unzulänglichkeit aus mir herausbefördern. Dabei ist Schreiben das, was mir früher Spaß gemacht hat.

Ich erinnere mich noch, wie ich bei einem Besuch bei Freunden meiner Mutter aus Langeweile meine erste Geschichte verfasste: Eine Szene aus dem 19. Jahrhundert, in der ein Mädchen über die Kutschfahrt zu dem Landsitz ihres Onkels in England berichtet.

Damals merkte ich, wie es mir gelang, mithilfe von Wörtern die Tür zu einer anderen Welt zu öffnen, die Wörter in meinem Kopf zu einer Geschichte zu spinnen und sie zu Papier zu bringen, mit einer Schreibfeder in schwarzer, geschwungener Schrift, wie man das oft in historischen Filmen sieht. Als die Freundin meiner Mutter den Text las und mich erstaunt fragte, ob ich mir das wirklich selber ausgedacht hatte, spürte ich das Gefühl von Stolz in meiner Brust, das mich von innen aufrichtete. Mein Herz schlug. Ich wusste nichts über den Beruf der Schriftstellerin oder Autorin. Damals dachte ich nicht darüber nach, ob ich damit genügend Geld für meinen Lebensunterhalt verdienen könnte. Ich hatte Freude an dem, was ich da tat. Ich hatte etwas zu Papier gebracht, das aus mir herauskam. Es war ein Gefühl, rein und klar wie Wasser.

Ein paar Wochen nach der Myom-OP ging die Behandlung los. Die ersten drei IVF-Versuche hat meine Krankenkasse übernommen. Damit ist jetzt Schluss. Als ich von unserem dritten Fehlschlag erfuhr, stellte ich mich in eine Tiefgaragenausfahrt und schrie zwei Minuten lang ins Telefon, an dessen anderem Ende Floyd mich zu beruhigen versuchte und mir versicherte, dass wir einen anderen Weg finden und uns notfalls Geld von unseren Familien leihen würden.

Seit wir mit der Therapie begonnen haben und eine Untersuchung nach der anderen absolvieren, arbeite ich nachts und selbst dann, wenn ich im Wartezimmer der »KiWu-Praxis« auf die nächste Blutabnahme oder den Ultraschall warte. Ich wünschte, ich könnte mein jüngeres Ich vorwarnen, noch einmal an den Anfang meiner Karriere zurückgehen, den Anfang des Fadens finden, der sich mit den Jahren verknotet hat, sodass ich ihn nun als nutzlos empfinde, weil er nirgendwohin führt. Ich weiß, dass es Millionen von Frauen auf der Welt gibt, denen es genauso geht wie mir. Aber ihr Schmerz macht meinen nicht ungeschehen. Es gibt keine Bewertungstabelle für die Gültigkeit meiner Gefühle oder Sorgen, denn sie sind einfach da.

Meine Großmutter war zwanzig, als sie schwanger wurde. Sie soll eine bildschöne Frau gewesen sein, mit olivfarbener Haut und dunkelbraunen Locken. Meine Mutter erzählt immer wieder, wie es meinem Großvater gelang, ihr Herz zu erobern. Es ist eine der Geschichten, die auch ich mir gerne anhöre. Mein Großvater sah auf der Straße eine Frau vorbeilaufen, die er danach nicht mehr aus dem Kopf bekam. Es war Liebe auf den ersten Blick. Seine Mutter machte ihm damals keine großen Hoffnungen, dass ihn diese schöne Frau überhaupt in Erwägung ziehen würde, aber es gelang ihm, ihre Aufmerksamkeit zu gewinnen. Er lud sie zu sich nach Hause ein und servierte ihr eine Mandarinen-Bowle. Von dem Wein mit den süßen Mandarinen aus der Dose bekamen beide glühende Wangen. An diesem Tag wurde ihr erstes und einziges gemeinsames Kind gezeugt: meine Mutter. Ihre Ausbildung als Einzelhandelskauffrau hatte meine Großmutter zum Zeitpunkt der Geburt im November 1943 noch nicht abgeschlossen. Es war dasselbe Jahr, in dem die Nazis fünfzehnjährige Schüler als Flakhelfer in den Kriegsdienst einzogen und der NS-Propagandaminister Joseph Goebbels in der Sportpalastrede fragte, ob das deutsche Volk den totalen Krieg wolle. Mein Großvater wollte das nicht. Er war Maschinenschlosser und hatte eine Zusage für die Ingenieursschule. Die Zukunft sah für ihn und meine Großmutter rosig aus, zumal sie sehr verliebt waren. Sie heirateten. Kurze Zeit später zog die Wehrmacht ihn in den Krieg ein. Er wurde am 6. Juni 1944 beim D-Day in der Normandie verletzt und erlag ein paar Wochen später in einem Lazarett seinen Verletzungen. Die Invasion der Alliierten an der Nordküste Frankreichs war der Beginn vom Ende des Zweiten Weltkrieges. Meinem Großvater hat das nichts mehr genützt. Er war dreiundzwanzig Jahre alt, als er starb.

Meine Mutter hat ihren Vater nie kennengelernt. Er hat seine neugeborene Tochter nur einmal kurz bei einem Heimaturlaub gesehen. Nach dem Krieg gab es für meine Großmutter keine Arbeit als Verkäuferin. Es gab ja auch keine Kaufhäuser mehr. Das Ruhrgebiet war komplett zerbombt, weil es als Waffenschmiede des Dritten Reiches galt. So war meine Großmutter nicht nur Witwe, sondern auch arbeits- und obdachlos. Meine Mutter schildert immer, wie sie als Zwanzigjährige mit einer Axt im Luftschutzkeller saß und Angst davor hatte, wieder verschüttet zu werden. Eine Zukunftsperspektive hatte sie nicht, dafür einen kleinen Menschen auf dem Arm. Sie musste einen Mann finden, der sie und das Kind eines anderen Mannes durchbrachte. Große Auswahl gab es nicht: Der neue Mann war einer der wenigen Soldaten, die aus Russland zurückgekehrt waren. Keiner weiß, was er dort erlebt hatte. Nach der Hochzeit begann er zu trinken und verprügelte meine Großmutter. Den Begriff »posttraumatische Belastungsstörung« gab es damals noch nicht. Heute weiß man, dass viele Kriegsveteranen unter psychischen Erkrankungen und Beschwerden wie Albträumen, Reizbarkeit und Schlafstörungen leiden. Die Folgen der Traumatisierung der Menschen in Deutschland nach dem Zweiten Weltkrieg sind wenig erforscht. Die Generation meiner Großeltern hat wegen Adolf Hitler fast alles verloren. Viele haben Bombenhagel, Zerstörung und Flucht erlebt. Ich habe diese Geschichten und Anekdoten so viele Male gehört, und immer dienten sie dazu, mir zu zeigen, dass ich mich nicht beschweren sollte. Meine Großeltern haben es viel schlimmer gehabt.

Ich habe nie verstanden, warum meine Großmutter diesen Mann nicht verlassen, sondern sogar noch Kinder von ihm bekommen hat. Aber die Pille gab es damals nicht. Denn ebenso wenig wie eine Aufarbeitung der Kriegstraumata gab es damals eine Gleichberechtigung von Mann und Frau. In den Fünfzigerjahren konnten Ehemänner einen Arbeitsvertrag, den ihre Frau ohne ihr Wissen eingegangen war, für ungültig erklären. Wenn keine Gütertrennung vereinbart wurde, konnte der Mann über das Einkommen seiner Frau verfügen. Das Scheidungsrecht hätte meine Großmutter mittellos gemacht und ihrem Mann das Sorgerecht für meine Mutter und ihre Halbgeschwister zugesprochen. Sie hat sich für die Kinder entschieden, nicht für die Schläge. Als meine Mutter, ihr menschlicher Schutzschild, zum Studieren das Haus verließ, sah meine Großmutter den einzigen Ausweg darin, nicht das gemeinsame Leben mit diesem Mann, sondern ihr eigenes zu beenden. Meine Mutter war zu jener Zeit mit Freunden im Urlaub in Kroatien. Damals gab es keine Handys, E-Mails oder SMS. Als sie nach Hause kam, wurde das Bett, in dem ihre Mutter im Krankenhaus gestorben war, gerade mit einem frischen Laken bezogen. Am selben Tag fand die Beerdigung statt. Sieben Tage hatte meine Großmutter im Krankenhaus gelegen, ehe sie ihrer Tablettenvergiftung erlag.

Meine Großmutter tut mir jedes Mal leid, wenn ich die Geschichte höre. Aber in meinen Augen war sie trotzdem keine gute Mutter, weil sie ihre Tochter nicht vor den Schlägen des Stiefvaters beschützt hat. Heute denke ich: Diese Frau kannte nur Schmerz. Wenn man mit zwanzig nicht nur die große Liebe, sondern auch den Bruder verliert, während das ganze Land um einen herum in Schutt und Asche liegt – wie soll man da stark und zuversichtlich bleiben?

Meine Mutter hat mir erzählt, dass meine Großmutter mehrmals versucht hat, sich das Leben nehmen, ehe es ihr gelang. Bei meinem Vater war es auch so. Er hat absichtlich einen Unfall auf der Autobahn gebaut, auf einem einsamen Parkplatz im Wald die Abgase in sein Auto geleitet, bis er schließlich ein Skalpell aus seinem Arztkoffer nahm und sich tödlich verletzte.

Ich lese nach, was die Ärztin in der Kinderwunschklinik mit »konflikthaft verlaufende Reifungsprozesse zur Mütterlichkeit« gemeint haben könnte. Dabei stoße ich auf den französischen Psychotherapeuten Pierre-Marie-Félix Janet, der als Wegbereiter der modernen Psychotherapie gilt. Er sagt: Der Nachwuchs psychisch kranker oder traumatisierter Eltern hat ein erhöhtes Risiko, selbst psychische Auffälligkeiten zu entwickeln, etwa was das Sicherheitsgefühl und Einfühlungsvermögen betrifft. Es gibt außerdem Psychologen, die erforschen, wie traumatische Erfahrungen an die nächste Generation weitergegeben werden können. Sie glauben nämlich, dass Gewalt und Geheimnisse weiterwirken. Die Verletzungen werden nicht nur durch Zuschauen und Nachahmen, sondern auch durch das Weitererzähltbekommen im Genmaterial verankert. Die Kinder erleben entweder dasselbe wie ihre Eltern oder fühlen sich so, als hätten sie es selbst erlebt. So wurde das Trauma meiner Großmutter zum Trauma meiner Mutter. Und dann wurde es zu meinem.

Janet sagt auch: Was Eltern ihren Kindern vorleben, begleitet sie für immer. Stress- oder Gewalterfahrungen in der Kindheit sorgen dafür, dass sich das Gehirn anders aufbaut und damit auch die Fähigkeit zur Stressregulierung anders ausfällt. Die Amygdala, der Mandelkern, ist als Teil des limbischen Systems im Gehirn für die Entstehung von Angstgefühlen zuständig und gleicht Erfahrungen mit Erinnerungen ab. Wenn die Amygdala eine Gefahr signalisiert, entsteht Angst, und der Körper reagiert mit Vorsicht oder Flucht. Neben Angst sind Wut, Freude, der Sexualtrieb und auch die Fortpflanzung in der Amygdala festgelegt. Ist meine Situation also wirklich nur Pech oder Evolution?

»Vielleicht hätte ich über Social Freezing nachdenken sollen?«, sage ich am Telefon zu meiner Mutter und beziehe mich auf die Neuigkeit, dass Techunternehmen ihren Mitarbeiterinnen das Einfrieren der Eizellen finanzieren, damit diese ihren Kinderwunsch zugunsten der Firma buchstäblich auf Eis legen.

»Das wäre sicher clever gewesen. Untersuchungen haben gezeigt, dass Lagerungszeiten von bis zu dreißig Jahren keinen Einfluss auf die Qualität der Eizellen haben. Durch die extrem tiefen Temperaturen findet kein Stoffwechsel in der Eizelle statt und somit kein Alterungsprozess. Das gilt übrigens auch für eingefrorene Spermien«, erklärt meine Mutter.

»Wieso hast du mir das nie gesagt?«, frage ich sie.

»Ich habe dich immer wieder gefragt, ob du Kinder haben willst.«

»Aber mir war nicht klar, dass ich eigentlich schon zu spät bin. Dabei verschieben sich die Altersgrenzen doch immer weiter nach hinten. Vierzig ist das neue Dreißig, fünfzig das neue Vierzig. Es ist heute doch vollkommen normal, mit über dreißig das erste Kind zu bekommen.«

»Stimmt. In den USA ist bereits jede fünfte Mutter bei der Geburt ihres Kindes zwischen fünfunddreißig und fünfundvierzig Jahre alt. Das Problem ist nur: Die Möglichkeiten der modernen Medizin und der Technik werden überschätzt. Selbst das Einfrieren von Eizellen ist keine Baby-Garantie. Ein kleines Mädchen kommt mit zwei Millionen Eizellen auf die Welt. In der Pubertät sind davon noch vierhunderttausend übrig. Eine erwachsene Frau verliert monatlich eintausend Eizellen, pro Jahr also zwölftausend. Gleichzeitig nimmt die Qualität ab, aber nicht nur die der Eizellen, sondern auch der Gebärmutterschleimhaut ...«, erklärt meine Mutter.

»Ich verstehe nicht, warum mir das nie einer gesagt hat«, falle ich ihr ins Wort.

Ehrlich: Ich empfinde Dankbarkeit für die vielen Freiheiten, von denen meine Großmutter und meine Mutter nur träumen konnten. Nur fühlt es sich gerade so an, als sei ich jahrelang gleichzeitig mit hundertachtzig Stundenkilometern und angezogener Handbremse gefahren. Und jetzt ist mein Motor Schrott.

»Gibt es viele Leute, die dieses Problem haben?«, frage ich. Ich erinnere mich an den goldenen Armreif am Handgelenk der Ärztin. Die Reproduktionsmedizin scheint lukrativ zu sein.

»Ungefähr jedes zehnte Paar zwischen neunundzwanzig und neunundfünfzig Jahren in Deutschland ist von ungewollter Kinderlosigkeit betroffen. Die Dunkelziffer liegt noch höher«, sagt meine Mutter, und die muss es wissen, immerhin hat sie jahrzehntelang als Frauenärztin praktiziert.

»Und wie kommt das?« Es beruhigt mich zwar, das zu hören, aber in meinem Freundeskreis kenne ich kein anderes Paar mit diesem Problem. Nur uns.

»Bei Frauen sind es meistens hormonelle Störungen, Eileiterentzündungen, Endometriose oder so wie bei dir gutartige Tumore, die eine Unfruchtbarkeit verursachen. Lang anhaltender Stress kann den Hormonhaushalt auch aus dem Gleichgewicht bringen und den weiblichen Zyklus stören. Statistisch gesehen, verteilen sich die Fruchtbarkeitsstörungen aber mit jeweils etwa dreißig bis vierzig Prozent gleichmäßig auf Mann und Frau.«

In jeder Schulklasse sitzt heute mindestens ein Kind, das sein Leben einer künstlichen Befruchtung verdankt. Wie viele sterile Paare es gibt und dass dieses Phänomen nicht nur uns, sondern die ganze Gesellschaft betrifft, ahne ich, als ich beim nächsten Termin das Wartezimmer der Kinderwunschklinik betrete: Da sitzen Frauen mit Birkenstock-Sandalen und welche mit Kopftuch, Männer in Flanellanzügen oder Uniformen, Frauen im Partnerlook oder solche, die alleine kommen – es ist voll mit Patienten, die wie ich und Floyd Eltern werden wollen, es aber ohne die Hilfe der Medizin nicht können. Wir sitzen alle im selben Boot, aber trotzdem wird im Wartezimmer nur geflüstert. Ich würde so gerne von den anderen Paaren hören, wie es bei ihnen läuft und welche Erfahrungen sie gemacht haben. Die meisten sind vermutlich gut versichert oder wohlhabend. Andere wissen genau wie ich, dass sie sich nach dem dritten gescheiterten Versuch privat Geld leihen oder einen Kredit bei der Bank aufnehmen müssen, weil die Krankenkasse nicht mehr zahlt. Trotzdem tun wir alle so, als würden wir nur zufällig dort sitzen. Man sagt leise »Guten Tag« und »Auf Wiedersehen«. Manche verlassen euphorisch die Klinik, denen schauen wir alle hinterher. Andere, so wie das Paar damals am Aufzug, streben zerstritten, niedergeschlagen oder verärgert zum Ausgang. Da schauen wir alle in die andere Richtung, weil wir uns schon denken können, was los ist: zu wenig Eizellen, mieses Spermiogramm, negativer Schwangerschaftstest. Die Luft im Wartezimmer ist oft so vergiftet, dass die Angestellten die Fenster weit aufreißen, damit die riesengroße Wolke der Scham zusammen mit der Wolke der enttäuschten Hoffnung aus dem Gebäude segelt. Es gibt Frauen, die im Freundeskreis behaupten, das Problem liege allein bei ihnen, weil der Partner sich ansonsten in seiner Männlichkeit gefährdet sieht. Die Freunde sagen ihr dann: *Du arbeitest zu viel. Fahr in den Urlaub. Entspann dich mal.* Auch ich kam anfangs nur mit Sonnenbrille und an Floyds Hand in diese Klinik. Inzwischen gehe ich alleine hin, weil Floyd nicht dauernd bei der Arbeit fehlen kann. Er ist ja nicht krank. Ich kann nicht behaupten, dass ich stolz auf die Behandlung wäre. Es gibt immer noch viele Momente, in denen ich meinen Körper dafür hasse, dass er nicht so funktioniert, wie er soll. In einer Zeitschrift lese ich über einen Babyzauber-Tee und Fruchtbarkeits-Müsli mit Leinsamen und Nussbutter. Ich habe meine Ernährung umgestellt, esse supergesund. Weniger Kaffee, keine Kuhmilch, keinen Alkohol. Verzicht ist das, was alle gemeinsam haben, die hierherkommen und sich für diese Behandlung entscheiden.

Wir sind inzwischen bei der zweiten ICSI. Ich nehme nicht mehr jeden Auftrag an. Anders geht es nicht. Früher habe ich niemals Nein gesagt, weder das Honorar noch die Abgabe verhandelt. Ich hatte Angst, dass mich die Redaktionen sonst nicht mehr anrufen, wenn ich sage, dass ich nicht so schnell kann. Es gibt Tage, an denen ich mir wünsche, ich wäre Hausfrau, anstatt in diesem Hamsterrad zu stecken: auf Aufträge warten und auf positives Feedback hoffen, völlig am Boden zerstört sein, wenn mein Text überarbeitet werden muss. Manchmal drehe ich drei Korrekturrunden, ehe der Text abgenommen wird. Ich frage mich, wie ich das durchhalten soll, wenn ich erst mal fünfzig bin. Aber die Behandlung ist nicht nur teuer, sondern auch extrem zeitaufwendig. Dauernd muss ich zum Ultraschall, damit die Ärztin sehen kann, wie sich die Eibläschen entwickeln. Ich weiß nicht, wie Frauen diese Behandlung schaffen sollen, die in einem Angestelltenverhältnis sind. Meine Mutter hatte schon recht mit dem, was sie sagte: Die moderne Technik wird überschätzt, weil es unsere Leben eigentlich unmöglich machen, schwanger zu werden. Denn es gibt zwei wichtige Voraussetzungen für den Erfolg einer solchen Behandlung: zeitlich flexibel zu sein für die

Vorab-Untersuchungen, damit die Eizellen zum richtigen Zeitpunkt entnommen werden können, und körperlich entspannt zu sein für den Tag des Transfers. »Entspannt« ist ein Zustand, an den ich nur noch vage Erinnerungen habe. »Flexibel« zu sein bedeutet für mich, auch am Wochenende zu arbeiten.

Als Kind kannte ich das Gefühl der Langeweile, wenn es draußen regnete und meinen Freundinnen und mir im Hobbykeller kein Spiel mehr mit unseren Puppen oder Barbies einfiel. Aus bloßem Zeitvertreib fingen wir eines Tages an, uns in der Telefonzelle zu verstecken und von den Eltern geklaute Zigaretten zu rauchen. Danach habe ich jeden Tag nach der Schule heimlich auf dem Gästeklo eine Filterzigarette meiner Mutter geraucht, bis ich mir in der Oberstufe endlich offiziell auf dem Schulhof eine Kippe anstecken durfte. Mein Sportlehrer sah mich, blieb stehen und sagte, er sei von mir enttäuscht. Ich hatte ein schlechtes Gewissen, denn er war einer der wenigen Lehrer, die mich mochten, und gab mir gute Noten. Mein Rauchen änderte daran nichts. Ich erinnere mich an das gute Gefühl, das mir der warme Zigarettenrauch und die vertrauten Gespräche, die man mit anderen Rauchern führte, gaben. Der eine hatte Feuer, der andere eine Kippe oder Tabak. Man kam mit den älteren Schülern ins Gespräch, die einen vorher nie beachtet hatten. Nachher bedankten sie sich, und man hatte das Gefühl, auf dem Coolness-Barometer ein Grad nach oben gestiegen zu sein.

Ich habe zehn Jahre lang durchgepafft. Während meiner Studienzeit hatte ich dann einmal so einen schlimmen Kater, dass ich für alle Zeiten vom Rauchen kuriert war. In dieser Nacht qualmte ich alleine zwei Schachteln weg und trank so viel Wodka mit Red Bull gemischt, dass mein Körper sich nicht anders zu helfen wusste, als das ganze Gift in einen riesigen Herpes zu schleusen, der am nächsten Morgen auf meiner Oberlippe blühte. Manchmal vermisse ich das Rauchen. Nicht den Geschmack, von dem mir sicher sofort schlecht werden würde, sondern die beruhigende Wirkung und das sachte

Knistern des verglühenden Tabaks. Überhaupt vermisse ich die Raucherpause, als Moment des Innehaltens. Wenn man aufhört zu rauchen, wird diese Pause durch keine andere Form der Ruhephase ersetzt. Meinen Kaffee trinke ich meist im Gehen oder hinterm Laptop. Ich bräuchte dringend wieder mehr solcher Momente für mich, aber Rauchen ist der Fruchtbarkeitskiller schlechthin, also fange ich jetzt bestimmt nicht wieder damit an. Bei der Blutabnahme oder wenn ich wieder auf dem Gynäkologenstuhl die Beine breit machen muss, stelle ich mir einfach nur vor, dass ich währenddessen eine Zigarette paffe, ziehe die Luft in meine Lungen ein und atme hörbar wieder aus. Zwischendurch stelle ich mir dann immer wieder die Frage: Will ich das wirklich, wenn es so ein Aufbäumen gegen meine Natur bedeutet? Mein Körper folgt der Evolution, und die ist gnadenlos. Aber man muss sich ja nicht alles gefallen lassen.

Mein Tag beginnt also damit, dass ich für den Aufbau einer embryofreundlichen Schleimhaut nach dem Aufstehen zwei Tabletten schlucke und danach eine Glasampulle aufbreche, den Inhalt mit einer Spritze aufziehe, dann in eine andere Ampulle spritze, einen weißen Krümel damit auflöse und mir diese Lösung mit einer kleinen Kanüle ins Bauchfett injiziere, wobei ich die Stelle vorher mit einem alkoholgetränkten Tüchlein desinfiziere, wenn ich es vor Müdigkeit nicht vergesse. Wenn ich einen Nerv treffe, tut es weh, ansonsten brennt es nur ein wenig. Inzwischen weiß ich auch, wie man die Luft aus der Spritze bekommt. Man muss sie im 180-Grad-Winkel nach oben halten und dann leicht mit den Fingern gegen das Glas schnipsen. Ich fühle mich wie Christiane F. im Frotteebademantel.

Das Medikament soll meinen Eisprung unterdrücken, damit die Eizelle nicht vor der Punktion springt, sonst wäre dieser Zyklus wieder umsonst gewesen. Wenn alles gut läuft, setze ich mir in ein paar Tagen eine Spritze, die den Eisprung auslöst, und im besten Fall lässt sich dann nicht nur eine einzelne Eizelle auf dem Ultraschall erkennen, sondern fünf, acht oder mehr. Das, was mein Körper normalerweise in einem halben Jahr produziert, erledigt er so in nur zwei Wochen. Die Eizellen werden unter Vollnarkose entnommen. Routiniert witzele ich mit dem Anästhesisten herum, dabei schäme ich mich, dass ich schon wieder im OP liege.

Dann folgt entweder die IVF, also die Befruchtung im Glas, oder, wenn die Eizellen oder die Spermien nicht so fit sind, eine ICSI. Bei dieser Intrazytoplasmatischen Spermieninjektion wird eine Samenzelle in eine Eizelle gespritzt. Was die Samenzelle also eigentlich alleine hinbekommen sollte, übernimmt außerhalb des Körpers die Nadel. Gott spielt dann aber nicht die Frauenärztin, sondern eine Humanbiologin, die in grünen OP-Klamotten hinter einer Fensterscheibe sitzt. Sie hat ein knuffiges rundes Gesicht mit freundlichen Augen und hüftlange braune Haare, die sie zu einem Zopf gebunden trägt. Um den Kopf trägt sie ein rotes Bandana, was sie in dieser ansonsten so luxusbetonten Atmosphäre der Kinderwunschklinik rebellisch wirken lässt. Auf ihr ruhen nun alle Hoffnungen.

Falls sich aus diesen von ihr zusammengebrachten Zellen ein gesunder Embryo entwickelt, wird er mir ein paar Tage später in die Gebärmutter eingesetzt, die ich bis dahin mit Tabletten auf eine Einnistung vorbereite. Die Humanbiologin übergibt dann eine lange Spritze mit dem Embryo der Frauenärztin, die den Transfer zurück in meinen Körper macht. Ich sehe den fünf- oder achtzelligen Embryo auf einem großen Bildschirm, sehe, wie das kleine Ding von einer riesigen Nadel angesaugt wird, und habe sofort das Gefühl: Das ist mein Kind. Ich stelle mir vor, wie es aussehen würde – mit blonden Haaren, grünen Augen und Floyds langen Zehen. Er hat keine besonders schönen Füße, durch das viele Fußballspielen ist der Nagel des großen Zehs deformiert und wächst schief und wellig. Ich sage ihm immer, er solle mal zur medizinischen Fußpflege gehen, bevor der Sommer anfängt, aber er geht einfach nicht hin. Er meint, da könne man nichts machen. Er geht auch nie zum Zahnarzt und vergisst dauernd die Zink- und Vitamin-Tabletten, die er nehmen soll, damit seine Spermien gesünder sind.

Schlimmer als dieses dauergesunde Verzichtsprogramm, Tabletten-Frühstück und Spritzensetzen ist die Enttäuschung, wenn die Praxis nach zwei Wochen Wartezeit anruft und mir eine Empfangsdame mitteilt, dass der Schwangerschaftstest leider wieder negativ ist, und mir ein schönes Wochenende wünscht. Wenn man die ganze Zeit auf einen Anruf wartet und die Neuigkeiten dann auch noch schlecht ausfallen, ist einem nur noch nach Heulen zumute. Ich weine dann nicht nur aus Enttäuschung, sondern auch, weil all die Anspannung kurz von mir abfällt. Mein Selbsthass wandelt sich dann einen kurzen Moment lang in Mitgefühl für das, was ich meinem Körper mit dieser Behandlung abverlange. Ich versuche mir selber Mut zu machen, rede mir ein, dass es nicht meine Schuld ist, dass der Embryo sich nicht eingenistet hat. Und dann höre ich von einer anderen Frau, die spontan und überraschend schwanger geworden ist, und denke nur: *Fickt euch alle.*

Nach dem Anruf müssen wir wieder warten, bis ein neuer Zyklus beginnt und wir einen weiteren Versuch starten können. Immer dieses Warten, Warten, Warten. Es macht mich wahnsinnig, vor allem, wenn es umsonst ist. Dabei heißt es doch immer, wenn man einen Traum hat, müsse man ihn nur visualisieren und sich genug anstrengen, dann sei alles möglich. Ich habe mich noch nie so angestrengt wie bei dieser Sache. Noch nie habe ich mich so genau an die Gebrauchsanweisungen von Medikamenten oder die Empfehlungen von Medizinern gehalten, wobei meine Ärztin immer sagt, ich solle weiterhin mein Leben leben, es sei nur wichtig, nicht zu rauchen und mich nicht stressen zu lassen. Ich versuche alles, und trotzdem gehe ich ohne dieses Ultraschallbild von der Fruchthöhle nach Hause. Das ist nicht fair. Andere Leute vögeln im Vollrausch im Gebüsch und werden Eltern eines gesunden Kindes. So wie meine Schwester und ihr Freund. Das mit dem Vollrausch und Gebüsch stimmt nicht, aber sie ist ungeplant schwanger geworden. Einfach so! Ich war so sauer über diese Nachricht, dass ich eine Vase an die Wand geworfen habe. Seitdem ist an der Stelle eine Delle im

Putz. Eigentlich sollte ich mich für sie freuen, doch ich schaffe es nicht, sie anzurufen und ihr zu gratulieren. Es ist nicht so, dass ich ihr das Glück nicht gönne. Das tue ich, aber ich will es auch haben. So sehr, dass ich in diesem Moment noch nicht mal begriffen habe, dass sie Mutter wird – und ich Tante. Irgendwann habe ich dann doch angerufen. Meine Schwester half mir über den Berg.

»Ich weiß, was du durchmachst, aber ich hoffe sehr, dass du mir diese Schwangerschaft gönnen kannst.«

Ich nickte und sagte, dass ich sie lieb habe, aber innerlich zerriss mich der Neid wie einen Airbag bei einem Auffahrunfall.

Wann habe ich den Zeitpunkt verpasst, an dem für mich noch alles offen war – oder hat dieser Zeitpunkt nie existiert? Die Schule war zu Ende, ich ging zur Uni und arbeitete, um eines Tages den Pokal der finanziellen Unabhängigkeit in den Händen halten zu können. Ich habe ihn nie ergattert, sondern bin weiterhin abhängig von einem System, in dem ich systematisch unterbezahlt werde und keine Sozialleistungen bekomme. Meine Altersvorsorge ist ein Witz in Tüten. Mein Versicherungsberater droht mir in jedem Gespräch mit Altersarmut und will mir noch eine Versicherung andrehen, für deren monatlichen Beitrag ich noch mehr arbeiten muss.

In all diesen Jahren kam mir nie der Gedanke, Mutter zu werden. Im Gegenteil, mir schien immer, dass ich noch unendlich viel Zeit hätte. Es stimmt schon. Ich habe »Ja, später« geantwortet, wenn meine Mutter nach meiner Familienplanung fragte. Da war ich schon über dreißig und dachte wirklich, sie fragt mich nur, weil sie endlich Oma werden will. Keine Frau in meinem Umfeld hat mir vorgelebt, wie man Beruf und Familie unter einen Hut bringt, ohne dabei sich selbst oder den Beruf aufgeben zu müssen. Frauen, die nach ihrer Schwangerschaft zurück an ihren Arbeitsplatz gingen, wurden degradiert, weil sie in Teilzeit arbeiten wollten. Sie durften nur noch die Lagerräume aufräumen, statt wie früher Teammeetings zu leiten. Ich hörte von einer Frau, die zur Geburt kein Geschenk, sondern einen Aufhebungsvertrag bekam. »Noch eine Mutter brauchen wir hier nicht«, hieß es. Oder die Frauen bekamen nach ihrer Rückkehr ins Büro Arbeitszeiten aufgebrummt, die sich nicht mit der Kinderbetreuung vereinbaren ließen. Ich wusste bis dahin nicht, dass es Night Nannies gibt, also Babysitter, die nachts die Kinder hüten, damit die Frauen am nächsten Tag ausgeschlafen zur Arbeit gehen können. Weil sie es sonst nämlich nicht schaffen, die von ihnen erwartete Leistung zu erbringen. Manche Frauen wurden nach ihrer Rückkehr von ihren Vorgesetzten und Kollegen so gemobbt, dass sie freiwillig gekündigt haben. Sie taten mir leid, aber ich war froh, auf der anderen Seite zu stehen. Ihre Geschichten machten mir Angst. Ich sah mich in der Zukunft, alleinstehend und mit einem kleinen Kind auf dem Arm. So wie meine Großmutter und meine Mutter.

Meine besten Jahre habe ich in einem Büro gesessen und mich nicht getraut, pünktlich Feierabend zu machen, aus Angst, die Chefetage könnte mir das übel nehmen und mich durch eine andere Redakteurin ersetzen, die sich noch besser verheizen lässt. Warum habe ich das mitgemacht?

Nach dem dritten ICSI-Versuch fragt uns die Ärztin, ob wir einen Samenspender oder eine Adoption in Betracht ziehen wollen.

»Man kann auch Vater sein, ohne Kinder zu zeugen«, sagt sie zu Floyd und lächelt ihn aufmunternd an. »Es ist eine Rolle, die viele Männer mit Herzblut ausfüllen.«

Floyd schüttelt vehement den Kopf: »Das kommt nicht infrage. Dann könnte meine Frau ja gleich mit einem anderen Mann schlafen.«

Ich schaue ihn enttäuscht an. Nicht, dass ich sofort mit seiner Zustimmung gerechnet hätte. Meinen nächsten Gedanken behalte ich für mich: Sex mit einem anderen Mann würde alles vereinfachen und nicht all unsere Ersparnisse aufbrauchen. Die Ärztin sagt, wir sollten nicht vergessen, dass es Paare gebe, die trotz diagnostizierter

Fruchtbarkeitsstörung spontan schwanger geworden seien. Wir sollten nichts unversucht lassen, so ihr Rat.

Meine Enttäuschung über den dritten erfolglosen Befruchtungsversuch ist so groß, dass Floyd mir einen Heimaturlaub verordnet. Man könnte auch sagen: Er will mich wegschicken. Eigentlich sollte ich ihm dafür dankbar sein, denn Floyd gehört wie meine Mutter zu den wenigen Menschen in meinem Leben, bei denen ich genau weiß, welche Knöpfe ich drücken muss, um sie zu verletzen. Trotzdem nimmt er mich wieder in den Arm. Ich habe ihn in den letzten Wochen mit meinen Launen gequält, aber er hat sie alle ertragen.

Unsere Beziehung dreht sich nur noch um die Behandlung. Es gibt kein anderes Thema mehr. Wenn ich ehrlich bin, kann es ich es selber nicht mehr hören. Ich würde gerne mal wieder ausgehen, mich besaufen, durchtanzen und danach bei McDonald's einen Big Mac essen.

Floyd fragt mich, ob ich mir schon mal überlegt hätte, dass ihn die Behandlung auch belaste. Meine Schmerzen beim Spritzen und mich nach dem Anruf der Praxis immer so enttäuscht zu sehen – das sei für ihn schwer. Er sagt, er vermisse seine Freundin, und meint damit mein altes Ich. Daraufhin schaue ich ihn nur an und sage: »Google mal die Begriffe ›Hormone‹ und ›Frau dreht durch‹, du Arsch!«

Ich glaube, er versteht nicht, was die Hormone mit mir machen. Ich bin drei Mal in künstliche Wechseljahre geschickt worden. Floyd denkt, ich sei einfach launisch, hätte einen schlechten Tag und mir sei eine Laus über die Leber gelaufen. Meine Laus trägt Pfennigabsätze. Während ich andauernd im Wartezimmer dieser Praxis sitze, inzwischen alle Zeitschriften auswendig kenne und eine Ultraschalluntersuchung nach der nächsten über mich ergehen lasse, muss er einmal kurz vorbeischauen, um am Tag der Eizellen-Punktion in einem fensterlosen Kabuff mit Fernseher und Videorekorder einen Porno zu schauen und sein Sperma in einem Plastikbecher in ein Fach zu stellen.

Aber es stimmt, dass ich mich in den letzten Monaten nicht ein einziges Mal gefragt habe, was die Diagnose und die Behandlung für ihn bedeuten. Stattdessen habe ich ihn gerade als Arsch beleidigt. Er ist ein junger Mann, und wenn er sich eine Familie wünscht, könnte er sich leicht eine andere Frau suchen und es mit ihr auf natürlichem Weg versuchen. Die Myome sind raus, und ich bin immer noch nicht schwanger. Es ist nicht eindeutig geklärt, wer von uns beiden unfruchtbar ist. Da meine Blutwerte alle so weit in Ordnung sind, glaubt die Frauenärztin jetzt, dass meine Ei- und seine Samenzellen nicht kompatibel seien. Obwohl wir uns lieben, sagt uns die Natur, dass wir nicht zusammenpassen.

»Ich habe Angst, dich zu verlieren«, sagt er und drückt mit seinen Händen von oben auf meine Schultern, so als wolle er meine Beine wie Heringe eines Zeltes im Boden verankern, damit ich nicht wegfliege.

Ich stehe in unserem Wohnzimmer, halte das tutende Telefon in der Hand und bin kurz davor, den Hörer auf dem Boden zu zertreten, als die Sprechstundenhilfe der Kinderwunschklinik das Gespräch wieder mit einem negativen Testergebnis und guten Wünschen für das Wochenende beendet hat.

»DU hast Angst?«, frage ich ihn aggressiv. Im nächsten Moment ist mir zum Heulen zumute. »Ich muss mich hinlegen …«, sage ich und löse mich aus seinem Griff.

Das Warten hat an mir genagt. Ich bin erschöpft. Beim ersten Versuch habe ich noch dauernd meinen Bauch gestreichelt, weil ich davon ausgegangen bin, dass es klappt – es sah ja alles so gut aus. Die Zellteilung des Embryos, die Dicke der Gebärmutterschleimhaut, meine Werte – alles war tipptopp. Aus Angst vor der nächsten Enttäuschung habe ich es mir bei den anderen Malen selbst verboten.

»Wir brauchen eine Pause«, stellt Floyd fest.

Ich habe mich gerade aufs Sofa gelegt und schreie ihm von da aus ins Gesicht: »Meinen Eizellen rennt aber die Zeit davon! Ich trinke keinen Kaffee oder Wein mehr, gehe spätestens um halb zehn ins Bett und ernähre mich so, als wäre ich schon schwanger: kein Sushi, kein Serrano-Schinken, kein blutiges Steak oder Räucherlachs, weder Rohmilch- noch Rotschmierkäse und nur noch in Tüten abgepackter Salat, weil sonst Bakterien enthalten sein könnten, die das ungeborene Leben schädigen. Ich mache alles richtig, ich gebe alles – aber es bringt nichts! Wovon soll ich jetzt eine Pause machen? Von meinem Versagen?«

Tatsächlich ist die emotionale Belastung ein Hauptgrund für viele Paare, die Kinderwunschbehandlung nach drei Zyklen zu beenden und bewusst aus der Achterbahn der Gefühle zwischen Hoffnung und Enttäuschung auszusteigen. Ich aber will noch nicht aussteigen, auch wenn mir längst schlecht ist.

»Überleg dir, ob du mit mir glücklich werden kannst, auch wenn wir keine Eltern werden«, sagt Floyd ruhig.

Er kniet sich neben mich auf den weißen marokkanischen Wollteppich mit dem Rautenmuster, legt seine Hand auf meine Stirn und versucht meine bebenden Lippen zu küssen. Es fühlt sich an, als wolle er mich zum Schweigen bringen. Ich schaue ihn an, als er mit einem Schmatzer seine Lippen von meinen löst. Meint er das ernst?

In der folgenden Nacht liege ich wach im Bett. Ich höre den melancholischen Gesang der Straßenbahn und das Rauschen des Verkehrs, die für mich nach all den Jahren in dieser Stadt zu einem Schlaflied geworden sind. Manchmal kann ich den Schmutz der Luft schmecken, und im Sommer trägt die Wärme den Gestank der Mülltonnen unten im Hof zu mir nach oben.

Floyd schläft. Er kann immer schlafen, egal was gestern war oder morgen sein wird. Ich dagegen kann nachts erst die Dinge klarsehen, viel besser als am Tag, wenn meine Gedanken in meinem Kopf wie Motten um eine Glühbirne herumschwirren, ich aber keinen davon richtig zu fassen bekomme. Floyd kennt mich besser als ich mich selbst: Eine Weile nicht mehr in diese Praxis gehen zu müssen und damit nicht mehr dauernd in diesem Wartezustand zu sein, fände ich befreiend. Ich habe ohnehin schon so viel Zeit verloren, da kommt es auf ein paar Zyklen weniger auch nicht an. Wer loslässt, hat die Hände frei. Sagt man doch so.

Ich werde also nach Hause fahren, zu meiner Mutter. Mein Heimatbesuch fällt ausgerechnet auf die Woche, in der sie in Rente geht. Sie hat diesen Tag lange vor sich hergeschoben, aber in den letzten Monaten festgestellt, dass ihre Augen nicht mehr so gut funktionieren und ihr das Schreiben der Karteikarten Mühe macht. Ihren letzten Tag bei der Arbeit wollte sie vor uns verheimlichen, aber meine Schwester ist ihr auf die Schliche gekommen, weil sich meine Mutter dauernd als Babysitterin angeboten hat und sie mehrere Verabredungen hintereinander ausmachen wollte, was so gar nicht ihre Art ist. Sie muss sonst immer noch mal überlegen, noch mal im Kalender nachschauen, noch mal Bescheid sagen. Jetzt ist ihr Kalender leer. Ich denke, sie hat Angst vor dem Nichtstun. Als Alleinstehende war der Job der Dreh- und Angelpunkt in ihrem Leben, nachdem wir aus dem Haus waren.

Floyd hat mir ein Zugticket gebucht. Nicht, dass ich dazu nicht selber in der Lage wäre, aber er hatte hinter meinem Rücken recherchiert, wann meine Mutter ihren letzten Arbeitstag hat, und genau für diesen Tag meine Reise gebucht. Mir hat sie das Datum nicht verraten. Floyd hat in der Praxis angerufen und ihre Sprechstundenhilfe unter einem falschen Vorwand ausgefragt: Es ist ein Mittwoch, extra kein Freitag, weil direkt danach das Wochenende käme und meine Mutter Zeit zum Traurigsein hätte.

Meine Mutter hat Sorge, nicht mehr gebraucht zu werden, war sie doch ihr Leben lang für andere da: für ihre Patientinnen, die Kinder bekamen, Brustkrebs hatten oder sich um die Verhütungsmethoden ihrer Teenager-Töchter sorgten. Und jedes Mal, wenn in der Stadt ein Obdachloser in seinem eigenen Urin am Boden lag, eilte meine

Mutter zu dem reglosen Körper hin und leistete Erste Hilfe. Ich stand derweil wie eine Garderobiere daneben und hielt ihre Handtasche, während sie mir erklärte, dass das ihre Pflicht sei: die Vitalfunktionen kontrollieren und, wenn es sein müsse, auch eine Mund-zu-Mund-Beatmung durchführen. Jeder ihrer Handgriffe saß. Wäre der Obdachlose gestorben, während wir bei H&M neue T-Shirts kaufen gingen, anstatt ihm zu helfen, hätte meine Mutter wegen unterlassener Hilfeleistung ins Gefängnis kommen können. Also hielt ich ihre Handtasche und fühlte mich neben ihr auch plötzlich wie eine kleine Heldin.

»Wir brauchen dich übrigens manchmal auch«, sagte ich einmal zu meiner Mutter, nachdem sie mal wieder einen verwahrlosten Mann mit Platzwunde auf der Nase und über den Augen in den Krankenwagen befördert hatte. Ich staunte, wie viel Energie sie in solchen Momenten besaß und dass sie währenddessen immer die Ruhe behielt.

Dass meine Mutter nun in Rente geht, fühlt sich auch für mich krass an. Ich kenne meine Mutter nur als berufstätige Frau. Mit über siebzig wollte sie immer noch weiterarbeiten, während ihre Freundinnen alle längst im Ruhestand sind. Oder nie gearbeitet haben, weil sie Hausfrauen waren und sich um das Haus und die Kinder gekümmert haben, während die Männer als Ärzte, Anwälte oder Politiker Karriere machten. Meine Mutter hatte aber keine Lust, jeden Tag Golf zu spielen, Schaufensterbummel zu machen oder in dem Café auf dem Marktplatz in einem Stück Bienenstich herumzustochern. Also verschob sie ihre Rente immer wieder um ein paar Monate, und jedes Mal hatte sie einen neuen triftigen Grund parat. Ihre Rente sei noch zu niedrig, behauptete sie. Sie könne es sich gar nicht leisten, nicht mehr zu arbeiten. Oder sie könne ihre schwangeren Patientinnen angesichts des Ärzte- und Hebammenmangels doch nicht im Stich lassen. Ich sagte ihr: »Wenn du so denkst, wirst du nie aufhören können.« Dann hatte sie irgendwann immerhin einen Nachfolger gefunden, der ihr den Kassenarztsitz und das Inventar abkaufte. Allerdings war sie sich unsicher, ob sie ihre Patientinnen ruhigen Gewissens in die Hände ihres Nachfolgers geben könne, der homosexuell sei, was ich mit einem fassungslosen Kopfschütteln quittierte.

»Du bist doch keine bessere Ärztin, nur weil du hetero bist«, sagte ich.

»Immerhin weiß ich, wovon meine Patientinnen reden, wenn sie Schmerzen während der Periode oder beim Verkehr haben.«

»Dein Wissen ist ja wohl eher vintage«, entgegnete ich spöttisch. Glaubt sie wirklich, in ihrem Alter noch in Sachen Sex mitreden zu können?

»Wenn du wüsstest!«, schmetterte sie zurück.

Früher referierte sie gerne über die Sexualpraktik »Karezza«, wenn meine Freundinnen aus der Schule zu Besuch waren. Mir war das peinlich, aber meine Mutter wollte, dass schon wir jungen Frauen wissen, was einen guten Liebhaber ausmacht. Bei *Coitus reservatus,* wie Karezza auch genannt wird, geht es nicht darum, dass Frau oder Mann möglichst schnell zum Orgasmus kommen, sondern – wohl ähnlich wie beim Tantrasex – um Nähe. Diese Technik empfahl meine Mutter jeder ihrer Patientinnen, meinen Freundinnen und mir. Ich weiß noch, wie ich meine Mutter mit sechzehn angeguckt habe, als hätte sie nicht mehr alle Tassen im Schrank. Meine Mutter hingegen empfand es als ihren persönlichen Bildungsauftrag. Jeder Frau, die in ihre Praxis kam, gab sie eine wichtige Lebensphilosophie mit auf den Weg: Ein Mann, der kein guter Liebhaber ist? Und tschüss!

Ihre Fragen nach meinem Kinderwunsch sehe ich inzwischen mit anderen Augen. Damals dachte ich, sie will unbedingt Großmutter werden, weil ihre Freundinnen es auch alle wurden, manche schon zum zweiten oder dritten Mal. Nur bei mir tat sich nichts. Ich fühlte mich noch mehr unter Druck gesetzt, weil ich die finanzielle Unabhängigkeit ja noch nicht eingetütet hatte. Im Hamsterrad strampeln, parallel dazu ein Kind bekommen und großziehen? Wie sollte ich das schaffen? Das konnte ich mir überhaupt nicht vorstellen. Heute verstehe ich, dass mir meine Mutter beides wünschte: Karriere und Kind. Ich dachte, die Reihenfolge sei wichtig. Mir war nicht klar, dass es für alles eine Zeit gibt. Und dass die Zeit für manche Dinge abläuft. Das gilt auch für die Zeit, die ich noch mit meiner eigenen Mutter verbringen kann.

Am Morgen nach der schlaflosen Nacht habe ich alle Termine abgesagt und sitze mit einem von Floyd geschmierten Käsebrot im ICE. Meine Vorfreude auf Mami wächst mit jedem Kilometer Bahnstrecke, den der Zug dahinrauschend zurücklegt. Auf der Fahrt versuche ich die Misteln in den Bäumen zu zählen. Wenn man aus dem Osten der Republik in den Westen fährt, bekommt man den Eindruck, als bestünde das ganze Land vor allem aus großen Bäumen mit diesen kugeligen Gewächsen. Ich mag den Brauch an Weihnachten, einen Mistelzweig über die Tür zu hängen und sich darunter zu küssen, dabei sind Misteln an sich keine schönen Pflanzen, weil sie als Halbschmarotzer leben und ihrem Wirt das Wasser und die Nährstoffe entziehen. Der Zusammenhang mit der Liebe ist da trotzdem gar nicht so fern: In manchen Beziehungen lutscht der eine den anderen auch aus.

Trotz Kaffee falle ich bis zum nächsten Halt in Tiefschlaf. Mittags stehe ich als Überraschungsgast mit Blumen in der Hand in der Praxistür, um Mami an ihrem letzten Arbeitstag abzuholen. Man könnte auch sagen: Um sie weinend hinauszubegleiten, denn während sich die meisten Menschen auf den Renteneintritt freuen, ist meine Mutter am Boden zerstört. Sie muss ihr Lebenswerk abgeben und hoffen, dass ihr Nachfolger ihr nicht ihren guten Ruf verhunzt. So von wegen: »Seitdem die alte Chefin nicht mehr da ist, geht dort alles den Bach runter.« Für meine Mutter ist es ein großer Tag. Es ist gut, dass ich dabei bin. Da hatte Floyd schon recht: Sie hat ihr ganzes Leben für mich gearbeitet, also kann ich bei ihrem Abschied mit Blumen antreten. Es tut mir gut, sie in den Arm zu nehmen und zu trösten. Endlich bin ich nicht mehr der Jammerlappen, der in seinem Selbstmitleid herumstapft wie Nordseeurlauber mit Gummistiefeln im Wattenmeer, sondern kann jemand anderes trösten.

»Alles gut«, sage ich, als Mama in meinem Arm immer schwerer wird und ich einen Moment lang nicht sicher bin, ob sie ohnmächtig wird.

Das ganze Team steht vor uns, die Arzthelferinnen in ihren dunkelroten Kitteln tupfen sich mit Papiertaschentüchern die Tränen unter den Augen weg.

Draußen schüttet es plötzlich auch wie aus Eimern.

Ich merke, wie stolz ich auf meine Mutter bin und alles, was sie in ihrem Berufsleben geschaffen hat: ein gut laufendes Unternehmen, viele treue Patientinnen und Angestellte, die gerne für sie arbeiten. Aber im Gegensatz zu ihnen allen bin ich über den Abschied meiner Mutter gar nicht traurig. Jetzt, da ich neben ihr stehe, bin ich mir irgendwie sicher, dass das Leben noch eine Überraschung für sie bereithält. Es kann doch jetzt nicht alles zu Ende sein, nur weil sie nicht mehr arbeiten geht, was Jahrzehnte ihren Alltag bestimmt hat, aber auch dafür gesorgt hat, dass sie immer so müde war und sich nicht aus dem Haus bewegt hat. Ich ahne noch nicht, wie sehr sich ihr Leben binnen weniger Wochen ändern und dass tatsächlich alles gut wird. Nicht nur gut, sondern wunderschön.

Ich trage die Kisten mit ihren Schreibtischsachen das Treppenhaus runter, sie trägt den Strauß Rosen und die Flasche Champagner, die sie zum Abschied mit einer Fotocollage mit dem Titel *Danke für vierzig Jahre Einsatzbereitschaft und immer ein offenes Ohr, Frau Doktor. Sie werden uns fehlen!* geschenkt bekommen hat. Vierzig Jahre Arbeitsleben. Wenn ich daran denke, dass ich noch mindestens so lange arbeiten muss, wie ich schon auf der Welt bin, wird mir wieder schlecht.

Wir stehen auf dem Parkplatz vor der Praxis. Pfützen spiegeln den Himmel. Meine Mutter schließt die Augen und nimmt einen tiefen Atemzug. Sie drückt sich mit einer Hand die Blumen an die Brust und hält mit der anderen den Champagner fest, so als könne sie die Zeit anhalten und damit ihr offizielles neues Leben als Rentnerin noch ein paar Minuten aufschieben.

»Wie fühlst du dich?«, frage ich sie.

Eigentlich muss sich der Rentenbeginn doch wie ein Lottogewinn anfühlen. *Nie wieder arbeiten, yippie!*

Die Luft ist nach dem Regen feucht und kühl. Es tut mir gut, draußen zu sein, denn die Luft im Zug war stickig, und ich muss dauernd an die verstopfte Toilette denken, in der sich das Klopapier in einer gelben Suppe in kleine Fetzen zersetzte.

»Jetzt fühlt es sich gar nicht mehr so übel an«, sagt sie und drückt auf den Türöffner des Kofferraums.

»Die Rente?«, frage ich, während ich mit einer Hand versuche, im Auto Platz für Mamis Geschenke zu schaffen.

»Allen Tschüss zu sagen, fiel mir schwer. Ich werde nie wieder als Erste die Tür aufschließen und nie wieder als Letzte zuschließen. Ich habe niemanden mehr, dem ich Aufgaben erteilen kann, aber auch niemanden mehr, der seine Sorgen bei mir ablädt. Jetzt kann ich mich endlich um jemanden kümmern, dem ich lange keine Aufmerksamkeit geschenkt habe: um mich.«

Wie bitte? Ich dachte, sie sagt jetzt: »um dich«. Immerhin bin ich ja auf Heimaturlaub zu ihr gekommen, damit sie mich nach dem Kinderwunschflop psychisch aufbaut. Und jetzt will sie sich nur um sich selbst kümmern?

Meine Mutter erzählt davon, dass sie jetzt noch mal alle ihre Kontakte und Freunde von früher durchgehen will. Sie will schauen, wer davon noch lebt und wen sie noch mal treffen könnte, bevor es nicht mehr geht.

Ich höre ihr nicht mehr zu, denn mein Interesse gilt dem vor mir liegenden Chaos im Kofferraum. Neben dem mit Erdbrocken und Grasbüscheln verdreckten Golftrolley kullert allerlei umher: leere Sauvignon-Blanc-Flaschen, ein Frostschutzmittel, Tulpenzwiebeln, eine Dose Oliven und eine ungarische Salami, eine halbe Küchenpapierrolle und ein Sack Praxiskleidung mit Mamis weißen Kitteln, die in die Reinigung müssen.

»Warum fährst du mit diesem ganzen Scheiß durch die Gegend?«, schnauze ich.

Im selben Augenblick stößt meine Mutter wie eine Dampflok ihre warme Atemluft gen Himmel aus. Als ihr Gesicht aus der Nebelwolke wieder auftaucht, sieht sie mich besorgt an. »Komm, ich bring dich nach Hause.«

Ich brauche meine Mutter jetzt. Endlich hat sie es verstanden.

Sie legt die Blumen und die Flasche in den Kofferraum, dort, wo ich Platz geschaffen habe, und nimmt mich wortlos in den Arm.

Ich schließe meine Arme um sie und merke, wie klein und knochig sie sich anfühlt. Wie ein Vögelchen. Die Adern auf ihren Handrücken und Armen treten wie blaue Nudeln hervor, die Haut an ihren Händen ist rau, und ihre Haare, die meinen Mund berühren, schmecken wegen des Festigers darin bitter. Mami wird alt, ich sehe das an jedem blauen Fleck auf ihren Armen, die entstehen, wenn sie sich am Türrahmen stößt oder an der Brombeerhecke im Garten hängen bleibt. Irgendwann dreht sich die Beziehung um: Dann kümmern sich nicht mehr die Eltern um die Kinder, sondern die Kinder um die Eltern. Deshalb freue ich mich auf die freien Tage bei ihr, auch wenn es dann mit der Kinderwunschtherapie erst mal nicht weitergeht. Ich habe kein Rückfahrticket gebucht. Kennen wir uns eigentlich noch? Wir haben uns an drei oder vier Wochenenden im Jahr gesehen. Freitagabend kam ich an, Sonntagnachmittag war ich wieder weg. Wie wird es sein, wenn wir länger als ein Wochenende unter einem Dach schlafen? Wer weiß, wie oft ich noch so mit ihr zusammen sein kann. Ich verbiete mir die Gedanken an ihren Tod, aber wenn ich sie so sehe, dann stelle ich mir manchmal vor, wie ich reagieren würde, wenn ich einen Anruf von der Polizei bekäme, in dem mir ein Beamter mitteilt, dass meine Mutter gestorben sei. Todesursache: Sturz von der Treppe. Und dass sie drei Tage lang im Haus lag, bevor sie – umzingelt von Silberfischchen – gefunden wurde.

Lepisma saccharina, der »Zuckergast«, ist ein flinkes, lichtscheues Insekt mit metallisch glänzenden Schuppen, das auf dem Boden lebt. Die Antennen am Kopf zittern pausenlos umher, auf der Suche nach dem Weg oder etwas zu fressen, während es seine drei Schwanzanhänge vor Feinden warnen. In der Nacht kommt das Silberfischchen aus seinem Versteck. Weil der Körper so flach ist, kann es sich gut zwischen den Fugen der Badezimmerkacheln, unter der Auslegware oder hinter Raufasertapeten bewegen. Es bevorzugt ein feuchtwarmes Klima und isst am liebsten Papier und Kleber. Bücherrücken sind ein Festmahl für Silberfischchen. In dem Haus meiner Mutter leben die Silberfischchen wie in einem Paradies. Sie sind überall: zwischen den Gourmet-Zeitschriften, in der Dusche, unter den Suppentellern in der Vitrine im Wohnzimmer und unter dem Plumeau in meinem Bett. Jedes Mal, wenn ich bei meiner Mutter zu Besuch war, stellte ich neue Fallen auf, aber inzwischen sind die Viecher längst in der Überzahl. Wahrscheinlich lachen sie sich hinter der Tapete über meine Fallen kaputt.

Floyd sagt, ich solle die Silberfischchen leben lassen. Sie übertrügen keine Krankheiten, sondern seien nützlich, denn sie würden nicht nur Papier und Kleber, sondern auch Hausstaubmilben, Hautschuppen und Schimmelpilz essen. Und all das gebe es in jedem Haus reichlich. Überhaupt solle ich froh sein, dass die Silberfischchen vergleichsweise klein seien. In einer Höhle in Portugal gebe es eine Riesensilberfischart, die zehn Zentimeter groß sei.

»Wann fangen wir mit dem Packen an?«, fragt mich Mami, als wir im Auto sitzen. Sie grinst und schweigt.

»Packen, wofür?«, frage ich sie und wage nicht, diesen Gedanken weiterzudenken.

»Ich ziehe um!«, platzt es aus ihr heraus.

Mein Jubelschrei führt fast dazu, dass Mami gegen die Bordsteinkante fährt.

»Nein!«

»Doch!«

»Das ist großartig, Mami! In das schicke Penthouse, das du dir angeschaut hast?«

»Penthouse – das klingt so abgehoben. Es ist eine Vierzimmerwohnung mit zwei Bädern, falls ihr mich mal besuchen kommt. Der Mietvertrag ist bereits unterschrieben. Ihr kommt mich doch besuchen, oder?«

»Natürlich! Und den Mietvertrag für das Haus hast du auch schon gekündigt?«

»Noch nicht.«

Ich werde stutzig. Sie will eine neue Wohnung mieten, aber das Haus nicht kündigen? »Warum?«

»Weil ich erst mal die Kartons packen muss.«

»Und wann ist der Umzugstermin geplant?«

»Die Möbel werden in vier Wochen abgeholt. Den Rest mache ich dann peu à peu.«

»Peu à peu?«

Ich sehe meine Mutter mit offenem Mund an, dann schlucke ich den dicken Kloß im Hals runter, der sich gebildet hat, als sie »in vier Wochen« sagte. Vier Wochen sind der Wahnsinn, um ein Haus, das bis unters Dach voll mit Zeug ist, leer zu räumen. Ich spüre die Verantwortung, um die ich mich gedrückt habe, als ich nach der Schule sofort abgehauen bin und meine Mutter alleine ließ. So lange wollte ich eigentlich gar nicht bleiben. Ich meine, ich weiß nicht, wie lange ich bleibe. Ein Monat scheint mir ziemlich lang. Aber angesichts dieser Aufgabe ist ein Monat ein Witz.

»Das schaffen wir niemals«, sage ich leise zu mir selbst. Ein Umzug ist eigentlich ein schönes Ereignis, weil es immer auch ein Neuanfang ist. Dem Umzug meiner Mutter muss jedoch eine Naturgewalt vorangehen. Eine radikale Aufräumaktion. Aber vielleicht ist es genau das, was ich jetzt brauche: etwas Unmögliches stemmen.

Mamas neue Wohnung kenne ich nur von den Fotos, die sie bei der Baustellenbesichtigung mit ihrem Handy gemacht hat. Sie befindet sich im zweiten Stock eines Neubaus im gleichen Ort. Das Haus hat einen Aufzug, das ist schon mal gut für später, wenn sie nicht mehr so gut alleine die Treppe hochkommt. Außerdem ist das gesamte Haus ebenerdig, ohne Stufen oder hohe Kanten. Rollator ginge also auch noch. Im Hausflur werden gerade schwarze Terrazzoplatten verlegt, erzählt Mama. Statt eines großen Gartens, der gepflegt werden muss, hat sie ein großes Wohnzimmerfenster und einen Balkon mit Blick auf eine Pferdekoppel. Dahinter beginnt der Wald, der sich wie eine grüne Decke über die Hügel schmiegt. Sie ist ganz euphorisch, wenn sie über die neue Wohnung spricht und wie sie alles einrichten möchte.

Ich denke die ganze Zeit nur: *O Kacke, wir müssen das Haus entmüllen, unsere Vergangenheit sortieren, wie Sau ausmisten und nur das einpacken, was sie wirklich braucht*. Was das angeht, haben meine Mutter und ich ganz unterschiedliche Vorstellungen.

Die Schweden machen solche radikalen Aufräumaktionen gerne. Bei ihnen heißt das *Döstädning*. Auf Englisch übersetzt: *Death Cleaning*. Es geht nicht darum aufzuräumen, bis man tot umfällt, sondern so gründlich auszumisten, als würde man morgen sterben und möchte den Verwandten den Stress mit dem Aufräumen ersparen. Die meisten würden jetzt sagen: Das ist komplett übertrieben. Wir sterben doch nicht gleich alle. Ich kann aber aus der gelernten Erkenntnis sagen, dass das Schicksal früher oder später an die Tür klopft. Oft fallen die tot um, bei denen man überhaupt nicht damit rechnet.

»Ich habe doch noch Zeit. So viel Zeug ist es gar nicht. Ich brauche meine Handtücher und will nicht vier Wochen lang auf Kartons sitzen«, sagt meine Mutter bestimmt.

»Du hast fünfunddreißig Jahre lang in diesem Haus gewohnt. Klamotten, Geschirr, Bücher, deine Schuhe, Reisetaschen und Lockenwickler – da ist jede Menge zu tun. Abgesehen von den Silberfischchen, die wir loswerden müssen, bis neue Mieter einziehen.«

»Ich muss doch nur die Unterlagen in meinem Arbeitszimmer sortieren. Hier und da kann ich bestimmt etwas wegschmeißen«, sagt Mami. Ihre Stimme klingt unerschütterlich, nicht so, als wäre sie bereit zu verhandeln.

Sie bestimmt, was weggeschmissen wird, ich darf höchstens die Mülltüte aufhalten. Ich verkneife mir den Kommentar, dass viele ältere Menschen einen Verdrängungsmechanismus haben.

Wir parken vor dem Haus. Ich steige aus und inhaliere den Duft, mit dem ich aufgewachsen bin. Dieser erdig-feuchte Geruch wird Petrichor genannt. Der Begriff setzt sich aus den griechischen Worten *petra* für Stein und *ichor*, Götterblut, zusammen. Der Duft entsteht, wenn der geruchlose Regen mit den Molekülen am Boden reagiert. Das sind zum einen ätherische Öle, die Pflanzen absondern, wenn es trocken ist, zum anderen Geosmin, ein erdig riechender Alkohol, der von Bakterien in der Erde produziert wird. Manchmal genügen Tautropfen oder die hohe Luftfeuchtigkeit eines lauen Abends, um die Moleküle in der Luft zu verbreiten. Es ist ein Geruch, der mich glücklich macht, weil er mich daran erinnert, woher ich komme.

Ich betrete das Haus. Die Rollläden sind in jedem Zimmer im Erdgeschoss heruntergelassen. Das machen ältere Leute gerne, noch zu Lebzeiten wie in einer Gruft leben. Es riecht nach gärendem Obst. Ich schalte das Licht im Flur an. Ich bin zu Hause, und doch fühlt es sich fremd an. Auf dem Telefontisch stehen halb verwelkte Rosen in einer gläsernen Vase, das Wasser darin ist grünlich trüb.

In dieser Nacht werde ich so gut schlafen wie lange nicht mehr. Floyd schnalzt mit der Zunge beim Schlafen, weshalb ich immer wieder wach werde. Ich habe mal im Halbdunkeln unseres Schlafzimmers mit Blick zum Hinterhof beobachtet, wie der Laut entsteht:

Sein Mund ist halb geöffnet, und seine Zunge liegt an der oberen Zahnreihe. Er atmet ein, die Zunge schnallt vom Gaumen weg, und es macht »klack«. Es ist kein lautes Geräusch, aber ich kann dann trotzdem nicht schlafen und werde deshalb wütend.

In meinem alten Kinderzimmer ist es dagegen ganz still. Die Rollos sind heruntergelassen, und es ist stockdunkel, während in der Stadt die Nacht orange fiebert. Es gibt keine Besoffenen, die nachts um drei »Alles Schweine und Verbrecher!« brüllen, ehe sie in den Morgenstunden von den Vögeln abgelöst werden, die in den hohen Platanen der Hinterhöfe mit ihrer Balz beginnen, bevor sie der Berufsverkehr chancenlos übertönt. Hier dagegen höre ich nur eine Eule, die ihr *Hu-huhuhuhuu* im immer gleichen Takt durch die Nacht schickt.

Mami hat mein Bett mit Biberbettwäsche bezogen, in der wir schon als Kinder schliefen. Sie ist angeraut und fühlt sich auf der Haut kuschelig an wie eine Babydecke. Neben dem Bett steht eine Flasche Mineralwasser aus der Eifel, und es liegen ein paar Zeitungen auf dem Nachttisch von dem Abo, das meine Mutter seit Jahren hat.

Ich krieche in mein Bett, als wäre ich ein Tier, das nach einer langen Wanderung in seinen Bau zurückkehrt. Von draußen dringt der Duft des Waldes in mein Zimmer.

In dieser Nacht träume ich von dem Jungen aus der Schule, dem Vater meiner sechs Kinder. Ich stelle mir vor, dass er in der Stadt ist und mich spontan in meinem Büro besucht. Ich bin überrascht, aber es fühlt sich so an, als hätten wir uns nur eine Woche nicht gesehen, nicht zwanzig Jahre. Wir holen uns einen Kaffee, gehen spazieren und erzählen von unserem Leben. Er ist verheiratet und hat ein Kind, das zweite ist unterwegs. Als wir im Park alleine auf dem Weg stehen, sagt er, dass er seit unserem Sprung über das Maifeuer jeden Tag an mich gedacht hat und nicht wieder fährt, bevor er nicht weiß, wie sich ein zweiter Kuss anfühlt. Ich lasse zu, dass er sich etwas holt, von dem er glaubt, es stehe ihm seit Jahren zu. Er hält meinen Kopf mit den Händen fest, und ich merke, dass es ihm nicht um mich, sondern um sein Ego geht. Ich lasse zu, dass er mit seiner Hand unter meine Bluse fährt, und genieße, dass seine Küsse gieriger werden. Wir fahren in ein Hotel. Nach einer Stunde lassen wir ein zerwühltes Bett und eine nasse Dusche zurück. Er fährt zu seiner Frau und seinem Kind zurück, ich gehe zurück ins Büro. Später schreibt er mir eine SMS, in der steht: *Du warst es immer, du wirst es immer bleiben*. Ich lösche sie. Zwei Wochen später bleiben meine Tage aus, und ich stelle fest, dass ich schwanger bin. Ich wache glücklich auf und möchte Floyd anrufen, um ihm zu sagen, dass wir endlich Eltern werden. Dann merke ich, dass es nur ein Traum war.

»Machen wir eine Begehung!«, schlage ich meiner Mutter am nächsten Morgen vor.

Zusammen laufen wir im Schlafanzug und jede mit einer Tasse Kaffee in der Hand durch die Zimmer. Von Raum zu Raum werde ich stiller. Ich war ein paar Monate, oder war es sogar schon ein Jahr, nicht mehr hier und habe unterschätzt, wie viel Kram sich im Laufe der Zeit angesammelt hat. Jeder Raum ist bis an die Decke vollgestopft mit Papier und Klamotten. Meine Schwester hat mich gebeten, behutsam mit unserer Mutter umzugehen. Sie würde sonst angesichts des bevorstehenden Umzugs einen Herzinfarkt bekommen. In diesem Moment denke ich, dass nicht meine Mutter, sondern ich einen Infarkt bekomme. Ich weiß nicht, ob ich lachen oder weinen soll: Lachen über meine Naivität zu glauben, dass meine Mutter in ihrem Alter einem Umzug gewachsen ist. Weinen über die Erkenntnis, dass meine Mutter schon lange Zeit mit dem Haus überfordert war.

Man geht als Kind davon aus, dass zu Hause die Zeit stehen bleibt. Man möchte aus dem Kinderzimmer mit der bunten Bettwäsche und den Postern an der Wand ausziehen und die Welt erobern. Aber es darf sich in dieser Zeit nichts verändern, so als könne man wie bei einem Brettspiel immer wieder an den Start zurückkehren und von vorne anfangen, wenn man rausgeflogen ist.

»Du kannst immer nach Hause kommen«, hat meine Mutter gesagt, und ich habe es genau so verstanden: *Alles bleibt für dich so, wie es ist.*

Das ging ein paar Jahre so. Am Anfang bin ich oft gekommen. Alle vier Wochen hatte ich Heimweh, und Mama hat mir ein Zug- oder Flugticket gebucht und es per Post geschickt, weil es noch keine Online-Tickets gab. Für mich hatte das Hotel Mama immer geöffnet. Hier konnte ich sein, wie ich bin. Alles drehte sich um mich, wenn ich kam: Mama kochte Spaghetti oder Gemüsesuppe mit roten Linsen, die ich gerne aß. Wir fuhren samstags zu unserem Bäcker und gingen bei Aldi einkaufen. Ich durfte alles in den Wagen schmeißen, was ich wollte, und musste nicht fragen, wenn ich mir etwas aus dem Kühlschrank holte. Abends schauten wir gemeinsam einen Film oder eine Talkshow. Was es meine Mutter, je älter sie wurde, für Kraft kostete, diese Illusion von ewiger Kindheit und einem Platz für uns aufrechtzuerhalten, das habe ich nie gesehen. Für sie ging das Leben in diesem Moment nicht weiter, sondern blieb starr.

Meine Mutter stellt sich auf einen kleinen Klapptritt aus Holz und zieht einen schwarzen Karton mit Deckel aus einem der oberen Regalfächer. Staubflocken rieseln auf uns herab und kitzeln mich in der Nase. Meine Mutter niest zweimal so heftig, dass sie beinahe von der Leiter kippt. Sie wäre weich gefallen, denn unter ihr türmen sich Berge von Papier. Ihr Arbeitszimmer ist ein schlauchartiger Raum im ersten Stock des Doppelhauses. Links steht eine deckenhohe Regalwand, am Fenster der Schreibtisch mit Blick auf den kleinen rechteckigen Garten, rechts an der Wand steht ein weiterer Tisch, auf dem jetzt seit ein paar Jahren ein Computer steht, den meine Mutter bei einem Discounter gekauft hat und nur anmacht, wenn sie eine E-Mail ausdrucken muss. Das macht sie nämlich so: Sie bekommt eine Nachricht und druckt sie aus, um sie zu lesen. Die beigefarbene Auslegware zwischen Regalwand links und Computertisch rechts ist nicht mehr zu sehen. Aufeinandergestapelte Papierunterlagen und Gourmet-Zeitschriften, Fotokartons, Boutique-Tüten, die Mami zu schade zum Wegschmeißen findet, und angeschnittene Geschenkpapierrollen mit Elch- und Tannenbaummotiven versperren die Fläche. Zum Schreibtisch am Fenster gelangt man nur in einem auf Zehenspitzen getänzelten Zickzackkurs um die Papierberge herum, wobei immer die Gefahr besteht, dass man mit dem Hintern an einem der Stapel hängen bleibt und ihn mit sich reißt. Es hat Jahre gedauert, bis meine Mutter diese bei Durchzug leise raschelnde Landschaft geschaffen hat, und nur sie weiß, wo welcher Brief oder welches Formular liegt. Ich sage: Alles kommt weg, denn dann wären wir auch den Silberfisch-Clan los, aber Mami will jedes Blatt sichten, dann abwägen, ob sie es braucht oder nicht. Wenn nicht, will sie noch einmal in dem Inhalt schwelgen, in ihrer Fantasie die schönsten Fahrradwege durch die Toskana hinunterradeln, obwohl sie im wahren Leben ein neues Hüftgelenk braucht, oder endlich dieses getrüffelte Sellerie-Püree machen und sich dabei leise von der Idee verabschieden, dass wir Kinder wahrscheinlich nie wieder alle bei ihr am Tisch sitzen werden, weil wir unser eigenes Leben und nie am gleichen Tag Zeit haben. Sie dreht sich um, setzt sich auf den Tritt und nimmt die Box auf ihre Knie.

Ich ergreife die Gelegenheit und kippe schnell den Inhalt des Papierkorbes in eine schwarze Mülltüte, bevor es sich meine Mutter wieder überlegt und einen anderen Schnipsel entdeckt, den sie interessant findet.

Sie zieht einen Stapel großformatiger Schwarz-Weiß-Fotos aus der Box, streicht über das oberste Bild und reicht es mir rüber. »Schau mal, das bin ich früher gewesen.«

Das Bild riecht wie ein altes Buch in einer Bibliothek. Süß, nostalgisch und verheißungsvoll, weil es eine Geschichte erzählt, die ich noch nicht kenne. Auf dem Foto zu sehen ist eine junge Frau mit einem Bob-Haarschnitt. Sie trägt eine große eckige Sonnenbrille,

Lederhandschuhe und ein Cape. Um sie herum liegt eine glitzernde Decke aus Schnee. Sie sieht wahnsinnig elegant aus, hockt aber mitten auf der Straße und streichelt einen weißen Hund mit buschigem Fell. Im Hintergrund sieht man ein dunkles Auto, das wie aus einem Hitchcock-Film wirkt.

»Das bin ich. In Amerika«, sagt meine Mutter und lächelt mich triumphierend an.

Ich weiß ja, dass sie als junge Frau in Amerika gelebt hat, aber ich habe bislang kaum Fotos aus dieser Zeit gesehen. Es gibt nur eins, das bei uns im Flur hängt, wo sie in einem Maxijeansrock und Ledermantel vor den Werbetafeln einer Stripteasebar steht. Meine Eltern fanden so etwas früher witzig.

»Echt jetzt?«, rufe ich und reiße ihr den restlichen Stapel aus den Händen.

Wie hübsch sie war. Vorsichtig sinke ich zwischen den Papierstapeln auf dem Boden auf die Knie.

Auf dem nächsten Foto sitzt meine Mutter im Schneidersitz mit tropfenden Haarspitzen im Bikini auf einem Boot und untersucht eine Garnele, die sie zwischen den Fingern hält. Ein anderes zeigt sie in einem Twinset, mit Bleistiftrock und Haarreifen auf dem Kopf vor einer blühenden Hecke.

»Das ist Wisteria, Blauregen. Eine typische Pflanze in Kalifornien«, sagt meine Mutter, die beobachtet, wie ich mir die Bilder anschaue und meine Augen dabei immer größer werden.

Auf einem anderen Foto steht sie auf einem Flugplatz vor einer weißen Cessna. Wie ein Filmstar. Was für ein Leben das gewesen sein muss.

»Wem gehörte das Flugzeug?«

»Tom, meinem ersten Mann.«

Ich weiß, dass sie als junge Frau verheiratet war, bevor sie meinen Vater kennenlernte. Aber ich habe sie nie nach der ganzen Geschichte gefragt. Wie ich überhaupt sehr wenig über ihre Vergangenheit weiß.

Erinnerungen meiner Mutter, 1955

Ich sitze in meinem Zimmer und höre die Schreie meiner Mutter. Ich renne nach unten ins Esszimmer. Der Mann schlägt meine Mutter mit der flachen Hand ins Gesicht.

Sie hält schützend die Hände hoch und krümmt sich zusammen. Dann prügelt er mit den Fäusten auf ihren Rücken ein. Ich stelle mich zwischen den Mann und meine Mutter. Er riecht nach Alkohol und brüllt: »Man sollte euch alle in einen Sack stecken und draufhauen. Dann trifft man immer den Richtigen!«

Ich nehme sie an der Hand. Wir rennen hoch in mein Zimmer. Meine Mutter versteckt sich hinter mir in meinem Bett. Dann schlägt der Mann mich.

Am nächsten Tag gibt er mir Geld für Pralinen. Ich soll sie für meine Mutter kaufen, damit er ihr etwas schenken kann. Es ist seine Art, sich zu entschuldigen.

MOHN & REGEN – KAPITEL 2

PAPIER

Ich gähne, die Luft im Arbeitszimmer wird stickig. Wir sortieren Versicherungsschreiben, Werbung, die schwarz umrahmten Todesanzeigen von Freunden und Verwandten der vergangenen Jahre, Hefte mit Diät- und Reise-Tipps, Ärztezeitungen, Rechnungen, Kontoauszüge. Mit jedem Blatt, das ich in die Hand nehme, werde ich müder. Schnell voran kommen wir nicht.

Meine Mutter dreht und wendet jedes Blatt und prüft seinen Inhalt. Es passiert immer wieder, dass sie sich in einen Artikel vertieft, so als habe sie die Zeitung gerade aus dem Briefkasten geholt. Dabei liegt sie hier schon seit mindestens fünf Jahren. Der Papierkorb ist noch nicht mal zur Hälfte gefüllt.

»Wie es Tom wohl geht? Ich habe so lange nichts von ihm gehört. Habe ich eigentlich seine aktuelle Adresse?«, fragt meine Mutter in den Raum, so als könnten die Papierberge oder ich die Antwort wissen. Sie legt die Zeitung, die sie gerade in den Händen gehalten hatte, zur Seite, statt in den Papierkorb, und fängt an, ihre kleinen Adressbücher, die in der linken Schublade des Sekretärs liegen, durchzublättern.

Ihren Ex-Mann zu sehen, das fände ich witzig. Dann könnte ich mir vielleicht auch besser meinen Vater vorstellen, von dem ich mich immer frage, wie er jetzt wohl mit inzwischen siebzig aussähe. Manchmal denke ich an ihn, aber es ist nicht mehr oft, so als hätte ich fast vergessen, überhaupt jemals einen Vater gehabt zu haben. Aber so, wie ich an vielen anderen Punkten immer wieder Bezug zu meiner Vergangenheit aufnehme, merke ich, dass meine Mutter ihre

Zeit in Kalifornien nicht loslässt. Sie könnte alle ihre Fotos in die Tonne werfen, immerhin hat sie diese Bilder viele Jahre nicht angeschaut, wahrscheinlich noch nicht einmal daran gedacht. Warum also ausgerechnet jetzt längst vergangenen Tagen hinterherhängen und alte Adressen suchen?

Es verunsichert sie vielleicht, nicht zu wissen, ob der Mann, mit dem sie einmal verheiratet war, noch lebt oder schon gestorben ist, sodass sie nie wieder die Möglichkeit haben wird, mit ihm zu sprechen. Sie ist keine junge Frau mehr, so wie damals, sondern Rentnerin mit einem Hallux valgus, wegen dem sie weiche Schlappen aus Hirschleder trägt.

Meine Mutter reicht mir eine Kiste mit den Minikalendern meines Vaters aus den Jahren 1976, 1977, 1978 und 1981. Das ist das Jahr, bevor er gestorben ist. An meinem Geburtstag steht kein Eintrag, auch nicht an dem meiner Schwester oder meiner Mutter. Als hätte er sich schon damals aus dem Leben verabschiedet. Jeder Tag blieb für ihn ein leeres Blatt. 365 Tage ohne Bedeutung für ihn. Dabei ist in diesem Jahr viel passiert: Er kündigte seinen Job im Krankenhaus. Wir zogen mit ihm nach Norddeutschland, wo er seine eigene Praxis gründen wollte. Eine Woche nach der Eröffnung nahm er sich das Leben. Meine Mutter mietete das Haus aus der Zeitung mit dem Strom- und Müllkasten vor der Tür, und wir zogen ohne Vater zurück.

Es tut nicht mehr weh, wenn ich an ihn denke oder seine Sachen in der Hand halte. Ich habe meinen Frieden mit ihm geschlossen, und ehrlicherweise ist er für mich weit weg. Sein Kalender bedeutet mir nichts. Es ist keine Reliquie, einfach nur ein altes kleines Buch mit weißen Seiten. Ich überlege, ob wir ihm zu Ehren ein großes Feuer im Garten anzünden und seine Sachen in einem feierlichen Ritual vernichten sollten, anstatt sie in die Mülltonne zu werfen. Ich habe mich schon lange innerlich mit meinem Vater ausgesöhnt, es wäre okay, wenn die Sachen nicht mehr da sind.

Mama will das nicht, sagt sie. Sie wendet immer noch jedes einzelne Blatt, ihre Lesebrille sitzt auf ihrer Nasenspitze, während sie den Inhalt des Schreibens studiert.

»Das ist Werbung, das kann weg«, sagt sie nach drei Minuten über einen zweiseitigen Brief.

Mir wird klar, dass wir es gar nicht schaffen können, rechtzeitig aufzuräumen, selbst wenn die Möbelpacker erst in ein paar Wochen kommen. Ich scheine jedoch die Einzige zu sein, der das bewusst ist. Ich will meine Mutter nicht im Stich lassen, aber die Aufgabe, die vor uns liegt, erledigen wir niemals in der Zeit, in der ich hier bin. Irgendwann will ich zurück nach Berlin. Wir hätten vor Monaten mit dem Ausmisten anfangen müssen. Wir schaffen kein *Döstädning*.

»Sollen wir schauen, ob Tom auf Facebook ist?«, frage ich, während ich eine Ärztezeitung mit einer Titelgeschichte über die Ursachen von Myomen entdecke.

Auf dem Ultraschallbild sah meine Gebärmutter wie »ein Sack Kartoffeln« aus, wie meine Frauenärztin bemerkte. Vorher waren die Dinger niemandem aufgefallen, und ich hatte keine Beschwerden, bis auf Regelschmerzen, aber dafür gibt es ja Schmerzmittel. Und davon schlucke ich während meiner Periode immer reichlich. Schließlich muss ich arbeiten. Jede dritte Frau ist von Myomen betroffen. Als Ursache für diese Art von gutartigen Tumoren werden unter anderem Weizen, tierisches Eiweiß, Stress, Weichmacher oder Bewegungsmangel vermutet. All das kann ich vorweisen, so leben und ernähren sich viele Menschen auf der Welt. Es klang so allumfassend, als wäre die Ursache für Myome: Atmen.

»Ich habe irgendwo noch Toms alte Adresse. Aber ich glaube kaum, dass er dort noch lebt.«

»Wieso nicht? Du wohnst doch auch seit über dreißig Jahren im selben Haus. Wir brauchen gar keine Adresse. Der ist doch bestimmt auf Facebook«, sage ich wieder.

Ich denke, dass wir in der Hinsicht gute Chancen haben, weil er Amerikaner ist und in Kalifornien lebt. Ich meine, all diese Tech-

Firmen wie Facebook, Google und Apple sitzen im Silicon Valley in Kalifornien. Wenn man in der Gegend wohnt, ist man doch sicher auf dem neuesten Stand der Technik.

Anders als meine Mutter.

Ich drücke auf den Einschaltknopf ihres Computers, der mit einem verschlafenen Brummen reagiert. Eine Staubwolke steigt aus dem Belüfter hoch.

»Was machst du?«, fragt Mami.

Sie wird immer nervös, wenn ich ihre Sachen anfasse, vor allem, wenn es der Computer ist. Das mag sie nicht, so als hätte ich schon mal etwas kaputt gemacht, was noch nie passiert ist. Gut, früher habe ich ihr die ein oder andere Sache geklaut, Unterwäsche, Kosmetik oder Geld, aber damit habe ich aufgehört, seit ich ausgezogen bin und selber arbeiten gehe.

»Wir suchen deinen Tom!«

Ich suche auf dem Desktop den Internet-Browser, finde ihn aber nicht. Meine Mutter ruft mich immer wieder an und behauptet: »Ich habe das Internet gelöscht.« Tatsächlich finde ich das Browser-Symbol im Papierkorb.

»Echt, Mami, es ist unfassbar. Warum kaufst du dir einen Computer, wenn du damit nicht umgehen kannst?!«, schimpfe ich.

»Ich sehe das so schlecht«, entschuldigt sie sich und versucht zu verstehen, was ich mit meinen schnellen Handbewegungen an ihrem Rechner mache.

Ich starte den Browser, rufe die Facebook-Seite auf und logge mich in meinen Account ein.

»Wie heißt Tom mit Nachnamen? Hat er noch einen zweiten Vornamen oder einen Doppelnamen?«, frage ich meine Mutter, die auf den Bildschirm starrt. Sie glaubt vielleicht, dass ich den Namen eintippe und schon taucht ihr Ex vor uns auf, aber so einfach wird es vermutlich nicht.

Sie buchstabiert mir seinen vollen Namen.

Dann holt sie Stift und Notizzettel und schreibt *Blauer Kom-*

pass = Internet auf. Mir fällt auf, dass sie irgendwie ganz schön schief schreibt. Früher war das nicht so, da hat sie mir von Hand Entschuldigungen für dic Schule geschrieben, in kerzengerader Schrift.

»Ich finde keinen Mann, der so heißt. Aber hier ist eine Maggie Parker, die in Los Angeles wohnt. Vielleicht ist sie mit ihm verwandt. Soll ich sie als Freundin hinzufügen?«

»Wie geht das denn?«

»Ich schicke ihr einfach eine Freundschaftsanfrage.«

»Ist das wie eine E-Mail?«

»So ähnlich«, lache ich.

Irgendwie süß, dass das Internet so gar nicht die Welt meiner Mutter ist. Aber bald schon sollte sie mir zeigen, dass ich sie unterschätzt habe. Maßlos unterschätzt.

Am nächsten Morgen greift meine Hand zuerst nach meinem schwarzen iPhone, das neben dem Bett auf dem Teppichboden liegt, so als sei es eine Prothese, die ich nachts von meinem Körper abschnalle und morgens brauche, um aufstehen zu können.

Ich prüfe, ob ich neue Follower oder Likes für meine letzten Instagram-Posts oder neue E-Mails bekommen habe. Immer in dieser Reihenfolge: erst Instagram, dann E-Mails. Es ist meistens nie etwas wirklich Wichtiges oder Dringendes passiert, trotzdem schaue ich im Laufe des Tages immer wieder nach, ob ich etwas verpasst habe.

Dieses Nachschauen ist eine Sucht, es geht gar nicht darum, etwas Neues zu erfahren, sondern diese Tastenkombination auszuführen und mich wieder für zehn Minuten von den Dingen, die ich eigentlich machen sollte, abzulenken. Ich habe eine Kollegin gehabt, die gezählt hat, wie oft sie an einem Tag ihr Handy entsperrt, um Instagram aufzurufen und ihre E-Mails zu kontrollieren. Sie kam auf über achtzig Mal. Meine Bildschirmzeit liegt, seitdem ich bei meiner Mutter bin, unter zwei Stunden. Normalerweise daddele ich zehn Stunden pro Woche nur an meinem Smartphone herum. Das ist ein ganzer Arbeitstag, den ich mit meinem Handy verbringe. Kein Wunder, dass ich gefühlt wenig gebacken bekomme, wenn ich einen Tag lang mit Scrollen beschäftigt bin.

Doch heute gibt es eine wirklich wichtige Nachricht, und mein Bauchgefühl sagt mir, dass etwas passieren wird, mit dem wir nicht gerechnet haben.

»Maggie und ich sind jetzt Freunde!«, rufe ich aus dem Bett.

Während ich bis in die Puppen geschlafen habe – das muss wohl an den Rollos liegen, die mein Kinderzimmer in eine dunkle Höhle verwandeln –, hat diese Amerikanerin meine Freundschaftsanfrage bestätigt.

Meine Mutter klappert unten in der Küche mit Töpfen und Geschirr. Sie hat nicht gehört, dass ich gerufen habe und es gute Nachrichten gibt. Zumindest ist unser Versuch, mit Tom Kontakt aufzunehmen, nicht schon beim ersten Anlauf gescheitert. Ich will Mami unbedingt diesen Gefallen tun, denn ich habe nicht oft die Chance, etwas für sie zu tun, das ihr hilft.

Ich schreibe Maggie über den Messenger eine Nachricht: *Hi, kann es sein, dass dein Vater Tom heißt und früher mit einer Frau aus Deutschland verheiratet war? Auf deine Antwort freue ich mich. Viele Grüße!*

Die Frage ist natürlich sehr direkt, aber es fühlt sich an, als würde ich eine verschollene Schwester kontaktieren. Das ist absurd. Ich weiß gar nicht, ob sie wirklich mit ihm verwandt ist. Aber wenn unsere Eltern mal ein Paar waren, dann verbindet uns das doch irgendwie, oder?

»Was schreiben wir Maggie, wenn sie antwortet?«, fragt mich meine Mutter, als ich in die Küche hinuntergehe und die Packung mit den Kaffeefiltern aus dem Schrank hole.

Einen Cappuccino mit geschäumter Milch gibt's bei ihr nicht. Dafür Filterkaffee mit einem Schuss fettarmer Milch aus dem Kühlschrank. Mit der Zeit gewöhne ich mich an jedes Getränk, Hauptsache, es ist

Koffein drin. Als Studentin habe ich Fake-Cappuccino mit Molkenpulver aus der Tüte getrunken und mir anschließend noch dieses gezuckerte Kakaopulver darübergestreut.

»Ich habe ihr schon geschrieben«, sage ich und knicke das braune Papier des Kaffeefilters um, damit er mehr Stand hat und nicht kollabiert, wenn das heiße Wasser durch die Maschine läuft.

»Um Himmels willen, was denn?« Mami scheint irritiert.

»Na, was wohl? Ob sie mit Tom verwandt ist und Lust hat zu antworten.«

»Das hast du ihr geschrieben? Ohne mich zu fragen?«

Die Kaffeemaschine fängt an zu blubbern.

Ich lehne mich an die Küchenzeile und bemerke Wollmäuse auf dem Boden hinter der Tür in der Ecke.

»Sie hat noch nicht zurückgeschrieben«, beschwichtige ich und verstehe nicht, warum die Stimmung kippt. In diesem Moment höre ich, wie oben in meinem Zimmer das Handy tschilpt. Eine neue Nachricht! Endlich passiert etwas!

»Bestimmt ist das wieder unsere neue Freundin Maggie! Wie viele Stunden Zeitverschiebung gibt es zwischen Deutschland und der Westküste, Mama?«, frage ich und reiße übertrieben die Augen auf, um sie ein wenig zu ärgern. Ich sprinte die Treppe hoch in mein Zimmer.

»Woher hat sie denn deine Handynummer? Ich denke, du schreibst ihr eine E-Mail?«, ruft meine Mutter hinter mir her.

»Mann, Mami. Du hast echt keine Ahnung von nichts. Wir müssen dir dringend ein Smartphone besorgen!«

Sie bleibt unten an der Treppe stehen, hält sich mit einer Hand am Geländer fest und wartet auf mich. »Ich habe doch ein Handy!«, brüllt sie nach oben.

»Ja, aber das ist kein Smartphone«, erwidere ich, in meinem Zimmer angekommen.

Ein Silberfischchen flitzt direkt vor meinen Füßen über den Teppich.

»Ich verstehe den Unterschied nicht.«

Ich sehe sie zwar nicht mehr, weiß aber genau, wie meine Mutter dasteht. Die eine Hand am Treppengeländer, die andere in die Hüfte gestemmt. Sie ist sauer.

»Das macht nichts. Ich kauf eins für dich und stelle alles für dich ein«, rufe ich, während ich mein Telefon unter der noch körperwarmen Bettdecke suche.

»Ich will aber nicht, dass du alles für mich einstellst, weil ich es dann nicht verstehe!«, krakeelt meine Mutter von unten.

Ich finde das Gerät unter dem Kopfkissen.

»Das ist alles ganz einfach!«, rufe ich zurück und entsperre den Bildschirm.

»Für dich. Aber nicht für mich. Wenn du wieder weg bist, kann ich es nicht mehr benutzen.«

Meine Mutter stapft die Treppe hoch, steht auf einmal hinter mir und wischt sich die Hände an ihrer rot-weiß karierten Schürze ab, die hinter der Küchentür an einem Haken hängt, wenn sie sie gerade nicht trägt.

Eigentlich wollte ich mich gerade wegen des Silberfischchens bei ihr beschweren und darauf drängen, dass wir eine Grundreinigung des ganzen Hauses machen müssen, aber die Nachricht auf meinem Display ist einfach der Hammer.

»Aha!«, sage ich, um meine Mutter weiter zu ärgern.

Sie grapscht nach meinem Handy, so als seien wir zwei Kinder, die sich um ein Spielzeug streiten.

Ich halte es höher und lese ihr vor: »Maggie schreibt, dass Tom sich sicher sehr freuen würde, wenn er mal wieder von dir hört. Sie ist aber nicht seine Tochter. Sie ist seine Frau.«

Meine Mutter japst nach Luft, und ich kann sehen, dass ihr Blutdruck ziemlich hoch ist. Sie bekommt dann einen schmetterlingsähnlichen roten Fleck über der Nase und den Wangen. Erst schüttelt sie den Kopf, dann fängt sie an zu strahlen. So habe ich meine Mutter lange nicht mehr gesehen.

»Zeig mal her!«, sagt sie. »Er lebt also noch!«

»Du lebst doch auch noch.«

»Wer weiß, wie lange.«

»Du stirbst nicht, Mami. Das verbiete ich dir.«

»Irgendwann schon.«

Ich schaue sie an, meine Mutter, die jetzt Rentnerin ist, und verstehe das Gefühl, das sie hat. Sie will es noch mal wissen.

Nachts im Halbschlaf höre ich, wie meine Mutter ihr Schlafzimmer verlässt und über den Flur schleicht. Ich habe meine Tür aufgelassen, früher war sie immer zu. *Wahrscheinlich muss sie aufs Klo*, denke ich und nicke wieder ein. Ein blauer Lichtschimmer strahlt mir ins Gesicht. Ich werde wieder wach und lehne mich aus dem Bett, um zu sehen, was vor sich geht.

Gegenüber im Arbeitszimmer sitzt meine Mutter in Schlafanzug und Pantoffeln an ihrem Computer und tippt mit beiden Zeigefingern abwechselnd Taste für Taste. Dabei schaut sie über ihre Lesebrille immer wieder auf den Notizzettel, den sie sich vorhin gemacht hat. Sie tippt und tippt. Dann ergreift sie mit der rechten Hand die Maus, ihr ganzer Körper verkrampft sich, sie drückt die Maus auf dem Tisch, und es macht »klick«. Dann starrt sie auf den Bildschirm.

Ich stehe auf und wanke zu ihr hinüber.

»Hey, Mami, was machst du da?«, frage ich sie mit rauer Schlafstimme. Ich verschränke die Arme vor der Brust, mich fröstelt es.

Meine Mutter wirkt erschrocken, als hätte ich sie gerade beim Rauchen erwischt oder wie sie mein Tagebuch liest, was sie früher wirklich gemacht hat.

Als wir einmal Streit hatten, habe ich *Ich hasse meine Mutter* hineingeschrieben und das Tagebuch offen auf meinem Schreibtisch liegen lassen, damit sie es liest. Auch das ist eine der Geschichten, die sie immer wieder erzählt. Natürlich habe ich meine Mutter nie gehasst. Im Gegenteil. Auch jetzt erfüllt mich ein Gefühl von Liebe ihr gegenüber. Ich sehe, dass sie die Facebook-Seite aufgerufen und sich selbst ein Profil erstellt hat. Auf dem Tisch steht ein Glas Weißwein.

»Du hast dich bei Facebook angemeldet?«, frage ich und traue meinen Augen kaum, denn meine Mutter lädt gerade ein Profilbild von sich hoch.

In einer roten Regenjacke und mit nackten Füßen beim Wattwandern auf Sylt. Die Haare zerzaust, mit einem glücklichen Lächeln, wie man es nach einem stundenlangen Spaziergang durch Matsch an der frischen Luft hat.

»Ja. Da staunst du, was?«

»Allerdings. Aber das hättest du doch nicht machen müssen. Maggie schreibt mir bestimmt bald zurück, und dann kannst du Tom bestimmt anrufen und quatschen.«

»Das wäre schön, ja. Aber ich möchte außer Tom noch jemanden suchen.« Sie klingt jetzt ziemlich geheimnisvoll.

»Er heißt David«, sagt meine Mutter, und über ihr Gesicht huscht ein verschmitztes Lächeln.

»Wer ist denn David?«, frage ich.

Meine Mutter beißt sich auf die Lippen und tut konzentriert. Sie kneift die Augen zusammen, denn die Schrift auf Facebook ist für sie ziemlich klein.

Dann sagt sie: »Das war der Mann nach Tom.«

David? Der Mann nach Tom? Ich stutze. Meine Mutter hat diesen Namen noch nie zuvor erwähnt. Ich dachte immer, es hätte da diesen einen Amerikaner gegeben, dem zuliebe sie eine Weile in den USA gelebt hat, dann wäre sie zurück nach Deutschland gekommen und hätte irgendwann meinen Vater kennengelernt. Ich habe mir nie Gedanken darüber gemacht, mit wie vielen Männern meine Mutter in ihrem Leben geschlafen hat, in wen sie verliebt war und wen es da noch gegeben hatte: die unerfüllten Lieben, die Affären oder One-Night-Stands.

»Ich dachte, du wärst nach der Trennung alleine in den USA geblieben?«, frage ich verwirrt.

»Ich war doch noch jung. Ich wollte nicht nur arbeiten und abends auf dem Sofa in meinem Apartment sitzen«, antwortet sie.

Ich grummele ein »Aha«. Was soll ich sonst dazu sagen? Es ist befremdlich, wenn meine Mutter mir von ihren Ex-Liebhabern erzählt, und doch will ich mehr über diesen David wissen.

»Wieso hast du nie etwas von ihm erzählt?«

»Ich habe doch keine Ahnung, wo der gelandet ist. Und ob er überhaupt noch lebt. Könnte das seine Tochter sein?«, fragt meine Mutter und zeigt mir das Profilbild einer Frau in einem lilafarbenen T-Shirt und grünen Army-Shorts. Sie hat lustige braune Korkenzieherlocken und hält beide Daumen hoch. Im Hintergrund sieht man eine Brücke, vermutlich ist es die Golden Gate Bridge. Es gibt ja nicht so viele große rote Brücken auf der Welt. Mami atmet schnell durch die Nase, sie wirkt angespannt und gleichzeitig so auf Zack, wie ich sie lange nicht mehr erlebt habe, schon gar nicht zu so später Stunde. Ich spüre, dass es ihr wichtig ist, diesen Mann namens David zu finden, und obwohl ich nichts von ihm und der Beziehung zu meiner Mutter weiß, will ich ihr helfen.

Ich google selber auf dem Handy.

»Sieh mal, es gibt einen Zahnarzt in Sunnyvale, der so heißt.«

»Das ist er!«, ruft sie.

»Der Ort liegt mitten im Silicon Valley«, sage ich.

Meine Mutter ist wie angeknipst. Als würde man nach langer Zeit eine Glühbirne in eine alte Lampe drehen und feststellen, dass der Schirm in warmen und freundlichen Farben leuchtet. Das Weinglas hat sie bislang nicht angerührt. Normalerweise wäre es um diese Uhrzeit längst leer getrunken, und sie würde zusammengesunken in ihrem Fernsehsessel sitzen und schnarchen, während im Fernseher die Wiederholung einer Talkshow auf höchster Lautstärke liefe. Früher hat mich das so sauer gemacht, weil ich ein schlechtes Gewissen hatte, dass ich mit meinen Freunden Spaß hatte, während meine Mutter vor dem Fernseher wegdöste, und ich dachte, so ist halt ihr Leben: jeden Abend alleine.

»Fragen wir sie doch einfach«, antworte ich.

Sachte schiebe ich Mami auf ihrem Drehstuhl zur Seite, um die nächste Nachricht an eine fremde Frau zu schreiben und sie zu fragen, ob sie zufälligerweise die Tochter des ehemaligen Geliebten meiner Mutter ist.

Floyd wird mir nicht glauben, wenn ich ihm erzähle, was für Storys meine Mutter aus dem Hut zaubert.

Ich mache mich auf die Suche nach ihren Tagebüchern, die irgendwo in einer Kiste liegen müssen. Wie mein Vater besitzt auch meine Mutter eine Reihe an kleinen Lederbüchern, in denen sie die wichtigsten Ereignisse in ihrem und unserem Leben festgehalten hat. Nicht nur nach dem Tod meines Vaters hat meine Mutter viel Tagebuch geschrieben, sondern auch davor. So als hätte sie gewusst, dass es eines Tages eine Tochter geben würde, die diese Geschichten plötzlich ganz genau kennen möchte.

Erinnerungen meiner Mutter, 1963

Mein Vater wog bei der Geburt fünf Kilogramm. Seine Mutter Lisbeth, genannt Libbet, hatte einen Dammriss und wollte deswegen nie wieder Sex mit ihrem Mann haben. »Das kann unser Herrgott nicht wollen«, sagte sie. Ihr Mann, mein Großvater Paul, schlug daraufhin vor, dass seine Freundin bei ihnen einzieht und sie eine Beziehung zu dritt führen. Schließlich verweigerte ihm seine Frau ihre ehelichen Pflichten. Großmutter Libbet nahm das Stoßeisen vom Ofen und drohte, es ihm über den Kopf zu ziehen. Dann ließ sie sich scheiden. Sie hatte keine Angst oder Sorge, alleinstehend zu sein. Sie hatte vierzehn Geschwister, die hinter ihr standen. Diese Frau hatte nicht viel zu lachen, aber sie hatte Mumm. Das Vermächtnis ihres Sohnes – meines Vaters –, der mit dreiundzwanzig Jahren im Krieg fiel, wurde zu Libbets Lebensinhalt.

Der Krieg war der Untergang all der schönen Dinge. Innerhalb kürzester Zeit verlor meine Mutter ihren Mann und ihren Bruder. Mein Vater war vier Jahre lang in Kriegsgefangenschaft. Erst in Russland, wo er am Bein schwer verletzt wurde, dann in Frankreich, wo er ein zweites Mal verletzt wurde und schließlich in einem Lazarett starb. Der Bruder meiner Mutter fiel in Ungarn. Sie hat nie erfahren, wo er begraben liegt.

Für eine junge Frau sind vier Jahre alleine eine lange Zeit. Stell dir vor, du musst mit deinem Baby vor Bomben flüchten und sitzt mit einer Axt im Luftschutzkeller. Mein Vater wäre einer der ersten Soldaten gewesen, der auf Heimaturlaub fahren durfte. Meine Mutter hatte schon die Zutaten für einen Kuchen besorgt. Stattdessen kam der Brief, dass mein Vater tot ist. Da war meine Mutter zwanzig.

Wir hatten nichts zu essen. Am ersten Weihnachtstag ging ich in den Hof, um zu schauen, wie es meinem Hasen geht. »Was glaubst du, was wir gestern gegessen haben?«, fragte mich mein Großvater.

Als kleines Kind war ich so dünn, dass man das Herz in meiner Brust schlagen sah. Ich hatte immer Hunger und Husten. »Det röchelt ja wie ein Reibeisen«, sagte der Kinderarzt, der aus Berlin stammte. Wegen einer chronischen Bronchitis und Blutarmut wurde ich viermal für jeweils sechs Wochen zur Kur verschickt. Das erste Mal im Alter von fünf Jahren nach Bad Salzuflen. Da war kein Betreuer oder Kinderpsychologe dabei, nur katholische Nonnen, die uns in heißem Salzwasser gebadet und geschlagen haben, wenn wir nicht auf sie gehört haben.

Meine Mutter wollte nach dem Tod meines Vaters einen englischen Offizier heiraten, der sie mit nach England nehmen und mich adoptieren wollte. Aber sie konnte nicht ihre Eltern alleine lassen, denn auch ihr Bruder war ja im Krieg gestorben. Man ging damals nicht einfach so nach London. Es gab ein streng hierarchisches Gefüge in Familie, Schule und Politik. Man war bescheiden, pflichtbewusst und fleißig.

Also blieb meine Mutter in Deutschland und heiratete einen Mann aus der Gegend. Als er das erste Mal zu Besuch kam, habe ich ihm ins Bein gebissen, so als hätte ich gespürt, was für ein Unglück mit ihm über uns hereinbricht. Er und meine Mutter bekamen noch weitere Kinder. Sonntags gab es Kaffeekränzchen mit Biskuitrolle.

In meiner Klasse war eine Mutter, die geschieden war. Das war anrüchig, so als sei man drogensüchtig. Ich dagegen dachte immer nur: »Wäre meine Mutter bloß geschieden.« Ich bekam vom Hausarzt Baldriantabletten verschrieben, weil ich in der Schule immer so nervös war. Es war die Angst, dass mein Stiefvater abends wieder betrunken das Haus demoliert. Meine Mutter versteckte sich vor ihm in meinem Bett. Es gab niemanden, der ihr geholfen hat. Sie war eine liebe Frau. Aber sie hat mich nicht beschützt.

»Was willst du machen? Du hast kein Einkommen und drei Kinder«, sagte Omi Hilde, meine Großmutter mütterlicherseits, als ihre Tochter ihr erklärte, dass sie sich scheiden lassen wolle. Die Frau hatte einen anderen Stellenwert als ein Mann. Verheiratete Frauen brauchten die Erlaubnis ihres Mannes, um zu arbeiten. Dabei haben Frauen in Kriegszeiten die Männer in Fabriken und Büros ersetzt. Wenn Frauen ein Konto hatten, dann bekam der Mann die Zinsen. Eine gescheiterte Ehe bedeutete für eine Frau den gesellschaftlichen Untergang. Also blieb meine Mutter bei ihrem Mann. Als ich achtzehn war, wollte ich einfach nur von zu Hause weg.

Meine Omi Hilde war es auch, die mir am Telefon sagte: »Komm nach Hause. Wir beerdigen heute deine Mutter.« Es war der dritte Versuch meiner Mutter, sich das Leben zu nehmen. Der erste Versuch geschah, nachdem mein Vater im Krieg gefallen war, der zweite, nachdem ihr Bruder in Ungarn gestorben war. Es hat ein paar Tage gedauert, dann war sie tot. Sie nahm ein Medikament gegen Migräne, das ihre Nieren zerstörte.

MOHN & REGEN – KAPITEL 3

WELLEN

Ich liege im Bett, beuge mich über die Kante und versuche über den Flur zu sehen. Jetzt ist es die Tür zu Mamas Schlafzimmer, die geschlossen ist, und nicht wie früher meine oder die meiner Schwester. Ich könnte mich kaputtlachen. Das schwarze Telefonkabel läuft unter der Tür durch, in ihrem Zimmer brennt Licht, wie der in der Dunkelheit leuchtende Schlitz verrät. Sie telefoniert mit David. Jede Nacht ruft er frühmorgens aus Kalifornien an und plaudert mit einer Frau, die er das letzte Mal vor fünfzig Jahren gesehen hat. Da gibt es natürlich eine Menge zu besprechen. Beide waren verheiratet, sind Eltern geworden, haben ihre Karrieren als Ärzte vorangebracht und ihr Leben gelebt. Fünfzig Jahre lang Funkstille, und dann diese Nachricht über Facebook.

Ich höre meine Mutter so oft laut lachen. Morgens schläft sie dann viel länger als gewöhnlich. Wenn sie aufsteht, beobachte ich, wie sie ins Badezimmer geht, sich die Zähne putzt, ihre Haare zurechtmacht und einen weißen Bademantel aus Waffelpikee überzieht, so als würde David in seinem Haus mit Blick auf den Pazifik am Frühstückstisch mit Pfannkuchen und frisch gepresstem O-Saft auf sie warten und nicht ich, ihre erwachsene Tochter, die schon wieder den Kaffee zu dünn gekocht hat.

Die Frau mit den Locken vor der Golden Gate Bridge ist übrigens Molly, Davids Tochter. Sie hat den Kontakt zu ihm hergestellt, denn er selbst ist gar nicht auf Facebook. Er hat noch nicht mal ein Handy und lebt alleine in einem kleinen Haus in einem Küstenort, circa vierzig Kilometer von San Francisco entfernt. Ich habe noch nie von jemandem gehört, der heutzutage kein Handy oder Internet hat, geschweige denn von diesem Ort, in dem er wohnt. Malibu hätte ich cooler gefunden, Princeton by the Sea klingt ein bisschen nach Timmendorfer Strand.

Mami versucht ihn dennoch für mich interessant zu machen: Am nördlichen Ende der halbmondförmigen Bucht liegen die Mavericks, ein Surfspot, der Surfer aus der ganzen Welt in diese Gegend zieht.

Ich war das letzte Mal vor fünf Jahren surfen und habe mich nach meiner Scheidung nicht nur von meinem Mann, sondern auch von diesem Hobby verabschiedet. Zugunsten der Arbeit, aber auch weil Floyd und ich im Zuge der Kinderwunschbehandlung weder Zeit noch Geld für teure Sportreisen hatten. Früher wollte ich die Frau sein, die auf ihrem Brett die tosenden Wellen in zackigen Kurven abreitet. Aber ich komme mitten aus Deutschland, nicht aus Australien oder Kalifornien, wo man mit dem Ozean vor der Nase aufwächst und jeden Tag ein Stündchen paddeln kann. Es war bescheuert zu glauben, ich könnte jemals so cool sein. Aber den Surfer-Lifestyle mag ich schon noch, und die Mavericks sind wirklich spektakulär: Aufgrund eines Kliffs unter Wasser werden die Wellen am nördlichen Ende von Half Moon Bay bis zu fünfundzwanzig Meter hoch, erzählt meine Mutter.

»Das sind Monsterwellen«, sagt sie, und ich stelle mir vor, all das Wasser einer solchen Welle würde über meinem Kopf zusammenbrechen. Ein wenig so ist es ja gerade auch in meinem Leben.

Für mich steht schlagartig fest, dass ich mit Mami nach Kalifornien fahren will. Ich weiß nicht, warum ausgerechnet dorthin, aber ich spüre, dass ich dort eine Antwort finden könnte auf die Frage, wie ich in all diesem ganzen Schlamassel doch noch mein Glück finden kann. Es muss gar nicht dieser Strand mit den Monsterwellen sein, ich will einfach nur an einen Ort, der weit weg ist. Ich schüttele innerlich den Kopf. Angesichts der Lage hier im Arbeitszimmer, Mamis bevorstehenden Umzugs und meiner kompletten Planlosigkeit scheint dieses Vorhaben idiotisch, ja geradezu hirnverbrannt. Oder es ist genial. Wir haben es beide noch gar nicht ausgesprochen, aber ich weiß: Mami will da auch hin. Und zwar schnell.

Ich stelle mir vor, wie David aussieht: graue Haare, dicke Brillengläser, ausgewaschener Kapuzenpullover, Shorts abgelatschte Flipflops an den Füßen.

Das wäre ein ziemlich cooler Stiefvater, denke ich.

Er hat übrigens weder ein Handy noch einen Computer, geschweige denn einen Internetanschluss – und das, obwohl er als Zahnarzt im Silicon Valley gearbeitet hat. Er führt ein für mich unvorstellbares Leben, so unbeeindruckt von der Geschwindigkeit, in der die Welt passiert und es ständig neue Nachrichten gibt.

»Er war schon immer ein Hippie«, bemerkt meine Mutter lachend und erzählt, dass er als Zahnarzt im Silicon Valley viel Geld hätte verdienen können. Aber er hat lieber nur als Vertretung in einer Praxis gearbeitet und ist danach mit seinem Motorrad in die Wüste geknattert. Er sagte: »Was bleibt mir vom schönen Leben übrig, wenn man so viel arbeiten muss, um es sich leisten zu können?«

Abgesehen davon, dass meine Mutter mir erzählen will, wie rebellisch ein Mann ist, den sie vor einem halben Jahrhundert das letzte Mal gesehen hat und der inzwischen, so wie sie, ebenfalls Rentner mit Hüft- und Hörproblemen ist, finde ich, dass es unglaubwürdig klingt. Wer würde die Chance ausschlagen, viel Geld zu verdienen? Vor allem in einem Land der Superlative, so, wie Amerika es ist. Vielleicht ändert sich die Einstellung zum Geld, wenn man als Zahnmediziner die Wahl hat und sich nicht so wie ich als Schreiberling von Job zu Job rettet. Zahnpflege ist ein krisensicheres Geschäft, denn die Menschen werden immer Karieslöcher und Wurzelentzündungen haben. So, wie wir unseren Müll entsorgt haben wollen und uns jemand unter die Erde bringen muss, wenn wir tot sind. Ich frage mich, warum ich bei meiner Berufswahl immer nur danach geschaut habe, was mir Spaß macht, und nie danach, was mir Sicherheit bringt. Denn das ist es doch, um was es letztendlich bei diesem

Lied meiner Mutter von der finanziellen Unabhängigkeit geht. Sie will, dass ich unschlagbar bin. Und zwar im wahrsten Sinne des Wortes.

Mami ist verändert, seitdem sie nachts mit David telefoniert. Es fällt mir schwer zu beschreiben, inwiefern, weil ich sie so noch nie erlebt habe. Ehrlich, ich habe keine anderen Worte dafür als: Sie ist auferstanden. Es ist, als wäre das Licht in sie zurückkehrt, als würde man in das Fenster einer dunklen Hütte im Wald eine brennende Kerze stellen, deren warmer Schein die Nacht weniger schaurig macht. In ihrer Nähe zu sein ist für mich leichter geworden, weil sie nicht mehr diese bleierne Schwere ausstrahlt, die sich in dreißig Jahren Witwendasein wie eine Eisenkette um ihren Körper gelegt hat.

Manchmal wache ich nachts auf, weil wieder schallendes Gelächter aus Mamis Zimmer über den Flur klingt. Es ist merkwürdig, dass sie sich so nah sind, trotz fünfzig Jahren Funkstille und eines ganzen Lebens auf einem anderen Kontinent.

Was nach wie vor wirklich merkwürdig ist: Sie hat David vorher nie erwähnt, zumindest mir gegenüber nicht. Hatte sie ihn vergessen? Oder wagte sie nicht, über diesen Seelenverwandten zu sprechen, aus der Furcht heraus, sich selbst irgendwann diese Frage stellen zu müssen: *Wie wäre mein Leben an seiner Seite verlaufen?* Eines Tages wird meine Mutter mir sagen, dass sie David mehr liebt, als sie meinen Vater je geliebt hat. Es wird mir erst wehtun, das zu hören. Aber dann werde ich sie verstehen.

Ich habe beschlossen, länger zu bleiben, weil es mir guttut, zu Hause zu sein. Und ich habe lange nicht mehr Dinge getan, die mir guttun. Die nur gut für mich sind, nicht auch für jemand anderes. Mittagsschlaf zum Beispiel. Einen Kaffee aus einer Tasse im Sitzen trinken und nicht aus einem Pappbecher mit Plastikdeckel im Laufen. Keine engen High-Waist-Jeans, sondern bequeme Leggings tragen. Mich morgens in Ruhe duschen, ohne dabei an eine Textabgabe, die Umsatzsteuererklärung oder eine nächste Eizellenpunktion zu denken, bei der die Dinger eine Spitzenqualität haben müssen. Einfach das machen, worauf ich Lust habe. Das Aufräumen bei Mami kostet Kraft, aber es ist genau die Art von Beschäftigung, die ich jetzt brauche. Stumpfes Ordnen von Papierbergen und Zeitschriften, Entrümpeln von eingestaubten Möbeln und Sortieren von Kleidung, dann den alten Kram in den Container schmeißen, alles von einem großen Lkw abholen lassen und sehen, wie dieser Berg Ballast Stück für Stück kleiner wird. Nicht nur in Mamis Haus, sondern auch in mir. Während ich räume, falte und zerreiße, frage ich mich: Was brauche ich nicht mehr? Was schleppe ich mit mir herum, obwohl ich längst den Bezug dazu verloren habe? Was ist mir wichtig?

Wir räumen bis mittags, dann essen wir zusammen eine Mahlzeit, manchmal nur eine Schnitte oder einen Joghurt, und legen uns für eine Stunde hin. Am Nachmittag mache ich ein paar Stunden weiter, Mami hat dann meistens keine Lust mehr, und ich lasse sie in Ruhe. Im Gegensatz zu ihr muss ich all die Jahre nachholen, in denen ich mich davor gedrückt habe aufzuräumen. Ich leiste Abbitte, so fühlt es sich an, und mit jedem Karton, der vom Dachboden oder aus dem Keller verschwindet, schrumpft mein schlechtes Gewissen.

Am Wochenende besucht uns meine Schwester und hilft, dann kommen wir richtig schnell voran und schaffen eine Menge weg, allerdings zeigen wir nicht jedes Blatt meiner Mutter, sondern hauen es in die Tonne. Einmal, als sie geschlafen hat, haben meine Schwester und ich jede Menge Möbel vor die Tür gestellt, ein Foto für die eBay-Kleinanzeigen gemacht und in die Anzeige »Alles zu verschenken« geschrieben. Als meine Mutter aufwachte, waren die alten Rattan-Bettgestelle, Weinregale, großen Kristallglasvasen und Deckenfluter weg. Schade, dass sie das verschlafen hat, denn die Leute standen nie mit leeren Händen vor der Tür. Sie brachten Kaffeepackungen, mit Pfefferminzcreme gefüllte

Schokoladentaler, Sekt oder selbst gekochte Johannisbeermarmelade als Dankeschön mit. Das war mit die schönste Erfahrung in diesen Tagen. Dass von dem ganzen Zeug doch nicht alles auf den Müll gehört, sondern für jemand anderes wertvoll sein kann. Wahnsinn!

Das Aufräumen macht etwas mit mir. Das Sichten, Kramen und Aussortieren bewegt nicht nur die Papierberge im Arbeitszimmer. Nach dem Duschen setze ich mich auf den Boden des Badezimmers, lasse den Wasserdampf auf mich herabsinken und überlege, was mich als Mensch ausmacht, wenn ich meinen Job, meinen Wohnort, den Inhalt meines Kleiderschrankes, alle Möbel, meine Freunde und meine Hobbys abziehe. Wer ist die Frau, deren Haare nass auf meinen Schultern liegen? Ein dünnes Rinnsal Wasser läuft aus den Haarspitzen über mein Schlüsselbein in das gelbe Frotteehandtuch, das ich um meinen Körper gewickelt habe. Wie jedes Handtuch meiner Mutter riecht auch dieses so frisch, sauber und gut, dass ich mich am liebsten nicht anziehen, sondern den ganzen Tag von diesem Gefühl des Frischgeduschtseins umarmt bleiben will. Wer bin ich also, wenn da nur ich bin? Wenn das Leben immer nur eine vage Idee bleibt und ich meine Vorstellungen als finanziell unabhängige Frau niemals wahr machen kann?

»Frauen in meinem Alter werden unsichtbar«, sagt Mami.

Wir sitzen am Abend in einem italienischen Restaurant in der Stadt, weil Wochenende ist und sie mich für meine Hilfe beim Ausmisten belohnen möchte. Wir haben uns beide chic gemacht, tragen weiße Blusen, goldene Ketten und roten Lippenstift im Partnerlook. Die beiden Kellner, ein kleiner Flinker mit beeindruckend ausgeprägter Hakennase und ein großer Dünner mit Kinnbart, wuseln abwechselnd um unseren Tisch herum.

»*Signorina*, noch mehr Brot?«, »Noch ein Glas Wein?« oder »*Tutto bene* – alles gut?«, fragen sie und stellen sich dabei nah an mich heran.

Ich gehe auf die vierzig zu, aber »Signorina« lasse ich mich gerne nennen. Nun, da meine Mutter es gesagt hat, achte ich darauf: Weder der kleine noch der große Kellner schaut sie an. Die Männer sehen wirklich nur mich.

Über fünfzig Prozent der deutschen Frauen zwischen fünfundsiebzig und fünfundachtzig Jahren leben alleine. Das klingt nach einer Armee alter Frauen. Tatsächlich ist diese Generation fitter denn je. Die Männer indes sterben im Schnitt fünf Jahre früher als die Frauen: Die meisten werden 79,1 Jahre alt, ihre Partnerinnen dagegen 84,1 Jahre. So ist meine Mutter in ihrem Freundeskreis fast nur noch von älteren Damen umgeben. Ich nenne sie die »Ladys«, was sie ziemlich albern finden.

»Haha, wir sind bestimmt keine Ladys«, sagt meine Mutter dann und zitiert alte Volkslieder wie *Das Wirtshaus an der Lahn*:

Frau Wirtin kannte einen Schlächter,
der war kein Kostverächter.
Wenn ihn die Wollust packte,
dann sprang er auf den Ladentisch
und fickte das Gehackte.

Mami behauptet, in ihrer Studentenzeit kannten alle dieses Lied und die Ladys sowieso. Es gibt in dieser Clique nur einen Mann und den will keiner von ihnen haben, weil er laut meiner Mutter mit seiner besserwisserischen Art nervt.

»Der Achim doziert immer so«, lästert sie.

Außerdem steckt er seinen Pullover in die Hose und zurrt seinen Bauch mit einem Gürtel fest. Die Ladys aber sind im Vergleich zu dem letzten Kerl in ihrem Zirkel großartige Frauen: witzig, stilvoll und unternehmungslustig. Ich verstehe nicht, warum sie Singles sind. Auf der anderen Seite weiß ich meine Mutter bei ihren Freundinnen in guten Händen. Eigentlich müsste ich den Ladys jeden Tag auf Knien danken, weil meine Mutter dank dieser Clique nicht komplett vereinsamt in ihrer Silberfisch-WG.

Da ist zum Beispiel Thekla, Prasselkuchen-Königin, ehemalige Sportlehrerin, Mutter von zwei Kindern und mehrfache Großmutter. Seit ihr Mann vor ein paar Jahren an Krebs gestorben ist, lebt sie alleine in einem riesigen Haus.

Im Flur steht eine Kommode. Darauf stehen ein großes, in Silber gerahmtes Schwarz-Weiß-Porträt ihres lachenden, gesunden Mannes und daneben immer eine Vase mit frischen Blumen. Zu Ostern ein Strauß Narzissen, zu Weihnachten ein mit roten Glaskugeln und Strohsternen dekorierter Tannenzweig. Ihr Mann ist tot, aber als Hausherr immer noch präsent, so wie die Trauer um ihn. Ich weiß nicht, ob ich das könnte: In einem Haus wohnen, das ich mit meiner Familie geteilt habe, und dann ziehen die Kinder alle aus, der Mann stirbt, und ich hocke da alleine. Manchmal meine ich eine Träne in ihren Augenwinkeln zu sehen, wenn Thekla von ihrem Mann spricht. In der nächsten Sekunde fragt sie mich, ob ich eine Tasse Kaffee oder eine Schmalzstulle haben möchte. So sind die Ladys alle: Sie umgibt eine Melancholie, die durch kein tröstendes Wort gemildert werden kann, aber durch ihre unentwegte gegenseitige Fürsorglichkeit machen die Ladys den Fakt, dass sie wahrscheinlich für den Rest ihres Lebens alleine bleiben werden, für alle zusammen erträglicher. Auch Thekla lässt es sich nicht anmerken, wie einsam ihr Leben als Frau ist, wenn sie abends die Haustür abschließt und ins Bett geht. Sie backt nach dem Rezept ihrer Großmutter aus Schlesien den besten Prasselkuchen der Welt, geht zweimal die Woche Tennis spielen, singt im Chor und gibt ehrenamtlich Deutschunterricht für Flüchtlinge. Im Frühjahr brütet eine Ente ihre Eier in einem Blumenkasten in Theklas Garten aus. Wenn die Küken geschlüpft sind und durch das grüne Gras watscheln, ist das für Thekla, als würde ihre Familie nach Hause kommen.

Die andere Lady heißt Erika, genannt »Eri«. Man erkennt sie schon von Weitem an ihrem silberweißen Bob. Früher hat sie sich die

Ansätze braun gefärbt, aber irgendwann stand sie zu ihrem Grau. Sie ist katholisch erzogen und kichert, wenn meine Mutter diese Wirtshauslieder anstimmt. Sie war Sachbearbeiterin beim Gesundheitsamt und hat einen Sohn, der so alt ist wie meine Schwester. Meine Mutter und sie kennen sich vom Spielplatz. Eri hatte das perfekte Leben in einem ebenfalls schönen großen Haus mit teuren Autos vor der Tür, Schmuckgeschenken und Weihnachtsferien unter Palmen. Dann hat sie ihr Mann für eine andere Frau verlassen. Was mich überraschte, denn die war weder hübscher noch jünger als Eri, was in meiner Wahrnehmung früher die zwei häufigsten Gründe waren, weshalb Männer ihre Frauen verließen. Ich weiß noch, wie Eri bei uns im Sommer im Garten saß und wegen der Ferien geweint hat. Sie musste das erste Mal alleine mit ihrem Sohn in den Urlaub fahren und wusste nicht, wie sie das bewerkstelligen sollte. Ich habe damals nicht begriffen, was eine Scheidung bedeutet. Ich dachte bis dahin, dass Eltern nur sterben können, so wie mein Vater, und deshalb nicht mehr da sind. Aber mit einer anderen Frau eine neue Familie gründen – das fand ich fast noch unvorstellbarer als einen Vater, der in den Keller geht und sich das Leben nimmt. Seit der Scheidung lebt Eri alleine. Sie hat, ähnlich wie meine Mutter, nie wieder einen Partner auf Augenhöhe gefunden. Vielleicht wollte sie es nicht, weil die Angst vor einer weiteren Enttäuschung zu groß war. Ich finde Eri toll, denn sie ist noch nicht so »verbeiget« wie andere Frauen in ihrem Alter. Ich weiß nicht, welcher Modedesigner dafür verantwortlich ist, dass es für Menschen ab siebzig vor allem Klamotten in der Farbe von Fensterkitt gibt, aber Eri trägt, wenn die Ladys ins Theater oder in die Oper gehen, kurze Satin-Boleros in Pink, Smaragdgrün oder Petrolblau. In Kombination mit ihren Haaren sieht das umwerfend aus. Das nächste Mal sage ich ihr das mal endlich persönlich.

Mit Johanna spielt Mami Golf und sammelt im Herbst auf einer streng geheimen Waldlichtung Maronen und Steinpilze, die sie im Heizungskeller auf Küchenkrepp trocknen und an Geburtstagen in kleine Einmachgläser füllen und verschenken. Man sieht es Johanna nicht auf den ersten Blick an, aber sie hat einen furztrockenen Humor, was sie mit meiner Mutter verbindet. Ihr Mann ist ebenfalls an Krebs gestorben. Ich glaube, es war Lungenkrebs. Johanna hat ihn zu Hause gepflegt, weil er nicht ins Hospiz wollte. Nachdem er in ihrem Ehebett gestorben war, wusste Johanna weder, wo ihr Pass liegt, noch, wie ihre Kontonummer lautet. Ihr Mann hatte sich immer um alles gekümmert. Die Ladys halfen Johanna, ihren Ausweis zu finden und wieder als ein »ich« statt als »wir« unterwegs zu sein. Darin haben sie alle viel Erfahrung.

»Ab einem gewissen Alter schneidet ihr euch die Haare kurz und tragt beigefarbene Fleecejacken. Dazu eine praktische Gürteltasche um die Hüfte und Gesundheitslatschen, damit euch die Füße nicht wehtun – kein Wunder, dass euch die Typen nicht mehr hinterherschauen ...«, sage ich zu meiner Mutter und schiebe mir eine Gabel Spaghetti mit Muscheln in den Mund.

Seit dem ersten Embryo-Transfer habe ich keine Meeresfrüchte mehr gegessen, weil ich Angst vor einer Fischvergiftung hatte, und Magen-Darm-Beschwerden kann man wirklich nicht gebrauchen, wenn man möchte, dass ein Fünfzeller den Körper als geeignete Brutstätte akzeptiert.

Mit den Muscheln im Mund denke ich nur: *Gott, schmeckt das gut. Ich habe so viel verpasst.*

Meine Mutter legt sich ihren dunkelblauen Pullover um die Schultern. Sie sieht gut aus, wirklich total gut. Ihre Lesebrille ist bis auf die Nasenspitze gerutscht, während sie versucht, die Dorade auf ihrem Teller zu filetieren. Ich habe das Gefühl, dass sie die Gräte nicht richtig sieht, denn sie sticht mit ihrem Messer immer wieder daran vorbei und zerfleddert den ganzen Fisch.

»... aber ihr habt in eurem Alter ja sowieso keinen Sex mehr. Insofern ist es auch egal, was du für Schuhe trägst«, schiebe ich hinterher und sehe an der Reaktion meiner Mutter, dass ich wieder etwas Falsches gesagt habe.

»Das ist ja wohl die Höhe!«, faucht sie und legt das Fischbesteck beiseite. »Nur weil ich über siebzig bin, bedeutet das nicht, dass ich nicht mehr das Bedürfnis nach körperlicher Nähe habe. Ich würde auch mit einem Mann Arm in Arm gehen und von ihm geküsst werden.«

»Die Vorstellung von zwei Rentnern, die sich küssen – das ist doch total eklig!«, sage ich mit vollem Mund.

»Was ist daran bitte eklig?«

Ich spreche nun etwas leiser: »Die Vorstellung, dass sich zwei alte Menschen einen Zungenkuss geben.«

»Du willst mich nicht als sexuelles Wesen sehen. Dabei bin ich es sehr wohl!«, ruft meine Mutter.

Die Leute am Tisch neben uns drehen sich um.

»Nicht so laut, Mama. Es schauen schon alle.«

Erst jetzt bemerke ich, dass der kleine Kellner mit der Hakennase mit einer offenen Weinflasche wieder neben mir steht, um mir das dritte Mal nachzuschenken. Ich trinke viel Wein an diesem Abend, weil er mir schmeckt und ich das Gefühl habe, etwas nachholen zu müssen. Er hat verstanden, was ich gerade gesagt habe, und zieht die linke Augenbraue hoch.

»Liebe ist niemals eklig«, gurrt er und verbeugt sich vor meiner Mutter.

Sie lächelt wie ein scheues Reh.

Er nimmt ihre Hand und deutet einen Handkuss an. »*Posso?* Darf ich?«

Er nimmt ihr Besteck auf und filetiert mit präzisen Schnitten ihren Fisch.

Ich esse aufgrund dieser Szene aus Versehen fast eine Muschelschale mit, die an meiner Nudel klebt.

Die Frau am Nachbartisch beobachtet genau wie ich mit offenem Mund, was dann passiert.

»*Limoncello, Signora?*«, fragt der Kellner, nachdem er ihr den blitzblanken Fisch überlässt.

Meine Mutter steht auf, geht zur Bar und kippt sich mit einem lauten »*Salute!*« zusammen mit dem Kellner den gelben Likör in den Rachen. Dann knallt sie das Glas auf den Tresen.

Der Kellner bedeutet ihr wortlos, dass Italiener aus Angst vor Unglück ihr Glas vor dem Austrinken noch einmal auf dem Tisch absetzen. Also gibt's noch eine Runde: eine, die Glück bringt. Wir können es alle gebrauchen.

Am nächsten Tag stoße ich in den Schränken im Schlafzimmer meiner Mutter auf modische Schätze: karierte Tweedjacketts, Samtkleider mit Volants und eine Abendstrickjacke für die Oper, die mit Marabufedern besetzt ist. Ich arbeite seit zwei Wochen gar nicht, was schon echt lang für mich ist. Ich weiß nicht, wann ich das letzte Mal bei Mama war und nicht noch schnell einen Text fertig machen, eine Anfrage verschicken oder eine E-Mail beantworten musste. Sie hält mir den Rücken frei, gibt mir etwas Geld dazu und sagt, dass ich machen soll. Sie hilft mir schon wieder. Der Leerlauf tut mir so gut, dass ich mich daran gewöhnen könnte, nie mehr nach Berlin zurückzukehren. Gegenüber Floyd erwähne ich das bei unseren allabendlichen Telefonaten natürlich nicht, aber allein der Gedanke an eine Rückfahrt in die Großstadt löst in mir ein Gefühl von Panik aus. Ich will noch eine Weile diesen Gedanken pflegen, dass ich nie wieder etwas machen muss, das mich unglücklich macht. Früher musste ich immer so schnell wie möglich nach Hause zurück, damit ich wieder arbeiten konnte. Selbst an Weihnachten hatte ich keine Zeit für meine Familie. Ich schlang die Gänsekeule und Klöße auf meinem Teller hinunter und setzte mich in den Zug, um an den Feiertagen die Festangestellten in den Redaktionen zu vertreten und ein paar Euro mehr auf dem Konto zu haben. Wobei das gar nicht stimmt, denn ich habe nicht nur den Unterschied zwischen Vagina und Vulva erst vor Kurzem gelernt, sondern auch zwischen brutto und netto. Dabei ist beides für eine Frau wichtig. Zu lange aber habe ich mich auf Dinge konzentriert, von denen ich glaubte, sie seien wichtig. Dabei waren sie es nicht. Das Gefühl, so viel Zeit verloren zu haben, macht mich traurig, und ich sage so oft: »Am liebsten würde ich etwas ganz anderes machen.« Aber ich weiß nicht, was. Ich frage mich, ob ich in meiner alten Heimat, in der Nähe meiner Mutter und Schwester, wieder ein Zuhause finden könnte oder ob ich schon zu lange weg bin und gar nicht gemerkt habe, wie verändert ich bin. Ob es mir genügen würde, hier zu leben und kleinere Brötchen zu backen? Als was würde ich hier arbeiten? Wenn ich meine Fähigkeiten auf ein Blatt Papier schreibe, dann steht da: Schreiben, Teamwork, Bildbearbeitung mit Photoshop. *Das reicht nicht*, denke ich. *Es wird nie reichen.*

Wir haben uns gestritten. Es ging darum, ob man Ikea-Kataloge als Werbung bezeichnen und deshalb wegschmeißen oder als zeithistorisches Dokument sammeln sollte. Und zwar alle Ausgaben seit 1990. Ich wollte die Hefte wegschmeißen, Mama sie behalten. Ich gehe deshalb in den Keller und räume die Konservendosen auf, Mami bleibt oben. Nach dem Mittagessen macht sie auf der Wohnzimmercouch ein Nickerchen. Ich glaube nicht, dass sie heute dazu gekommen ist, viel wegzuwerfen.

»Gönn dir auch ein bisschen Ruhe«, sagt sie zu mir mit geschlossenen Augen.

»Ich bin nicht krank«, sage ich.

Meine Nackenmuskulatur ist gespannt wie ein T-Shirt auf der Wäscheleine.

»Nur eine kleine Pause«, erwidert Mama.

»Ich will vorankommen, mir noch einen Kaffee machen und dann wieder runter zu deiner Dosensammlung gehen.«

»Nur zehn Minuten. Du wirst sehen, dass es dir guttut.« Dann schläft sie ein.

Ich setze mich auf das andere Sofa, lasse meinen Körper zur Seite fallen und schließe auch die Augen. Nur ganz kurz ausruhen. Früher habe ich oft hier gelegen. Die speckige Oberfläche des Leders und sein Geruch sind mir noch immer vertraut.

Zwei Stunden später streichelt Mama meinen Arm, um mich aufzuwecken.

»Habe ich wirklich geschlafen?«, frage ich erschrocken.

»Zwei Stunden tief und fest.«

»Warum hast du mich nicht geweckt? Ich wollte noch so viel schaffen.«

Warum bin ich mit mir erst dann zufrieden, wenn ich das Gefühl habe, etwas geleistet zu haben? Ausruhen nach der Arbeit? Nein, lieber gehe ich joggen und verbrenne Kalorien. Fernsehen am Wochenende? Nein, besser aufräumen und dabei noch alle Gewürze und Getreidesorten in Gläser mit Schraubverschluss füllen, beschriften und nach Namen sortieren; fühlt sich besser an.

»Ist doch nicht so schlimm, dann machen wir das eben morgen. Komm in die Küche, dein Kaffee ist schon fertig.«

Wir holen uns jede eine Tasse aus dem Küchenschrank, bei dem seit dreißig Jahren die Tür schief hängt, füllen sie mit Kaffee und kalter fettarmer Milch, setzen uns an den Esstisch am Fenster und trinken schweigend. Mir ist kalt, weil ich in meinen Klamotten geschlafen habe. Ich starre auf die Raufasertapete. Dann weicht die Verschlafenheit einer entspannten Klarheit in meinem Kopf, von der ich schon geglaubt habe, dass es sie gar nicht mehr gibt. Das Nickerchen hat gutgetan, auch wenn es viel zu lange war. Wahrscheinlich war es aber eben nur gut, weil es so ungeplant und lange war. Ich gähne und öffne dabei so weit meinen Mund, dass mein Kiefer knackt.

Dann sagt Mami so einfach über ihre Kaffeetasse hinweg: »Ich verliebe mich gerade wieder.«

Ich verschlucke mich an meinem Getränk und huste.

Mami strahlt mich triumphierend an und zieht die linke Augenbraue hoch. Dann lacht sie laut auf.

Ich glaube, ich spinne. Wie bitte, was? Meine Mutter ist verliebt?
»In wen?«, frage ich.

Gibt es wirklich eine so große Liebe, die bestehen bleibt, auch wenn beide Partner ihr ganzes Leben ohne einander verbringen? Wenn sie mit jemand anderem Hochzeit feiern, Kinder bekommen, Häuser bauen, den Hund Gassi führen, Reisen unternehmen? Wenn diese Liebe noch existiert, ist das andere Leben dann eine Lüge oder immer nur ein Plan B, mit dem man sich zufriedengibt, weil Plan A unerreichbar ist? Und kann eine alte Liebe wiedererweckt werden, nur indem man die Stimme des anderen hört?

Mami erzählt, dass David und sie am Telefon zusammen das Lied *Send in the Clowns* aus dem Musical *A Little Night Music* gehört haben. Anders als der Titel suggeriert, geht es in dem Song nicht um Zirkusclowns, sondern um die falschen Entscheidungen im Leben, die man später bereut – vor allem die in Sachen Liebe. Im Theater gibt es eine Redewendung, die ungefähr lautet: »Wenn die Show nicht gut läuft, lasst uns die Clowns reinschicken.« Im Musical singt die Rolle der Desirée diesen Song, um ihren missglückten Versuch zu überspielen, Frederik zurückzugewinnen, einen Mann, der aufrichtig in sie verliebt war, dessen Heiratsantrag sie aber einst abgelehnt hat. Es ist ein Lied voller Fragen. Erst jetzt wird ihr klar, dass er doch der Richtige war. Sie singt, dass sie ihren wichtigsten Einsatz wohl verpasst hat. Bereut meine Mutter, meinen Vater geheiratet zu haben? Bedeutet das im Umkehrschluss auch: Bereut sie mich?

Am nächsten Morgen sitzt Mami am Esstisch. Als ich runterkomme, trinkt sie ihren Kaffee und liest die Tageszeitung. Neben ihr liegt ein kleiner Notizblock, auf dem sie Daten und Preise notiert hat.

Irgendwas stimmt nicht. Sie sieht angespannt aus. Heute Nacht habe ich kein Lachen aus ihrem Zimmer gehört.

»Ist was passiert?«, frage ich sie.

»David ist krank«, antwortet sie.

»Was hat er denn?«

»Es ist nicht heilbar. Er ist erst zum Arzt gegangen, als es schon zu spät war.«

Jetzt hat meine Mutter wieder den schweren, trüben Blick, der mich seit dreißig Jahren fertigmacht.

»Was hat er denn?«, frage ich wieder.

Sie wagt es nicht, den Namen der Krankheit auszusprechen, aber ich ahne es. Viele ihrer Freunde sind in den letzten Jahren daran gestorben. Vor allem Männer.

»Wie lange hat er noch?«, frage ich wieder, weil ich ahne, um was es geht.

»Zwei, drei Jahre vielleicht. Je nachdem, wie lange das Medikament wirkt.«

Ich weiß nicht, was ich ihr sagen soll. Da hat meine Mutter endlich nach all den Jahren jemanden gefunden, den sie mag, und dann ist er todkrank. Ich denke an die Mavericks, die großen Wellen, die sich vor dem Strand überschlagen, und stelle mir meine nackten Füße im Wasser vor, von dem sie eiskalt umspült werden.

»Okay, dann jetzt. Wir fliegen hin«, sage ich und bekomme das Gefühl, als würde mir wirklich kaltes Wasser um die Füße spülen.

»Ich habe schon nach Flügen geschaut«, erwidert Mami.

Diese Stimmlage kenne ich.

»Ach du Scheiße.«

Wir fliegen also wirklich.

Erinnerungen meiner Mutter, 1964

Meinen ersten Mann Tom lernte ich im Sommer 1963 in einem Freibad kennen. Wir waren beide Anfang zwanzig. Er sah wie ein Beach Boy aus, zumindest so wie die, die ich aus den Zeitschriften kannte. Ich studierte im ersten Semester Medizin und sollte eigentlich in der Vorlesung sitzen. Aber dieser Sommertag war so heiß.

Tom war der einzige Mann im ganzen Schwimmbad, der mit einem Kopfsprung ins Wasser sprang und kraulte. Das hat mich beeindruckt. Seine langen Bermudashorts waren dagegen der totale Lacher. So etwas hatten meine Freunde und ich noch nie gesehen. Die deutschen Jungs trugen zum Schwimmen kurze Slips aus Frottee.

Tom und ich hatten Blickkontakt, während ich Bier aus der Flasche trank. Er sagte laut: »Dieses Mädchen trinkt Bier wie ein Soldat.« Auf dem Nachhauseweg kamen wir ins Gespräch. Seine Familie war deutschstämmig. Er erzählte, dass er gerade hier in Deutschland ein Jahr Auszeit nach der High School mache. Er besuchte einen Deutschkurs und ging zum Gottesdienst. Den Rest des Tages ließ er den lieben Gott einen guten Mann sein und genoss die Zeit.

Wir gingen zum Tanztee und danach zu mir in die Bude. Ich hatte ein Zimmer mit einem Klo auf halber Treppe. Die Pille war nicht so einfach zu bekommen. Aber wir haben aufgepasst. Er nannte mich »Kraut« wegen Sauerkraut.

Es gab damals Busreisen für Studenten. Für hundertfünfzig Mark kam man eine Woche an die Adria. Nach dem Krieg warben die Unternehmen mit: »Zur Sonne, aus den Ruinen.« Zusammen reisten wir nach Paris und Jugoslawien, das damals noch kommunistisch war. Ich konnte mir die Fahrt leisten, denn ich bekam für meinen toten Vater eine Halbwaisenrente und habe nachts in der Uniklinik gejobbt.

Tom hatte drei Jeans im Koffer, die ihm in Jugoslawien alle vom Balkon geklaut wurden, als er sie dort zum Trocknen aufhängte. Alles, was Amerika zu bieten hatte, kannte man weder in Deutschland noch in Jugoslawien. Die Coca-Cola-Reklame stand für die fortschrittliche amerikanische Lebensart. In Jugoslawien gab es noch nicht mal ein Telefon. Deshalb konnte mich auch keiner anrufen, als meine Mutter gestorben ist. Erst als ich von Deutschland aus zu Hause anrief, erfuhr ich davon.

Nach einem Jahr war Toms Zeit in Deutschland vorbei, und er kehrte in die USA zurück. Einen Monat nach seiner Abreise stellte ich fest, dass ich schwanger war. Ich bekam meine Periode nicht und kam ins Grübeln. Der Frauenarzt sagte: »Freuen Sie sich doch. Sie sind eine gesunde junge Frau!« Aber ich konnte mich nicht freuen, denn ich wollte unbedingt weiterstudieren und Ärztin werden. Ich schrieb Tom einen Brief und teilte ihm die Schwangerschaft mit. »Was soll ich jetzt machen?«, fragte ich ihn.

Tom bekam den Brief, sprach mit seinen Eltern und schrieb mir ein paar Wochen später zurück: »Meine Eltern sagen, du sollst zu uns kommen.«

Weil ich noch nicht einundzwanzig Jahre alt, also noch nicht volljährig war, musste ich für meine Ausreise mit meiner Oma zum Vormundschaftsgericht. Meine Großmutter musste sich vor den Behörden mit meiner Reise in die USA einverstanden erklären. Die Schwangerschaft war in meiner Familie kein Drama. Im Gegenteil. Mein Großvater sagte: »Was da ist, wird geliebt. Man muss nicht heiraten, um ein Kind zu bekommen.« Er wollte mich vor dem gleichen Schicksal bewahren, das meine Mutter erlebt hatte. Ich bin trotzdem geflogen.

Es gab in Deutschland keine Reiseberichte über Los Angeles. Ich stellte mir Kalifornien tropisch vor, am Meer und mit vielen Palmen. Die Rassentrennung in öffentlichen Einrichtungen war gerade aufgehoben worden. Mit einer TWA-Maschine flog ich von Frankfurt am Main nach New York. Fliegen war der absolute Luxus. Die Frauen trugen Kostüme und Hüte, die Männer ihren besten Anzug. Von New York fuhr ich mit dem Greyhound-Bus weiter. Die Fahrt von der Ost- bis zur Westküste dauerte sechsundsechzig Stunden. Das waren über drei Tage. Ich fuhr durch zehn Bundesstaaten, vorbei an den Stadtgrenzen von Pittsburgh, St. Louis, Oklahoma, Albuquerque und Phoenix.

Als ich in Los Angeles ankam, war ich enttäuscht. Es war eine anonyme Stadt, ohne Kirchen, Fußgängerzonen oder große Plätze. Alles war zersiedelt.

Es gab kein richtiges Stadtbild. Nur endlos lange identische Straßen, große Werbetafeln und verbrannte Hügel, so weit das Auge reichte.

Ich trug auf der Reise eine beige Hose und einen beigen Pullover. Nach drei Tagen im Bus waren meine Kleider schmutzig. So wollte ich meinen zukünftigen Schwiegereltern nicht entgegentreten. Eine Frau aus dem Bus sagte, ich könnte nicht einfach so nach Downtown L. A. spazieren und mir ein Hotel zum Duschen suchen. Da würde scharf geschossen. Sie bot mir an, in ihren Pool zu springen. Ein Schwimmbad im Garten – das kannte ich bislang nur aus Filmen.

Die Häuser sahen alle gleich aus: flache, aus Holz gebaute Bungalows mit Wänden so dünn wie Bibelpapier, daneben eine Doppelgarage mit einem Auto und ein großer Baum vor dem Haus. Selbst der Rasen in den Vorgärten war überall gleich hoch. Auf der Veranda stand eine Schaukel, daneben wehte die amerikanische Flagge. Diesen Patriotismus fand ich als Deutsche mit meinem gebrochenen Nationalbewusstsein irritierend.

Wenn im Sommer die Klimaanlage aus war, wurde es in den Häusern unerträglich warm. Ich verstand, warum der Name »Kalifornien« vom Spanischen La Caliente Fornella (der heiße Ofen) abgeleitet wurde. Man sah kaum Menschen, weder auf der Straße noch vor den Häusern.

MOHN & REGEN – KAPITEL 4

ALOHA

»Sakrament!«

Es ist schon spät. Mami steht im Schlafzimmer und flucht, weil sie noch mehr Klamotten mitnehmen möchte, die aber alle gar nicht mehr in den Koffer passen.

Sie packt ihre Kleidung in kleinen Portionen in Plastiktüten. Den Trick hat sie von einer der Ladys, die früher ihren Mann oft auf Geschäftsreisen begleitet hat und das Kofferpacken perfekt beherrscht. Zumindest hat sie im Freundeskreis diesen Ruf. Egal, wo sie zum Frühstücksbüfett kam, in einer Pension im Allgäu oder bei einer Camping-Safari in Botswana: Sie sah wie eine Königin auf Staatsreise aus. Im Gegensatz zu meiner Mutter, was sie manchmal wurmt, denn wer will schon das Aschenputtel in der Runde sein? Die Plastikverpackung sorgt dafür, dass die Klamotten nicht zerknittern, was einen Großteil des Starauftritts beim Frühstücksbüfett ausmacht. Bei Mami führen all die vielen Tüten in ihrem Koffer dazu, dass sie nicht mehr weiß, was sie bereits eingepackt hat. Pullover mit V-Ausschnitt, Jeans mit hoher Taille, die den Bauch kaschieren sollen, gebügelte T-Shirts und ebenfalls gebügelte und zu kleinen Briefen gefaltete Unterhosen. Zahnbürste, Magnesiumkapseln und Blutdrucksenker. Außerdem ein Stapel Fotos von ihr und uns Kindern, damit sie erst ihrem Ex-Mann Tom und dann ihrem Ex-Freund David erzählen kann, was in den letzten fünf Jahrzehnten in ihrem Leben passiert ist. Ein Foto von meinem Vater ist auch dabei, braun gebrannt mit Oberlippenbart und aufgeknöpftem Hemd. Seine Sonnenbrille ist getönt. Dieser Mensch ist mir fremd, obwohl ich weiß, wer er ist. Ich spüre nichts, wenn ich seinen Kalender in die Hand nehme. Ich spüre nichts, wenn ich sein Foto sehe. Ich würde dieses Gefühl aber nicht als Gleichgültigkeit beschreiben. Sondern als inneren Frieden.

»Was willst du mit der Pfanne?«, frage ich meine Mutter und spähe in den Koffer.

»Ich mache damit Bratkartoffeln.«

»Im Hotel?«

»Nein, für David.«

»Du glaubst, dass du ihm Bratkartoffeln machen wirst? Wir müssen ihn aber doch erst mal treffen, und dann müsst ihr schauen, ob ihr euch versteht.«

»Das weiß ich doch schon.«

»Mami, du hast diesen Mann über fünfzig Jahre nicht gesehen und nur mit ihm telefoniert. Stell dir vor, er steht vor dir, und du stellst fest, dass er gar nicht mehr dein Typ ist.«

»Er ist mein Typ, Schatz.«

»Aber vielleicht ist er auch ein Massenmörder, der dich umbringen und in der Wand über seinem Kamin einmauern will.«

»So ein Unfug!«

»Mami, die Amis spinnen. Das weiß doch jeder.«

Wir werden wirklich fliegen. Und zwar morgen.

Ich schaue immer wieder auf die Buchungsbestätigung des Reisebüros, das die Flüge für uns gebucht hat, und musste Floyd einen Screenshot davon schicken, weil er es auch nicht geglaubt hat.

»Wie, ihr fliegt?« Er war traurig, dass wir uns so schnell nicht wiedersehen, und vermisst mich, aber dann sagte er: »Ich freue mich für euch beide.«

Meine Mutter hat vorher im Internet selber die Flugzeiten recherchiert und dann der Frau im Reisebüro per Telefon genau durchgegeben, wann wir fliegen wollen. Eine Stunde später hatte ich die Buchungsbestätigung und Online-Tickets in meinem E-Mail-Postfach. »Schicken Sie es an meine Tochter, die kennt sich mit so was besser aus als ich«, sagte meine Mutter.

Ich musste mich dann schnell um unsere Hotels kümmern und habe spontan ein paar super Adressen bekommen, nachdem ich meine Follower nach ihren Tipps gefragt habe. Ich brauche kein Reisebüro: Ich frage einfach die Leute im Netz. Das geht heute alles zack, zack. Manchmal ist aber genau das mein Problem. Alles geht so schnell, dass auch ich in Wahrheit kaum hinterherkomme.

Vor uns liegt ein langer Flug ohne Zwischenstopp von Frankfurt nach Los Angeles, wo wir erst Tom treffen und ein paar Tage später mit dem Mietauto hoch in den Norden fahren werden, wo David wohnt. David und Tom, ich komme mit den Namen immer wieder durcheinander und muss mich in den Arm zwicken. Wir beide, Mutter und Tochter, reisen spontan nach Kalifornien, um auf einem Roadtrip die Ex-Lover meiner Mutter zu treffen. Wie krass anders ist das bitte im Vergleich zu meinem Leben vor ein paar Wochen, als ich zwischen Schreibtisch und Kinderwunschklinik beinahe völlig durchgedreht wäre?

Mein Instagram-Post mit Fotos von unseren Reisevorbereitungen bekommt viele Likes. *Next Stop: LA*, habe ich jetsetterisch unter das Bild meines gepackten Koffers geschrieben. Die Leute wünschen uns eine gute Zeit und sagen uns voraus, dass es eine Reise wird, die wir niemals vergessen werden. Jemand schlägt vor, dass ich ein Buch darüber schreiben sollte. Klar, das könnte ich machen, aber dann weiß jeder, dass ich eine Kinderwunschbehandlung mache und nach so vielen Versuchen immer noch nicht schwanger bin. Und das will ich nicht: Im Feed zwischen gewölbten Babybäuchen unter Strickkleidern, Gender-Reveal-Partys mit rosa oder hellblauen Luftballons und – als großes Finale – Geburtsfotos mit Verkündung des mit Spannung erwarteten Namens möchte ich nicht die sein, bei der es nicht klappt. Außerdem sind wir noch nicht mal da, und ich erinnere mich an vergangene Reisen mit meiner Mutter, in denen ich genervt davon war, dass sie ständig so langsam lief und keine Lust auf Shoppen hatte, sondern sich lieber in ein Café setzen oder in ein Museum wollte. Aber ich hatte keinen Bock auf den Louvre und die Mona Lisa, sondern wollte mir lieber neue Turnschuhe kaufen.

»Ich war früher oft undankbar, dabei hast du tolle Reisen mit uns gemacht und uns die Welt gezeigt. Danke, dass du mich jetzt auch mitnimmst«, sage ich schläfrig zu meiner Mutter. Es ist schon nach elf.

»Die schönsten Erinnerungen mit dir sind die, bei denen man immer noch lachen muss, wenn man daran denkt«, antwortet sie halb ironisch. »Ohne dich würde ich nicht fahren. Und mach dir keine Gedanken mehr über früher. Du warst noch ein Kind«, schiebt sie nach.

Ich sage Gute Nacht und schlurfe ins Zimmer nebenan, um mich hinzulegen.

So lange ist es her, dass wir zusammen unterwegs waren. Ich bin gespannt, wie wir uns vertragen werden. Wir werden in manchen Hotels sogar in einem Bett schlafen. *Das wird ja was*, denke ich und spüre einen Anflug von Panik. Ich weiß, wie laut meine Mutter schnarcht, daran wird sich in den letzten Jahren nichts geändert haben. Eher wird es noch lauter geworden sein, aber dennoch hält mich das nicht davon ab mitzufahren. Wer würde schon eine Reise nach Kalifornien wegen Schnarchen eines Reiseteilnehmers absagen? Ich vermutlich.

Auch wenn sie schnarcht: Ich nehme mir für diesen Trip vor, besonders lieb zu meiner Mama zu sein. Also verständnisvoll und geduldig, so, wie man es von einer erwachsenen Tochter erwarten kann. Denn unsere Rollen kehren sich bald um: Ich werde mich mehr um meine Mutter kümmern müssen, als dass sie sich um mich kümmern kann. Wer weiß, wie oft wir solche Reisen noch machen können. Die gemeinsame Zeit, die ich als Kind immer als etwas Selbstverständliches hingenommen habe, ist begrenzt. Ihr fünfzigster Geburtstag kommt mir vor, als sei er gestern gewesen. Jetzt ist sie schon in Rente. So schnell ich nach der Schule einen möglichst großen Abstand gesucht habe, suche ich jetzt wieder ihre Nähe. Ich merke, dass ich die Sicherheit und Zuversicht, die mir meine Mutter als Kind immer gegeben hat, in all den Jahren, in denen ich nicht mehr bei ihr lebe, vermisst habe. Nicht, dass sie nicht präsent gewesen war, wir telefonieren ja viel. Aber diese Körperlichkeit, dieses Nähesuchen und Schutzbieten, dieses Gefühl zwischen uns habe ich vermisst. Ich muss lachen, als ich mir vorstelle, wie ich mit meinen ein Meter fünfundsiebzig in den Schoß meiner Mutter lege. Es reicht mir schon, zwischendurch immer wieder ihre Hand nehmen zu können.

Mitternacht. Nebenan flucht meine Mutter leise. Ich könnte vom Bett aufstehen und ihr helfen, indem ich sie darauf hinweise, dass ihr beheizbares Lockenwicklerset den meisten Platz wegnimmt, und ihr vorschlage, ob sie es nicht lieber hierlassen möchte. Es besteht aus einer Basisstation aus Plastik, darin befinden sich samtbeschichtete Wickler in verschiedenen Größen für kleine und große Locken sowie Befestigungsklammern, von denen mehr als die Hälfte hinter der Kommode im Badezimmer liegt und im Besitz von Familie Silberfisch ist. Mami verwendet dieses Gerät, seit ich klein bin, und es ist so wie mit vielen Dingen, die sie hat: Es funktioniert immer noch, und sie kann es bedienen. Deshalb würde sie es nie durch ein neues Gerät ersetzen, auch wenn sie ihre Haare damit schneller zurechtgemacht bekommt oder Strom spart. Selbst für mich sind diese Lockenwickler ein Stück Heimat. Immer, wenn Mami das Gerät in die Steckdose steckt, zieht der Geruch von Festiger und verbrannten Haaren durch das Haus. Früher wussten wir Kinder dann, dass Mami im Badezimmer ist und sich fertig macht. Die Lesebrille auf der Nase, einen Wickler in der rechten Hand, eine Klammer und den Stielkamm in der linken.

Mir fallen die Augen zu. Ich weiß, dass Mami aufgeregt ist. Obwohl meine Hände schon vor Entspannung zucken, öffne ich wieder die Augen, stehe auf und gehe in das Zimmer meiner Mutter.

Sie schaut mich an, und ich schaue sie an. Sie setzt sich aufs Bett, ich setze mich neben sie und lasse meinen Kopf in ihren Schoß fallen. Ihr Nachthemd riecht nach diesem frischen Waschmittel, das es überall zu kaufen gibt, das aber nur bei ihr so gut riecht. Sie streichelt meine Haare und zieht einzelne Strähnen zwischen ihren Fingern lang.

Ich lege meine Hand auf ihren linken Oberschenkel und signalisiere ihr mit einem Klopfen, dass sie sich ausruhen soll. Dann hocke ich mich auf den Boden und fange an, ihren Koffer neu zu packen. Letztlich passt auch noch ihr Lockenwicklerset mit rein.

Zum Schluss steht sie auf, kramt in einem ihrer Schränke und legt einen schwarzen BH aus Spitze in den Koffer.

»Das ist nicht dein Ernst?«, frage ich.

Meine Mutter zwinkert mir zu und legt sich endlich hin. Wenigstens für ein paar Stunden, bevor sie eine Reise in ihre Vergangenheit unternimmt. In schwarzer Spitzenunterwäsche.

Ich muss schmunzeln und erinnere mich an mein Versprechen – verständnisvoll und geduldig zu sein. Das bedeutet auch: Mami und ihre Gefühle ernst nehmen.

Am nächsten Morgen stehen wir an der Bushaltestelle. Mami will das Geld fürs Taxi sparen, denn die Flüge waren so kurzfristig gebucht natürlich sauteuer.

»Ich kriege ja jetzt nur noch die Rente«, erklärt sie.

Trotzdem hat sie auch für mich den Flug gezahlt, weil ich sonst nicht mitkommen könnte. Ich bin de facto arbeitslos, woher sollte ich das Geld nehmen?

Natürlich habe ich deswegen ein schlechtes Gewissen und stehe bei ihr in der Kreide. Schöner wäre es gewesen, wenn ich ihr diese Reise zum Rentenbeginn hätte schenken können. Sie hat es sich mehr als verdient, verwöhnt zu werden. Aber ich hab’s eben nicht geschafft, die Sache mit dem Geld. Dafür komme ich ihr zuliebe mit. Das ist auch eine Leistung.

Der Bus in Richtung Stadt fährt nur alle zwanzig Minuten. So war es schon zu meinen Schulzeiten, es hat sich nichts verändert. Wenn man den Bus verpasst, gibt es keine Alternative – außer noch mal zwanzig Minuten warten, sich auf die Mitte der Fahrbahn stellen und schauen, wann der große kastige Umriss des Busses zwischen der schwarz geteerten Landstraße und dem flirrenden Horizont auftaucht. Manchmal kam er zehn Minuten später, manchmal gar nicht, und wir kamen zu spät zur Schule. Es war, als gäbe es zwischen unserem und dem nächsten Dorf ein Loch, in dem Linienbusse verschwinden. Damals fanden wir es nicht schlimm, wenn der Bus mal nicht kam. Aber was habe ich in dieser Zeit gemacht, als es noch keine Handys gab? Ich bin über den Fahrradständer balanciert, habe auf dem Rasenstreifen zwischen Bushaltestelle und Parkplatz nach vierblättrigen Kleeblättern gesucht und nie eins gefunden oder auf dem Bordstein gehockt und an nichts gedacht. Ich hatte keine großen Sorgen, keine langfristigen Pläne, keine Ängste. Zwanzig Minuten Warten sind für mich heute ziemlich lang. Unfassbar lang! Was für eine Verschwendung an Lebenszeit! Der U-Bahn-Takt einer Großstadt – immer im Abstand von drei Minuten – programmiert einen um. Warten bedeutet Geduld, die ich verlernt habe. Mein Leben muss immer weitergehen. Wer rastet, der rostet, sagt man. Ich stehe wieder wie früher an der Bushaltestelle, an der es keine digitale Anzeige und keine Uhr, sondern nur die eingerahmten Fahrpläne gibt, und denke: *Nee, so ist das gar nicht. Wer gar nicht rastet, der rastet aus.*

Angesichts des an uns vorbeifahrenden Berufsverkehrs und so vieler muffelig schauender Menschen scheint es irrwitzig, dass wir beiden Frauen mit unseren Koffern auf dem Weg nach Kalifornien sind und vielleicht schon morgen unsere nackten Füße in den Pazifik tunken können. Ich fühle mich, als wäre ich auf einer Art geheimer Mission. Codewort: *Alte Liebe*. Ich habe viele Erwartungen an die Stadt der Engel, deshalb ist meine To-do-Liste lang: Ich möchte in Malibu auf dem Pier den Sonnenuntergang anschauen, ein Selfie mit dem Hollywood-Schriftzug im Hintergrund machen und den besten Cheeseburger meines Lebens essen. Während der Kinderwunschbehandlung habe ich auf Fleisch und Fast Food verzichtet, weil ich dachte, es sei gesünder wegen der ganzen Hormone, die im Fleisch sind. Der Verzicht hat nichts gebracht, außer mieser Laune. In Kalifornien werde ich jeden Tag einen mit Käse überbackenen Klops essen und, sobald ich die Gelegenheit dazu bekomme, das angeblich »geheime« Menü bei In-N-Out Burger bestellen: Burger Animal Style, bei dem der Patty erst mit Senf bestrichen und dann gebraten wird. Ich habe bestimmt schon über dreißig Kalifornien-Tipps auf meinem Handy gespeichert, während Mami am Flughafen einen Reiseführer mit herausnehmbarer Karte kaufen will. Darin steht aber bestimmt nicht, dass man auf dem Farmers Market in Malibu dunkelrote Heirloom-Tomaten probieren sollte oder im »House of Intuition« nach Lorbeer und Zimt duftende Kerzen kaufen kann, mit denen man seine verstorbenen Verwandten beschwören oder Geldblockaden lösen kann.

Die Westküste der USA hat so viel zu bieten. Nicht nur den Highway 1, Disneyland oder Hollywood. Der ganze Lifestyle spricht mich an. Alle machen Yoga oder Pilates, trinken frische grüne Säfte und lassen sich von Gurus coachen. Es geht viel darum, Körper und Seele in Einklang zu bringen. Aber auch darum, immer in Bewegung zu sein und dabei gut auszusehen. Viele Leute, die ich kenne, träumen davon, zumindest eine Zeit lang in Los Angeles zu leben und unter Palmen ein von Sonnenschein durchflutetes Leben in Leggings zu führen, das entspannter wirkt als das Hamsterrad in Deutschland. Schon Thomas Mann und Theodor W. Adorno gingen zur Zeit des Nationalsozialismus ins kalifornische Exil. Kalifornien war also immer Sehnsuchtsort und Safe Place. Ich hoffe, dass ich von diesem Gefühl einen Funken mit nach Hause nehmen kann. Und wenn es nur ein Sweatshirt ist, auf dem *Kale* steht – ein Wortspiel mit Grünkohl, auf Englisch *kale*.

Junger Grünkohl steigert angeblich die Fruchtbarkeit. *Na dann her damit*, denke ich. Ich will nach wie vor Mutter werden. Dieser Wunsch ist fest in meinem Herzen verankert, daran lässt sich nicht rütteln, auch wenn Floyd mir eine andere Zukunft in Aussicht stellt. Ich will noch nicht aufgeben, aber ich brauche eine Pause, eine neue Sicht auf die Dinge, die vor mir liegen. Ich bin mir unsicher, ob ich auf dem richtigen Weg bin, aber ich spüre die Vorfreude auf ein neues Ich, das auf der anderen Seite der Welt auf mich wartet. Endlich hält der Bus vor unserer Nase, und wir können einsteigen.

Vor unserer Abreise habe ich im Netz recherchiert: Kalifornien ist einer von rund einem Dutzend amerikanischen Bundesstaaten, in denen die Leihmutterschaft tolerant gehandhabt wird und gesetzlich erlaubt ist, so wie in der Ukraine, in Südafrika und Russland. In einem Online-Magazin fand ich eine Bildergalerie mit prominenten Eltern und ihren Kindern *Made in America*. Es kostet zwischen fünfunddreißig- und hunderttausend US-Dollar, wenn eine Frau ein fremdes Baby austrägt. Das Geld zahlt man an Kliniken, die mit einem All-inclusive-Paket mit Befruchtungsflatrate und Online-Verträgen ohne Wartezeiten werben. Ich schaue mir die Webseiten der Kliniken auf dem Handy an, als seien sie Online-Shops. Klick, klick: Eltern eines gesunden Kindes zu werden scheint so einfach, wie ein Paar Schuhe zu kaufen.

Die interessierten Paare müssen nachweisen, dass sie auf natürlichem Wege kein Kind bekommen können. Sie wenden sich dann an eine Vermittlungsagentur, die eine geeignete Leihmutter aussucht: Sie muss körperlich gesund sein, psychisch stabil und mindestens ein eigenes Kind haben.

Frauenrechtsorganisationen setzen die Leihmutterschaft mit Organhandel gleich, weil sie mittellose Frauen ausbeutet. Ihre Bäuche seien gemietete Brutkästen. Auch die evangelische Kirche ist gegen die Kommerzialisierung der Schwangerschaft und sagt: »Schwangerschaft und das zu gebärende Kind dürfen nicht zur Ware gemacht werden.«

Beginnt die Mutter-Kind-Beziehung vor oder erst mit der Geburt? Die Koreaner zählen die neun Monate im Mutterleib als das erste Lebensjahr. An dem Tag, an dem man auf die Welt kommt, ist man deshalb schon ein Jahr alt. Älter wird man nicht am Tag der Geburt, sondern so wie alle anderen in der Neujahrsnacht. Koreaner haben deshalb zwei Geburtstage: ein westliches Alter und eines, das sich nach dem Mondkalender richtet.

Auch das Auswärtige Amt schreibt: *Mutter eines Kindes ist nach deutschem Recht die Frau, die es geboren hat, also die Leihmutter und nicht die »Wunschmutter«.* Damit ist eine deutsche Wunschmutter vor dem Gesetz nicht mit dem Kind verwandt.

Selbst die genetischen Eltern des Kindes sind nach deutschem Recht nicht die rechtmäßigen Eltern – sondern die Leihmutter und ihr Mann, sofern sie verheiratet sind. Auch die Staatsbürgerschaft der Eltern überträgt sich nicht automatisch auf das Kind. Paare können deswegen Probleme bei der Einreise mit dem Baby nach Deutschland bekommen.

In Deutschland ist eine Leihmutterschaft aufgrund des Embryonenschutzgesetzes strafbar, egal ob sie kommerziell oder altruistisch, also als Freundschaftsdienst, stattfindet. Nicht strafbar machen sich Wunscheltern, die die Grenzen zur Strafbarkeit nach vielen erfolglosen Versuchen einfach nur mal beschnuppern wollen. Die Frage ist also vielleicht gar nicht, ob Floyd und ich zusammenbleiben, sollten wir keine Eltern werden. Sondern, was ich noch bereit bin, dafür zu tun.

Wir fahren mit dem Knickbus Nummer 624 zum Bahnhof, danach geht es mit dem ICE weiter nach Frankfurt. In diesem Bus bin ich schon als Kind in die Stadt gefahren, erst tagsüber zum Bummeln durch die Fußgängerzone, später, um nachts in den Clubs der Umgebung zu tanzen. Ich schaue aus dem Fenster, während wir über die Dörfer schaukeln, die sich im Tal zu einer Stadt verdichten. Typisch für die Gegend sind niedrige, eng aneinandergebaute Fachwerkhäuser entlang der Hauptstraße mit roten Geranien auf den Fensterbänken und halb durchsichtigen Gardinen in den Fenstern, die in perfekten geraden Falten nach unten fallen. Meine Mutter sagt immer, sie sehen aus, als wären sie aus Holz gehackt. Das ist meine Heimat. Ich war so lange nicht hier. Der Supermarkt ist jetzt ein Discounter. Die kleinen inhabergeführten Geschäfte von früher gibt es nicht mehr. Die Drogerie ist weg, der Elektrohandel und Schreibwarenladen auch. Stattdessen eröffnen Schnäppchenmärkte, in denen man Ramsch für einen Euro kaufen kann, Fast-Fashion-Läden für Familien, Spielhallen und Shishabars. Der Friseur ist noch da, auch die Reinigung mit den bodenlangen Vorhängen mit Siebzigerjahre-Muster im Schaufenster ist geöffnet. Die Inhaberin hat eine stets akkurat geschnittene Mireille-Mathieu-Frisur und Augen mit schweren Lidern, die sie mit schwarzem Kajalstift und einem metallisch schimmernden Lidschatten betont. Ich sehe sie am Tresen stehen. Sie wirkt wie aus der Zeit gefallen. Nur eine Sache ist anders: Früher war ihr Haar dunkelbraun, wie die Farbe einer alten, schweren Kommode. Jetzt ist ihr Haar schlohweiß. Diese Frau steht immer noch jeden Tag in ihrem Laden, nimmt die Wäsche der Kunden an und markiert die zu kürzenden Hosensäume mit Sprühkreide. Jeden Tag hat sie die gleiche Aufgabe, jeden Tag ist sie am selben Ort, jeden Tag fällt ihr Blick auf die Vorhänge mit dem Siebzigerjahre-Muster, die sie zuzieht, wenn sie um achtzehn Uhr ihr Geschäft schließt. Ich würde sie gerne fragen, ob sie glücklich ist mit dem, was sie tut. Ob sie sich je nach dem Sinn gefragt hat und eigentlich etwas ganz anderes machen wollte, als anderen Leuten die Hosen zu kürzen.

»Dieser Bus hält ja an jeder Gießkanne«, motzt Mami.

Sie ist selten mit dem Bus zum Bahnhof gefahren und hat vergessen, wie komfortabel im Vergleich dazu eine Taxifahrt ist. Sie wühlt immerzu in ihrer Handtasche, die sie bei einem Teleshopping-Sender gekauft hat. Je älter Mami wird, desto mehr kauft sie übers Fernsehen. Ihre Ballerinas aus Hirschleder hat sie so erstanden und die pinken Mikrofasertücher, mit denen sie die Edelstahl-Armaturen am Waschbecken auf Hochglanz poliert, während drum herum auf der Ablage und in den Regalen die Pröbchen aus den Zeitschriften einstauben. Sie zieht den Reißverschluss der Tasche zu, knüllt sie zusammen und fixiert sie mit beiden Händen auf ihrem Schoß. Nach der nächsten Haltestelle geht's wieder von vorne los: Sie öffnet die Tasche, wühlt darin herum und schließt sie wieder.

»Was suchst du, Mami?«, frage ich und versuche, dabei hilfsbereit statt genervt zu klingen. Die Wahrheit ist: Sie macht mich noch vor dem offiziellen Reisebeginn, der für mich erst mit dem Abflug startet, kirre.

»Meine Brille.«

Ich zeige auf ihren Kopf.

Die Lesebrille sitzt oben zwischen ihren mit Lockenwicklern und Festiger zu Stand gebrachten Haaren. Die Gläser sind so mit fettigen Fingerabdrücken übersät, dass ich nicht glaube, dass Mami damit überhaupt etwas sehen kann. Aber die Brille gibt ihr wie ein Krückstock eine Art von Sicherheit, die sie braucht. Mami schließt die Augen, wirft den Kopf in den Nacken und stöhnt laut. Die Frau vor uns dreht sich um und rollt mit den Augen.

»Entschuldigung, ich habe nur meine Brille gesucht«, sagt meine Mutter zu ihr.

Die Frau sagt: »Die sitzt auf Ihrem Kopf!«

Jetzt lachen beide.

Meine Mutter hat es drauf, mit Menschen umzugehen. Ich hätte wahrscheinlich gepöbelt, aber sie bleibt entspannt, macht einen Witz und gewinnt die Herzen für sich. *Ich sollte mehr wie meine Mutter sein*, denke ich.

Mit dem Blick auf die alte Heimat nehme ich mir vor, in den nächsten zweieinhalb Wochen – denn so lange soll unsere Reise dauern – die Ruhe zu bewahren und meiner Mutter selbstlos zu helfen, anstatt sie wie eine verwöhnte Tochter anzufauchen. Wenn unsere gemeinsame Reise schon mit einem Streit im Bus anfängt, dann werden die nächsten Wochen der Horror.

In der Stadt angekommen, steigen wir aus dem Bus aus, ich schultere meine Handtasche, umklammere beide Koffergriffe und schiebe das Gepäck vor mir her in Richtung Hauptbahnhof. Mami läuft hinter mir her. Erst recht dynamisch, aber nach wenigen Schritten wird sie langsamer. Mamis Luxusgepäck lässt sich mühelos schieben, mein Billigkoffer quietscht schrill.

»Ich kann meinen Koffer selber schieben. Der hat Rollen, deshalb habe ich ihn doch extra gekauft!«, ruft Mami hinter mir her und bleibt auf dem Bürgersteig stehen.

»Nein, kannst du nicht, der ist viel zu schwer für dich!«, schnauze ich zurück und marschiere über die Straße.

Mein guter Vorsatz hat nicht lange gehalten. Die Ampel vorne an der Kreuzung steht auf Rot. Gleich rollt der Verkehr los. Ich habe meine Schrittgeschwindigkeit von Dorf auf Großstadt umgestellt und will schnell über die Straße kommen. Es wäre gut, wenn meine Mutter zügig hinterherkäme. Sie kommt aber nicht.

»Ich will noch mal eben kurz in meinen Koffer sehen«, brüllt sie, sodass sich eine an ihr vorbeieilende Frau in dunkelblauem Kostüm mit Aktentasche in der Hand entsetzt umdreht, mit der Zunge schnalzt und den Kopf schüttelt.

Meine Mutter wirft einen erbosten Blick zurück.

»Mami, doch nicht mitten auf der Straße!«

»Aber ich weiß nicht, wo mein Pass ist.« Sie klingt verzweifelt.

»Mama, echt jetzt?«

Es ist, als wäre ich mit einem Kleinkind unterwegs. Ich habe zwar keine Kinder, aber so ähnlich muss es sich anfühlen. Eins ist sicher, wenn wir so weitermachen, kommen wir nie in den USA an.

»Gib mir deine Tasche. Ich suche ihn«, schnauze ich, gehe zu ihr zurück und stelle die Koffer ruppig neben ihr ab.

»Da ist er nicht drin …«, wimmert meine Mutter.

Sie hat Panik in den Augen. Der ganze Aufriss, und dann hat sie ihren Pass vergessen, obwohl sie die ganze Nacht ihren Koffer ein- und wieder ausgepackt hat? Wir haben keine Zeit, mit dem Bus zurückzufahren und den Pass zu holen. Selbst wenn einer von uns mit dem Taxi nach Hause fahren würde, verpassten wir den Zug und damit auch den Flieger.

»Hauptsache, deine Scheißlockenwickler sind im Koffer!«, grummele ich.

Ich nehme ihr die Tasche aus der Hand und wühle mich durch mehrere Brillenetuis, Kaugummipackungen, dünne Plastiktüten, Taschentücher, Lippenpflege und loses Kleingeld. In der Tasche riecht es nach Mittagessen.

»Hier ist er doch!« Ihr Reisepass war zwischen dem ganzen Zeug auf den Boden der Tasche gerutscht.

»Da habe ich ihn nicht hingetan!«

Ich nehme ihre Tasche über die Schulter, ziehe sowohl unsere beiden Koffer als auch meine Mami an der Hand über die Straße, ins Bahnhofsgebäude und dann auf Gleis eins. Unser Zug kommt in ein paar Minuten.

Wir steigen in den ICE in Richtung Frankfurt, beziehungsweise muss ich Mami in den Zug schieben. Sie glaubt mir nicht, dass wir vor dem richtigen Wagen stehen, und will selber noch mal auf das Ticket schauen. Ich bin kurz vorm Ausrasten. Immer will sie bestimmen, wo es langgeht.

»Mami, du bist in Rente und nicht mehr die Chefin«, sage ich zu ihr.

Als wir im Zug stehen und die Türen sich direkt hinter unseren Pos schließen, fühle ich mich erleichtert, zumal das Abteil, in dem sich unsere Sitzplätze befinden, fast leer ist. *Bitte keinen Stress mehr*, denke ich. Ich hebe unsere Koffer auf die Ablage. Mamis Koffer ist schwer. Viel zu schwer, selbst für mich, und ich bin für eine Frau ziemlich stark. Sie wird für das Übergepäck nachzahlen müssen. Mami versucht mir zu helfen und zupft an meinen Ärmeln herum.

»Bitte setz dich einfach nur hin!«, belle ich.

Sie gehorcht, setzt sich auf ihren Fensterplatz mit Tisch und sucht wieder in ihrer Tasche.

»Was zum Geier suchst du denn jetzt schon wieder?«

»Meine Augentropfen. Ich habe so trockene Augen.«

»Soll ich schauen?«

»Das ist meine Tasche.«

»Wirst du jetzt die nächsten zwölf Stunden in deiner Tasche wühlen?«

Ich schiebe ihren schweren Koffer hinter uns zwischen zwei Sitze. Auf der Zugfahrt wird sich meine Mutter alle paar Minuten umdrehen, um zu kontrollieren, ob der Koffer wegrollt oder gestohlen wurde.

Ich stehe vor der vielleicht größten Prüfung meines Lebens: eine gemeinsame Reise mit meiner betagten Mutter, und ich nehme diese Herausforderung dankend an, meditiere ich innerlich in der Abflughalle des Flughafens. Meine Mutter schleift ihr Handgepäck Schritt für Schritt über die Fliesen. *Jetzt moppt sie auch noch den Boden*, denke ich.

Wir stehen an der Schlange zur Sicherheitskontrolle. Unsere Koffer sind eingecheckt, Mami musste für ihr Lockenwicklerset und die Bratpfanne 50 Euro Übergepäck nachzahlen. Das war es ihr wert.

»Dafür hättest du dir neue Lockenwickler kaufen können«, sage ich.

Mamis Lippen sind ein dünner, wütender Strich.

»Warum dauert das so lange? Wir werden den Flug verpassen«, motzt sie vor sich hin.

»Dann geh doch hin und beschwer dich vorne bei der Frau am Monitor.«

Das macht sie natürlich nicht. Keiner der Reisenden würde sich das trauen, aus Angst, vom Sicherheitspersonal einen Anschiss zu bekommen und womöglich nicht durchgelassen zu werden. Aber bei mir kann Mami ihren Frust rauslassen. Ich versuche sie zu ignorieren und lege betont konzentriert unser Handgepäck auf das Fließband und lege unsere separat in durchsichtige Plastiktüten verpackten Handys und Beauty-Artikel in eine graue Plastikwanne, die gleich durch das Röntgenprüfgerät für Bordgepäck fahren wird. Wieder riecht es nach Essen. Was hat Mami bloß in ihrer Tasche drin?

»Das ist eine Zumutung. Ich bin über siebzig!«, klagt sie vorwurfsvoll, sodass ich es höre, aber auch die Frau vor uns.

Während unser Gepäck auf dem Band davonfährt, reißt mir die Hutschnur.

»Kannst du nicht mal fünf Minuten in einer Schlange stehen und warten, bis du an der Reihe bist?«, zische ich.

»Nicht so laut!«

»Wem gehört diese Tasche?«, bellt die Frau von der Sicherheit, die das dunkelblaue Hemd in die Hose gestopft und den Gürtel eng über ihren Bauch geschnallt hat.

Sie erinnert mich an Obelix, ihr lichtes Haar auf dem Kopf deutet auf eine Hormonstörung hin. Seit meiner Behandlung sehe ich Frauen mit anderen Augen: Ich frage mich immer, ob sie fruchtbar oder steril sind. Sie hält Mamis Tasche in der Hand. Mami geht sofort zu ihr und fordert ihr Eigentum zurück. Die Frau fischt mit schwarzen Gummihandschuhen eine dünne Plastiktüte aus der Tasche. Darin baumelt etwas Dunkles, Rundes.

»Was ist das?«, fragt die Frau meine Mutter angewidert.

Ich habe auch keine Ahnung, was das ist. Es sieht aus wie ein Hundekotbeutel. Ist es das, was so nach Essen gerochen hat?

»Das sind Frikadellen von der Metzgerei am Marktplatz«, antwortet meine Mutter. »Das sind die besten, und ich bringe sie meinen Freunden in den USA mit.«

»Es ist verboten, Fleisch, Obst oder Gemüse in die USA einzuführen«, kommentiert die Sicherheitsbeamtin unbeeindruckt und zerlegt die Tasche meiner Mutter in ihre Einzelteile.

»Aber das ist eine Spezialität!«, entgegnet meine Mutter wenig schuldbewusst.

Auch wenn es gerade echt peinlich ist: Diese Art bewundere ich so an ihr. Sie gibt niemals einfach so klein bei.

Wortlos geht die Sicherheitsfrau zu einer Mülltonne, öffnet den Deckel und lässt die Tüte mit den Frikadellen zwischen ihren Fingerspitzen fallen. Dann stopft sie alles wieder in die Tasche und gibt sie meiner Mutter wortlos zurück.

»Das war feinstes Rinderhack!«, krakeelt meine Mutter.

»Die Nächste! Kinder-Überraschungseier sind auch verboten«, sagt die Frau zu einer Mutter, die mit ihrem Kind hinter uns steht, während sich das kleine Mädchen eine ganze Schokoladeneihälfte in den Mund schiebt. Ich gehe durch den Scanner, klaube am anderen Ende schnell unser Gepäck in meinen Armen zusammen und schiebe meine Mutter aus der Gefahrenzone. Wenn sie sich hier Ärger einhandelt, dann kommen wir wirklich niemals in Kalifornien an.

Ich lasse mich auf eine Bank vor unserem Gate fallen. Die erste Etappe war schon mal anstrengend. Aber: Wir haben es immerhin geschafft, das Flugzeug nicht zu verpassen.

Meine Mutter baut sich vor mir auf und stemmt die Hände in die Hüften. Sie ist stinksauer.

»Jetzt habe ich kein Mitbringsel mehr.«

»Dein Mitbringsel waren Frikadellen?«

»Das ist das beste Mitbringsel überhaupt. Ich kenne die Amis doch! Tom hat früher gerne Nürnberger Bratwürste gegessen. So etwas bekommst du in L.A. nicht. Deutsche Wurst lieben die da alle!«

»Bei Arnold Schwarzenegger im Restaurant gibt es doch auch Würstchen, dann gehen wir halt mit Tom da essen.«

»Arnold Schwarzenegger ist Veganer«, raunt der Mann neben uns, ohne dabei von seinem iPad aufzuschauen.

Er trägt eine kastige Nerdbrille, einen dunkelblauen Kaschmirpullover mit Rundhalsausschnitt, beigefarbene Chinos und teuer wirkende Wildlederschuhe. Er sieht intelligent aus, bestimmt ist er Autor, Architekt oder etwas Ähnliches von Beruf.

»... und sein Restaurant *Schatzi on Main* ist bereits seit Jahren geschlossen.«

Meine Mutter schüttelt den Kopf.

»Vegan«, wiederholt sie und deutet ein verächtliches Würgen an. »Wie kann man nur Tofu essen? Das Erste, was mir nach dem Krieg richtig gut geschmeckt hat, war eine Rindfleischbrühe in der Schulspeisung. Da war ich sechs Jahre alt.«

»Und was hast du vorher gegessen?«, frage ich und tue dabei extra gelangweilt, damit meine Mutter von ihrem »Frikadellenraub«, wie sie es nennt, endlich runterkommt.

»Milchsuppe oder Lungenhaschee.«

»Auch als ›Beuschel‹ bekannt. Ein Ragout aus Lunge, Herz, Nieren oder Zunge von Kalb, Rind oder Schwein«, referiert der Mann neben uns. »Solche Gerichte erleben in der Gastroszene gerade ein großes Comeback. ›*From Nose to Tail*‹ heißt das Konzept, bei dem wieder alles vom Tier verwendet und nichts weggeworfen wird.«

Der Gesichtsausdruck meiner Mutter hellt sich auf.

Mir wird schlecht bei der Vorstellung, ich müsste die Lunge eines anderen Lebewesens essen.

»Na, Sie kennen sich aus!«, kontert meine Mutter. »Sind Sie der Restaurantkritiker?«

»Nein, aber ich liebe Essen«, antwortet er.

»Wie sieht gekochte Lunge aus?«, frage ich laut dazwischen.

»Grau«, sagt meine Mutter und fragt sofort den Mann: »Was ist Ihre Lieblingszeitschrift?«

»Fressen & Saufen«, antwortet er wie aus der Pistole geschossen, so als hätte er nur darauf gewartet, wann er sich endlich als kulinarischer Experte outen kann, der den berühmtesten Titel auf dem Markt ordinär umdichten darf.

Meine Mutter lässt laut lachend ihre Tasche auf den Boden fallen. Die Frikadellen im Müll sind vergessen.

»Das ist auch meine Lieblingszeitschrift!«, jubelt meine Mutter und springt ihm fast auf den Schoß.

Der Mann strahlt, legt sein iPad beiseite und wendet sich meiner Mutter zu.

Was passiert denn jetzt?, denke ich.

In den nächsten Minuten werde ich Zeugin, wie meine Mutter eine angeregte Unterhaltung, man könnte auch Flirt sagen, mit einem Mann in meinem Alter beginnt – und er ihre Avancen spielerisch, jedoch voller Zuneigung erwidert. Ich dagegen bin für beide Luft.

»Ich besitze jede Ausgabe seit 1990«, triumphiert meine Mutter.

»Das kann ich bestätigen«, muffele ich dazwischen, aber keiner der beiden hört mir zu.

Sie unterhalten sich über Kartoffelgratin-Rezepte und das große Comeback von Wildfleisch.

Der Typ sagt: »Fleisch direkt aus dem Wald – mehr bio geht doch nicht!«

Meine Mutter nickt, dabei waren ihre Frikadellen garantiert nicht bio. Immerhin reden wir hier von der Frau, die ihre Kinder mit chinesischem Take-away-Essen großgezogen hat.

Dann geht es um die schönsten Radtouren durch die Toskana, und zwar mit derart konkreten Reisetipps, als würde es im Anschluss an unseren USA-Trip direkt losgehen. Denkt meine Mutter etwa immer noch, dass sie eines Tages mit gegrilltem Hähnchen, Polenta und Rotwein im Fahrradkorb durch die Toskana radelt? Er empfiehlt ihr, von Florenz nach Siena zu fahren und dabei unbedingt Halt in San Gimignano zu machen. Dort gebe es einen Weißwein namens Vernaccia di San Gimignano, der seiner Meinung nach »grandios« sei.

»Im Abgang schmeckt er wie …«

»Passionsfrucht?«, rät meine Mutter.

»Grüner Tomatenstietz!«, tiriliert der Mann, der sich mittlerweile als Johannes vorgestellt hat (»Aber nennt mich doch Joe«).

Er sei Gründer, wolle in Los Angeles einen speziellen Yoga-Kurs machen, denn die Kulinarik sei nur eine seiner vielen Passionen. Kundalini-Yoga habe ihm geholfen, seine Energie und Aura zu stärken. Vor allem die Feueratmung wirke bei ihm wahnsinnig gut, um negative Gefühle abzubauen.

Ich sitze auf der Bank und muss mir das Kichern verkneifen.

»Kundalini?«, fragt meine Mutter interessiert.

Mir fällt die Kinnlade runter. Meine Mutter hält Yoga für bescheuert, das weiß ich ganz genau. Sie sagt immer »der hockende Hund« statt »nach unten schauender Hund«. Und jetzt heuchelt sie aus heiterem Himmel Interesse, bloß weil ein Typ nett zu ihr ist?

»Was hast du denn für eine Firma gegründet?«, frage ich wieder dazwischen.

»Kundalini ist die Schlangenkraft, die im Wurzelchakra ruht und im Kronenchakra zur Erleuchtung führt«, erklärt Joe und ignoriert mich weiter.

Meine Mutter antwortet: »Ach so, die«, und nickt vielwissend.

Sie tauschen E-Mail-Adressen aus.

Er gibt mir ohne Kommentar seine Visitenkarte. Darauf steht unter seinem Namen nicht nur der Begriff »Gründer«, sondern auch »Visionary«.

Später werde ich seinen Namen im Internet suchen und feststellen, dass Joe eigentlich Johannes von und zu heißt, ein gebürtiger Graf ist und eine Online-Plattform für Videos gegründet hat, die er kurz vor dem Abflug nach Los Angeles für einen zweistelligen Millionenbetrag verkauft hat. Schon davor galt er als Guru der Szene und hält auf der ganzen Welt Vorträge über Mitarbeitermotivation und Leadership.

Verdammte Axt, was mache ich falsch in meinem Leben?

Bevor ich mich weiter in meine schlechte Laune über den scheinbar mühelosen Erfolg anderer Leute reinsteigern kann, beginnt das Boarding.

Wir stellen uns in die Schlange.

Johannes erhebt sich, umarmt meine Mutter und verschwindet mit seinem dezent geprägten Designer-Rucksack auf der Männertoilette. Er geht irgendwie schon so erleuchtet, dabei sind wir noch gar nicht in L. A. angekommen.

Als er wieder an mir vorbeikommt, sagt er: »Du hast eine inspirierende Mutter. Du solltest stolz auf sie sein.«

Ich nicke und würde ihn am liebsten fragen, ob er einen Job für mich hat. Egal. Chance verpasst. Jetzt machen wir erst mal unseren Roadtrip. Ich halte unsere Pässe und Tickets fest in der Hand und bin bereit für die nächste Kontrolle.

Mami schleift ihr Handgepäck wieder über den Boden. Kurz bevor wir an der Reihe sind, raunt sie in mein Ohr, sodass nur ich es hören kann: »Ich muss auch aufs Klo.«

»Dann geh eben.«

Ich werde schon wieder sauer. Entweder versucht sie Frikadellen zu schmuggeln, philosophiert über Wein, der nach Tomatenstielen schmeckt, oder macht sich in die Hose. Ich fühle mich wie das Kindermädchen.

Mami bewegt sich nicht, sondern schaut mich mit traurigem Hundeblick an.

»Soll ich dich begleiten?«

»Der Johannes und ich haben so schön geflirtet, da wollte ich nicht aufs Klo gehen, aber ich muss ganz dringend. Bitte komm mit, ich habe Angst, dass wir uns sonst verlieren. Ich seh heute auch so schlecht.«

In dem Moment, in dem wir uns aus der Schlange lösen, geht Johannes an uns Economy-Passagieren vorbei. Er fliegt First Class und dreht sich noch mal um, um meiner Mutter und mir zum Abschied zu winken.

»Feueratmung«, spotte ich.

Wir gehen schließlich auch an Bord und beziehen unsere Sitze in einer der hinteren Reihen.

Der Typ hinter mir hat seine Schuhe ausgezogen und schiebt seine Füße zwischen den Sitzen hindurch auf meine Lehne. Meine Mutter dreht das Bordmagazin zu einer Rolle und haut ihm auf den Fuß.

»So eine Frechheit!«, ruft sie zwischen der Lehne unserem Hintermann zu. »Nach dem Frikadellenraub lasse ich mir heute nichts mehr gefallen«, schnauzt sie.

Die schwarze Socke zieht sich zurück. Joe hat recht. Ich bin stolz auf sie.

Zwei Stunden später und zehntausend Meter über der Erde schläft Mami mit offenem Mund im Sitz neben mir. Sie hat einen Wein getrunken und danach eine Schlaftablette genommen. Ich habe ihren Kopf mit einem Kissen stabilisiert und eine Wolldecke über ihre Beine gelegt, weil es kühl geworden ist. Zwischendurch habe ich eine Hand dicht über ihre Nase gehalten und ihren Atem überprüft, weil sie mit abgeknicktem Hals wie tot aussah. Bei dem Gedanken, dass Mami womöglich gerade neben mir im Flugzeug stirbt, konnte ich nicht schlafen. Außerdem muss ich sowieso andauernd aufs Klo, und die Pobacken tun mir jetzt schon vom Sitzen weh.

Mein Handy ist auf Flugmodus gestellt. Ich esse Cracker mit Käse, schaue zwei Filme hintereinander und warte auf die nächste Mahlzeit auf diesem Flug. Ich schaue gerne Tier- und Naturdokus, weil ich etwas von der Welt zu sehen bekomme, was ich niemals mit eigenen Augen sehen werde. In einem Film geht es um die Flora und Fauna in Kalifornien. Hätte meine Mutter so etwas damals vor ihrer Abreise in die USA sehen können, hätte sie gewusst, dass dieses Land nicht nur aus verbrannten Hügeln besteht.

Die offizielle Staatsblume ist seit 1903 der Kalifornische Mohn. Er blüht von Mitte Februar bis Mai, wobei der 6. April als »California

Poppy Day« gefeiert wird. Die Samen können jahrelang im trockenen Boden liegen, ohne einen Tropfen Wasser abzubekommen. Sobald ein Regenschauer die Dürre beendet, keimen die Samen und der Mohn überzieht das Land mit einem Teppich aus orangefarbenen Blüten. Die Blüten öffnen sich nur bei Sonnenschein. Als Schnittblume taugt die Pflanze aufgrund ihrer zarten Blütenblätter und federartigen Äste nicht, aber die Samen als Medizin: Mohn wirkt als Schlaf- und Beruhigungsmittel, lindert Schmerzen und Stresssymptome. Der Sprecher des Films erzählt, dass es in manchen Jahren ein Phänomen gibt, das »Super Bloom« heißt. Am Walker Canyon waren die Hügel vor ein paar Jahren so weit das Auge reicht mit bunten Wildblumen bedeckt: Glockenblumen, Lupinen, Wüstensonnenblumen und Goldmohn. Diese Pracht muss so atemberaubend schön gewesen sein, dass die Leute von überall her kamen, um das Naturschauspiel zu bestaunen und sich zwischen all diesen Blumen zu fotografieren. Zeitweise musste sogar die Straße gesperrt werden, weil der Andrang so groß war.

Ich betrachte meine schlafende Mutter, ziehe die warme Decke weiter hoch über ihre Schultern, streichele ihre Wange und denke: *Diese Frau ist wie Mohn.* Jahrelang hat sie als Mutter die Liebe von uns Kindern bekommen, aber nicht die eines Partners. Sie hatte zwar uns, aber sie war auch einsam. Jetzt ist da jemand, der ihr allein Aufmerksamkeit schenkt und sie aufblühen lässt, so, wie ein Samen in der trockenen Erde durch den Regen geweckt wird. Davids Liebe ist wie ein lang ersehnter Regen, der nach großer Trockenheit auf den Boden fällt. Ich habe ein Gedicht im Kopf, keine Ahnung, woher das kommt. Wahrscheinlich liegt das an der Luft. Die geringere Luftfeuchtigkeit und der Luftdruck verändern die Geschmacksnerven, sodass die Leute plötzlich unerklärbare Gelüste auf Tomatensaft mit Salz und Pfeffer bekommen, den sie unten auf der Erde nicht anrühren würden. Ich will keinen Tomatensaft, sondern in meinem Kopf die Ballade von Mohn und Regen erzählen:

Wenn Regen kommt
Leg ich meine Kappe ab
Und richte meine Krone

Ich bin hier
Wenn Sonne scheint
Auch wenn du mich nicht siehst
In dem Meer aus Blüten
Seh ich dich und weiß: Du wartest auch auf mich

Ich leuchte
Nicht lange
Aber das Leuchten ist für dich
Ich schenk es dir
Schau hin
Erzähl von mir
Wie schön ich bin

Vergiss mich nicht
Bis Regen kommt
der Mohn

Kurz bevor ich selber einschlafe, denke ich: Was sich alles in den letzten Tagen ereignet hat – echt verrückt.

Meine Mutter weckt mich, kurz bevor wir landen. Sie streichelt mir über den Arm und küsst mich auf die Wange. Die Decke, die ich ihr über die Beine gelegt habe, liegt nun über meinen. Was für eine Erleichterung. Bei dem Gedanken, dass ich gerade in einer Stahlröhre zusammen mit über vierhundert anderen Menschen nachts über den Atlantik geflogen bin, fühle ich mich wie eine Überlebende. Die Landschaft, die ich draußen erkennen kann, ist, wie meine Mutter sie beschrieben hat: verbrannt. Wir landen im neuen Terminal, das nach Tom Bradley benannt ist. Ich dachte erst, es ginge um Tom

Brady, den Mann von Gisele Bündchen. Das wäre für mich so typisch amerikanisch gewesen, einen Flughafen nach einem Footballspieler zu benennen, dessen Frau ein Supermodel ist. Tom Bradley aber war laut Wikipedia der erste und bislang einzige schwarze Bürgermeister von Los Angeles.

»Das war ein schrecklicher Flug, ich konnte kaum schlafen«, sagt Mami.

Ich rekele mich und muss dabei lachen. Wie unterschiedlich wir die Dinge wahrnehmen. Ich dachte, sie sei tot, so fest hat sie gepennt. Und sie sagt, sie habe kaum geschlafen.

Im Terminal angekommen, schiebe ich sie sanft, aber bestimmt Richtung Damentoilette. Wie sauber alles ist. Wir verschwinden beide in einer Kabine und treffen uns vor den Waschbecken wieder.

»Zähne putzen, Haare kämmen«, befehle ich.

Ich meine es liebevoll. Mami braucht jetzt meine Hilfe, denn sie wirkt wirklich komplett gerädert. Wahrscheinlich ist es wegen der Schlaftablette, denn sie hat während des Fluges ja kaum etwas getrunken und alle Mahlzeiten verpasst. Ich habe mal gelesen, dass der Körper schon bei einem dreistündigen Flug über einen Liter Wasser verliert.

Vor dem Spiegel benetze ich Mamis Gesicht von der Seite mit einem Thermalwasserspray und verteile einen Klacks Feuchtigkeitscreme in ihrem Gesicht. Ich fühle mich wie eine Mutter, die ihr Kind nach dem Baden eincremt und kämmt. Oder wie eine Visagistin, die eine Schauspielerin für ihren großen Auftritt herrichtet. Ab jetzt ist Showtime, und ich möchte, dass Mami zu keinem Zeitpunkt dieser Reise so aussieht, als wäre ihr das Aussehen seit Jahren mehr oder weniger egal gewesen, denn die meisten amerikanischen Frauen achten sehr auf ihr Äußeres. Ich will, dass meine Mutter eine Chance hat. Die Augenringe tupfe ich mit Abdeckcreme weg. Dann noch ein wenig Rouge auf die Wangen, damit sie frischer aussieht.

Aus meinem Handgepäck ziehe ich ein blau-weißes Ringelshirt, das sie meiner Meinung nach jünger wirken lässt als die fusselige beigefarbene Fleecejacke, die sie trägt. Mami lässt mich machen in dem Vertrauen darauf, dass ich nur ihr Bestes will. Ich habe meine Mutter noch nie unter dem Aspekt betrachtet, ob sie einem Mann gefallen könnte. Natürlich fand ich immer, dass sie eine schöne Frau war. Wunderschön sogar. Aber mit dem Alter verlor sie allmählich den Anspruch an ihr Aussehen, es hatte für sie einfach nicht mehr diese Bedeutung. Was meine Mutter, ich sage jetzt mal ganz vorsichtig, vernachlässigt oder unter pragmatischen Gesichtspunkten gesehen hat, etwa indem sie das Haar kürzer und praktische Fleecejacken trug, kommt nun wieder zum Vorschein. Ihre Weiblichkeit.

Ich putze die Fingerabdrücke von ihrer Brille und stecke sie ihr zurück ins Haar. Mit den Fingern zupfe ich ihr das von der Sitzlehne platt gedrückte Haar am Hinterkopf zurecht und merke dabei, wie dünn es geworden ist, durch den Festiger fast spinnenwebenartig. Jetzt müssen nur noch die schwarzen Thrombosestrümpfe weg, die Mamis Beine während des Fluges vor dem Anschwellen schützen sollten. Sie hatte auch ein Paar für mich dabei, das ich aber nicht anzog, was ich, wie sie es mir vorausgesagt hatte, nun bereue.

Ich habe dicke Füße, die beim Laufen wehtun. Mami nicht.

Sie setzt sich auf eine Bank neben den Waschbecken, ich ziehe ihr die engen Häute von den Füßen. Weiße Hautschuppen rieseln aus den schwarzen Stoffschläuchen. Meine Mutter schlüpft mit ihren schmalen Füßen in ihre braunen Mokassins aus Hirschleder.

»Siehst du, die Schuhe passen immer wie angegossen«, sagt sie, um mir das Verkaufsargument des Teleshoppingsenders glaubhaft zu machen.

Wir sind fertig.

Sie lächelt, und ich spüre ihre Vorfreude, die sich mit der verschlafenen Stimmung auf der Damentoilette nach einem Langstreckenflug mischt.

»Danke für die Altenpflege«, sagt sie.

Wir stellen uns in die lange Schlange für die Einreise und Passkontrolle.

Nach zwei Stunden sind wir endlich draußen. Wir holen unser Mietauto ab, einen hellgrauen Toyota Corolla, dessen Polster wie frisch aus der Autofabrik riechen. Eine halbe Stunde fahren wir erst über den San Diego Freeway und dann den Pacific Coast Highway entlang in Richtung Malibu, wo ich über *Airbnb* ein Haus mit zwei Schlafzimmern für uns gemietet habe. Die Sonne geht unter, das Licht färbt sich rosa.

Mami wäre lieber in ein Hotel einer großen Kette gezogen, aber ich habe ihr vorgerechnet, dass ein Haus günstiger ist und wir den ganzen Supermarkt leer kaufen und dann das Zeug im Kühlschrank lagern können.

Mittags können wir im Schatten der Bäume dösen, abends auf der Terrasse sitzen und einen Wein aus dem Nappa Valley trinken. So stelle ich mir einen Großteil unseres gemeinsamen Urlaubs vor, aber wir werden vor allem viel im Auto sitzen. Der eisige Zug der Klimaanlage nagt an meinen Beinen. Mami navigiert das Auto sicher durch Los Angeles, so als wäre sie nie weg gewesen und würde immer noch hier leben, während ich versuche, zwischen den beigen Hügeln und schwarzen Teerdächern irgendetwas zu sehen, das sich mit meiner Vorstellung von Kalifornien deckt.

Wir fahren an Fast-Food-Restaurants und Tankstellen vorbei. Stadteinwärts ist Stau, die Luft über der Straße flimmert. Irgendwann tauchen auf der linken Seite die teuren Häuser am Strand auf, wobei man die Anwesen selbst gar nicht sieht, sondern nur die großen Tore. Es sind riesige Wände aus Stahl oder Holz, ohne Namensschild oder Klingelknopf. Ich würde gerne mehr sehen und erfahren, wer da wohnt. Fahre ich möglicherweise gerade an den Häusern von Jennifer Lopez oder Rosie Huntington-Whiteley vorbei? Das sorglose Leben am Meer scheint zum Greifen nah, und selbst obwohl ich nur im Auto sitze und vorbeifahre, habe ich das Gefühl, dass ein wenig von diesem Glanz auf mich abstrahlt.

Ich will den Sehnsuchtsort Los Angeles begreifen. Vielleicht färbt diese entspannte Mentalität auch auf mich ab, anstatt dass immer nur meine Befindlichkeiten meinen Blick trüben. Was erwarte ich also von Kalifornien: Antworten? Ablenkung? Oder beides?

Ich habe das Gefühl, dass dies die letzte große Reise mit meiner Mutter sein wird und wir vielleicht nie wieder die Chance haben werden, so viel Zeit miteinander zu verbringen und gemeinsam etwas zu erleben. Vielleicht gelingt mir hier in Kalifornien etwas, von dem ich bislang noch nicht mal gewagt habe, es zu denken. Mich zu lösen. Nicht nur davon, dass mich mein Job seit Jahren nervt und die Kinderwunschbehandlung frustrierend ist. Sondern von meiner Großmutter und meiner Mutter, ihren Lebensläufen und den Traumata, die gar nicht meine sind und die mich trotzdem daran hindern, meinen Weg zu finden, weil ich Angst habe, so wie sie einen Fehler zu machen, mit dem ich mir den Rest meines Lebens versaue. Lange habe ich mich an diese Angst geklammert, weil sie im Gegensatz zu vielen anderen meiner Gefühle wenigstens eindeutig war. Damit es mir gelingt, mich davon zu befreien, muss ich meine Großmutter und Mutter mit anderen Augen sehen.

Meine Großmutter hat einen Schläger geheiratet und war zu feige, sich scheiden zu lassen. Sie hat ihren Kindern zuliebe einen Kompromiss gemacht, der sie letztendlich das Leben gekostet hat.

Meine Mutter ist eine von Krieg und Schlägen traumatisierte Halbwaise. Sie wollte sich nie wieder wie ein schutzloses Opfer fühlen und hat deshalb einen Beruf ausgeübt, der sie unabhängig machte. Dabei ist ihr eigenes Glück leider viel zu kurz gekommen.

Die Motivation beider Frauen in ihrem ganzen Unglück war trotzdem immer: Liebe. Wie hätte ich an ihrer Stelle gehandelt?

In Malibu angekommen, fahren wir eine Straße namens Coral Canyon hoch, was in der Beschreibung der *Airbnb*-Anzeige wahnsinnig schön klang, so als fahre man nicht in einem klimatisierten Mietauto durch Los Angeles, sondern schwimme in einem Korallenriff inmitten von Atlantis umher. In der Realität ist es eine steile Straße, die von einem leuchtend weißen Streifen geteilt wird und an deren Rändern riesige Büsche wuchern. Hochlaufen könnte man hier nicht. Die Häuser hängen wie Schwalbennester an den Hängen.

Plötzlich geht es links ab, eine kleine Straße führt in eine Siedlung mit Häusern, deren Fenster und Terrassen in Richtung Ozean zeigen. Unsere Bleibe für die nächsten Tage ist ein flaches Haus mit Holzfassade und einem wirklich fantastischen Blick auf den Pazifik.

Mama parkt den Wagen in der steilen Einfahrt und zieht ruckartig die Handbremse an.

Ich lasse das Fenster runter.

Die Krone einer großen Kiefer rauscht im Wind, der dunkle Schatten wiegt hin und her. In den nächsten Tagen werden wir verstehen, warum man diesen warmen Wind »Teufelswind« nennt, weil er uns immer wieder durch die Haare rauscht und Staub in die Augen weht.

Die Hauseigentümerin soll eine Bibliothekarin namens Anna sein, aber im Haus tut sich nichts. Es ist keine Anna und sonst auch niemand da. In der Nachbarschaft bellen Hunde. Wie kommen wir jetzt in diese Bude rein?

»Soll ich mal bei den Nachbarn klingeln?«, frage ich in der Dunkelheit des Autos.

»Ist es überhaupt das richtige Haus?«, fragt mich Mami skeptisch. In ihrer Stimme höre ich Panik. In ihrer Hotelkette wäre der Check-in natürlich anders verlaufen.

»Das ist nicht das *Ritz*«, sage ich.

»Die Amis schießen, wenn sie dich für einen Einbrecher halten.«

»Quatsch«, raune ich.

»David hat mir erzählt, dass man beim Kauf eines Jeeps eine Pumpgun gratis dazubekommt.«

Wir bleiben ratlos im Auto sitzen, dann beschließe ich, dass ich in meinem Leben zu viel und zu lange auf andere Leute gewartet habe, und steige aus. Ich gehe die Treppe auf die Veranda hoch und drücke alle Klinken runter, die das Haus hat. Die letzte Tür geht auf.

Mami ist auch ausgestiegen und zischt von unten: »Um Himmels willen, Kind. Gleich fallen Schüsse!«

Ich bleibe in der Tür stehen und wage kaum zu atmen.

Das Haus ist leer. In der Nachbarschaft tut sich nichts. Ich taste nach dem Lichtschalter, es ist ein Knopf, den man wie bei einem Tresor drehen muss. Der Raum wird hell erleuchtet. Auf dem Esstisch vor mir stehen eine Flasche Wein und eine Karte von der Vermieterin Anna. *Welcome to California, Girls,* steht da.

»Die Luft ist rein, Mama!«, rufe ich nach draußen. »Es ist das richtige Haus. Du kannst reinkommen! Hier ist niemand mit einer Pumpgun.« Ich bin noch nie irgendwo so merkwürdig angekommen wie in Malibu.

Der nächste Morgen. Ich wache auf in einem Zimmer mit einem schmalen Fenster, das sich so weit oben befindet, dass ich bis auf das Tageslicht nichts von draußen erahnen kann. Mein Zimmer geht in ein Badezimmer über, das kornblumenblau gekachelt ist und einen großen Waschtisch mit Spiegel hat. »Master Bedroom« nennt man das. Ich find's wunderschön. Das Haus ist ohne viel Dekoration eingerichtet, hier wohnt niemand dauerhaft. Auch die Besitzerin nicht. Das hölzerne Mobiliar erinnert an die Fünfzigerjahre, die Küche ist mit dunklem Holz vertäfelt. Es gibt einen großen Esstisch mit vier Stühlen, ein beiges Ecksofa und einen Flachbildfernseher. Keine Bilder an den Wänden, keine Bücher in den Regalen. Wir wollen erst zusammen frühstücken gehen, dann im Supermarkt einkaufen und uns am Nachmittag den Malibu Pier anschauen. Vom Jetlag spüre ich nichts, auch wenn ich die Nacht im Flugzeug kaum geschlafen habe. Auch Mami wirkt fidel und redet die ganze Zeit davon, was wir uns alles von früher anschauen müssen: altes Apartment in La Habra, das Fullerton College, das Krankenhaus, in dem sie als Hilfsschwester gearbeitet hat, und vieles mehr.

Wir fahren in eine Mall, die unten in Malibu an der Hauptstraße liegt, und gehen in ein Frühstückscafé mit großen hohen runden Fenstern und gemütlichen Sitzbänken, wo ich mit Waffeln, frittiertem Hühnchen und Weißkohlsalat voll in die amerikanische Esskultur einsteige, während Mami zwei Spiegeleier »sunny side up«, Toast, Speck und eine Art mexikanischen Tomatensalat bestellt. Das isst sie immer, wenn wir auf Reisen sind, egal wo. Wenn's ein Hotelbüfett ist, dann klatscht sie sich auch noch einen Löffel Baked Beans auf den Teller. Das Dotter läuft über den Teller. Sie schneidet die Toastbrotscheibe damenhaft mit dem Messer in kleine Stücke und wischt damit das Gelbe vom Ei auf. Die Klimaanlage weht eisig, sodass ich bereue, keine Socken angezogen zu haben, sondern nur meine Birkenstock-Sandalen zu tragen.

Ich versuche mich in die fremde Gegend einzugewöhnen, wohingegen Mami sich so verhält, als wäre sie eine Einheimische. Ist sie ja irgendwie auch. Sie plaudert mit der Kellnerin, so als würde sie hier seit Jahren jeden Morgen ihre Eier mit Speck essen. Mich irritiert, dass die Frau sie in ihrem Alter »Sweetie« nennt. Draußen ist das schönste Wetter, aber hier drin ist mir einfach nur arschkalt. Die Kellnerin stellt uns einen Plastikkrug mit Wasser und Eiswürfeln auf den Tisch. Es schmeckt nach Chlor und schaudert mich, aber der Kaffee ist gut. Für den Moment bin ich versöhnt, denn ich schaue Mami an, die sich glücklich über ihr herzhaftes Frühstück hermacht.

»Probier das mal!«, sagt sie und hält mir eine Gabel mit klein gehackten Tomaten, Koriander und Zwiebeln hin.

»Ich esse keinen Tomatensalat zum Frühstück«, sage ich.

»Das ist Pico de Gallo!«, sagt meine Mutter. Es schmeckt köstlich. Das war also meine erste Lektion der Tex-Mex-Küche.

Im Supermarkt nebenan staune ich über die riesigen Regale und endlosen Gänge, die Cornflakes-Packungen sind so groß wie ein Kleinkind, die Chipstüten gehen bei uns als Gelber Sack durch, und es gibt Fünf-Liter-Kanister mit Orangensaft. Die Obst- und Gemüseabteilung ist üppig bestückt: Es gibt bergeweise Melonen, Orangen, Avocados, Feigen, Brombeeren, Pfirsiche, Tomaten, Knoblauch – all das kommt aus Kalifornien. An der Frischetheke lässt sich Mami eine Schale zum Mitnehmen mit Kale-Salat füllen. Wir dürfen vorher eine Gabel probieren. Ich finde, es schmeckt okay, aber auch nicht sensationell. Der schwefelartige Geruch irritiert mich. Außerdem kauft Mami drei Tüten Beef Jerky, ein Sixpack Dosenbier und italienisches Mineralwasser mit Kohlensäure ein. Wir laden die schweren Papiertüten ins Auto und beschließen spontan, noch in dem Nagelstudio eine Pediküre machen zu lassen, weil der Parkplatz kostenlos ist und wir Urlaub haben.

Zwei Asiaten kümmern sich um unsere unlackierten Füße und wirken dabei ziemlich angewidert, weil ich meine Hornhaut das letzte Mal vor einem halben Jahr entfernt habe. Ich weiß nicht, wann ich das letzte Mal einfach so in einen Nagelsalon geschlendert bin. Zu Hause hätte ich immer die Arbeit vorgezogen.

Neben mir sitzt eine Frau mit goldbraunen Beinen, einer riesigen gesteppten Designertasche auf dem Schoß und einem Eiskaffee mit Sahnedach in der Hand. Sie zeigt mit ihrem gefrenchnailten Zeigefinger auf meinen Kopf und fragt mich, zu welchem Friseur ich für die Strähnchen gehe.

Bevor ich sagen kann, dass meine Haare nicht gefärbt sind, antwortet meine Mutter für mich: »Meine Tochter ist naturblond!«

»Das sind wir doch alle, Darling«, frotzelt die Frau.

»Nein, nein. Sie glauben, ich mache Scherze. Vor Ihnen sitzt ein echter nordischer Typ!«, sagt meine Mutter und zeigt auf meinen Kopf.

Ich fühle mich wie eine Rassehündin, die bei einem Wettbewerb von ihrer Züchterin den Preisrichtern vorgeführt wird.

»Ich bin vom Aussterben bedroht«, sage ich leise.

»Das ist keine Balayage?«, will die Frau von meiner Mutter wissen und wirkt wirklich erstaunt.

»Nein, das ist wirklich echt«, gebe ich zurück.

Ich weiß zwar nicht genau, was eine *Balayage* ist, aber offenbar eine bestimmte Art, die Haare zu färben. Und dann höre ich aus dem Mund der Frau das Wort, das ich in den nächsten Wochen zu jeder Gelegenheit hören werde: »*Amazing.*«

»Danke schön, wie freundlich.«

Mir hat wirklich noch nie jemand ein Kompliment für meine Haare gemacht. Für meine Lippen und sogar mein Schlüsselbein ja, aber mir war nicht klar, dass meine Haarfarbe derart begehrenswert erscheint. Für mich war es einfach ein Blond, so, wie es viele Frauen tragen.

»Woher kommen Sie?«

»Aus Deutschland«, antwortet wieder meine Mutter, die ihre Füße in warmes Schaumwasser taucht, wobei ihr ein kleiner Seufzer entfährt.

»*Amazing.*«

Im Grunde gibt es im Deutschen kein Pendant dazu, denn es liegt nicht in unserer Kultur, alles immer toll und erstaunlich zu finden.

»Ja, das ist es«, sagt meine Mutter und schaut verliebt auf meine Haare. »Der Kinderarzt hat nach ihrer Geburt gesagt, dass sie aufgrund ihrer hellen Haut und Haare niemals in die Sonne darf.«

»Ich gehe auch nie in die Sonne«, sagt die Frau, und wir alle blicken auf ihre braunen Beine. »Ich spreche übrigens auch ein wenig Deutsch«, lenkt sie ab.

»Ach?«, antwortet meine Mutter.

»Hallo, wie geht es dir. Ein Würstchen, bitte, danke. Ich liebe dich«, sagt sie und saugt dann zufrieden einen Schluck Eiskaffee durch den durchsichtigen Strohhalm.

Vor der Tür bewundere ich meine in *Madison Ave-Hue* lackierten Fußnägel. So nennt sich der Lack in cremigem Pink, wie mir mein Fußverschönerer erklärte. Leider beachtet ihn außer meiner Mutter und mir kein Mensch. Schon nach einem Tag nervt es mich, dass man hier nichts ohne Auto erledigen kann. Ich bin Deutsche, lebe in der Stadt und gehe jeden Tag fünf Kilometer zu Fuß. Aber hier: Für jeden Einkauf, jede Unternehmung, jeden Besuch muss man ins Auto steigen, im Stau stehen und einen Parkplatz suchen. An das aufgeregte Piepen des Autos, sobald es sich dem Bordstein nähert, haben wir uns schon gewöhnt.

»Die Amis fahren nur noch zwanzig, sobald ein paar Tropfen Regen herunterkommen«, spottet meine Mutter.

Am Malibu Pier ist es ruhig, nur ein paar Leute schlendern über die weiße Holzbrücke, die das Wahrzeichen darstellt. Das Meer ist ruhig, nur eine sachte Dünung hebt den blaugrauen Spiegel auf und ab. Ein Stand-up-Paddler gleitet elegant unter der Seebrücke hindurch. Von hier aus sieht man ein paar Promi-Anwesen von hinten. Der Strand unter den Häusern ist privat, deshalb darf niemand dort entlangspazieren. Zumindest wir nicht.

Gleichgültigkeit ergreift mich, und ich stelle fest: Malibu ist schön, aber irgendwie auch langweilig. Jeder wohnt für sich. Auf der Straße passiert nichts, deshalb geht man einkaufen. Am Ende des Piers gibt es ein Restaurant, das nett aussieht. Es ist noch geschlossen, und ich kann nicht herausfinden, ob wir zu früh oder zu spät oder am falschen Tag hier sind. Wir gehen bis zum Ende des Piers und schauen aufs Meer. Das war unser Tagesziel, und innerhalb von fünf Minuten haben wir alles gesehen. Drum herum ist nicht viel, es gibt keine Strandpromenade, keine kleinen Stände mit Kunsthandwerk oder sonst irgendwas zum Ansehen. Nur das Meer, den Highway und seine staubigen Ränder. Es gibt keine Wege, um spazieren zu gehen, nur diese eine Straße über dem Meer und eine Blechlawine von Autos, die sich in Richtung Stadt quält.

Wir fahren weiter und gehen in Zuma Beach spazieren, wo der Pazifik endlich um unsere Füße spült. Auf diesen Moment habe ich mich seit der Abreise in Deutschland gefreut. Das kalte Wasser erfrischt, gleichzeitig wirkt das Meer auf mich bedrohlich. Immerhin gibt es Haie. Der Strand ist menschenleer. Außer uns ist nur noch eine Dogsitterin unterwegs. Sie führt sieben Hunde aus, die alle an einem Gürtel um ihre Hüfte angeleint sind. Mir fehlt das Geschrei von Kindern, die im Wasser spielen.

Wo sind bloß die Leute?, frage ich mich.

Bei uns gehen die Menschen stundenlang an der Ost- oder Nordsee spazieren. Hier ist keine Sau: keine Jogger, keine Leute mit Hunden oder Kinder, die einen Drachen steigen lassen. Ich habe das Gefühl, dass ich die Nachrichten vielleicht verpasst habe und es eine Sturmwarnung gibt, von der wir nichts wissen, aber der Himmel ist strahlend blau, und die Sonne scheint.

Mami und ich machen ein Selfie. Wir lachen beide und üben unsere Rolle: das sympathische Mutter-Tochter-Gespann, das bald den Ex-Mann der Mutter treffen wird.

Gigantische Möwen segeln lautlos über unsere Köpfe, manche stechen ins Wasser, andere landen am Strand und laufen ein paar Schritte hinter uns her, ihre gelben Augen auf uns gerichtet. Die Luft schmeckt salzig, ich merke, wie mich das Meer mit dem Leben versöhnt und den Zustand, so, wie er ist, akzeptieren lässt. Ich habe immer noch keine Ahnung, wie es weitergehen wird. Nach nur ein paar Minuten ohne Schuhe an den Füßen und den Blick auf die Weite des Ozeans gerichtet, spüre ich: Okay, ich bin echt planlos, was die Zukunft betrifft. Aber ich bin nicht ohne Hoffnung. Irgendwie wird es weitergehen. Ich sehe dabei zu, wie die Sommersprossen auf meinen Armen sprießen.

»Sieh mal, da ist ein Baywatch-Häuschen!«, ruft meine Mutter und zeigt auf einen weißen Holzverschlag mit schrägem Dach und einer Rampe. Davor steht ein großer gelber Truck.

Die Serie habe ich als Kind gerne geschaut: David Hasselhoff mit seinen Brusthaaren, Pamela Anderson in ihrem roten Badeanzug mit dem hohen Beinausschnitt. Ich fand sie so schön, wenn sie mit ihrer blonden Mähne und gebräunten Haut am Ufer entlanggejoggt ist und die Sonne sie wie einen Heiligenschein umgab. Wann immer jemand im Wasser in Lebensgefahr schwebte, schnappte sich einer von beiden die Rettungsboje und sprang ins Meer, um selbstlos und gut aussehend mindestens ein Leben am Tag zu retten. Die Seriencharaktere haben sich bestimmt nie gefragt, welchen Sinn es hat, was sie tun. Die echten Schauspieler vermutlich schon.

Der echte Rettungsschwimmer sitzt in seinem Häuschen und hat nichts zu tun. Ich frage mich, warum er überhaupt Dienst hat. Der Strand ist nach wie vor leer, niemand badet in den Wellen, keine Kinder spielen im hellen Sand, der in der Sonne die gleiche Leuchtkraft wie Schnee hat. Es gibt auch keine Eisverkäufer oder Leute, die Muscheln oder Steine sammeln. Meine Mutter stapft geradewegs in Richtung Bademeister-Häuschen. Ich ahne, was sie vorhat.

»Bitte nicht, das ist doch peinlich!«, versuche ich sie aufzuhalten.

»Ich werde mir nicht die Gelegenheit entgehen lassen, mit dem echten David Hasselhoff ein Foto zu machen.«

Mama wirft ihre Flipflops vor der Hütte in den Sand und steigt selbstbewusst die Rampe hoch.

Der Bademeister tritt auf die kleine Veranda, schnappt sich seine rote Boje und fragt nicht etwa, ob jemand in Gefahr ist, sondern: »Hey, wollen Sie ein Foto machen?«

»Ja, wir kommen aus Deutschland«, ruft meine Mutter.

Ich würde am liebsten im Boden versinken, gleichzeitig beneide ich sie um ihre freche Art, einfach da hochzugehen und zu fragen. Insgeheim möchte ich natürlich auch ein Foto mit ihm für meinen Instagram-Feed. Der Typ sieht krass gut aus: kein Gramm Fett am Körper, von der Sonne blondierte Haarspitzen und Zähne so weiß und gerade geformt wie Zuckerstückchen. *Wahrscheinlich ist er schön, aber strohdoof*, denke ich. Er hat ein Dauergrinsen im Gesicht. So einen wie ihn habe ich noch nie in echt gesehen.

Sie stellen sich nebeneinander, Mama darf die Boje halten, er legt seinen Arm um sie, als sei er ein Familienmitglied.

Ich drücke auf den Auslöser meiner Handykamera.

Auf dem ersten Foto hat Mami die Augen zu, auf dem zweiten lacht sie, und auf dem dritten sagt sie etwas zu Zac, als der er sich gerade vorgestellt hat. Er dagegen sieht auf allen drei Fotos wie ein Markenbotschafter für eine Whitening-Zahnpasta aus.

»Möchte deine Freundin auch ein Foto?«

»Freundin? Das ist meine Tochter!«, ruft meine Mutter laut und knufft Zac in die Flanke.

»Das ist deine Tochter?! Ihr beiden Schönheiten könntet Schwestern sein!«, ruft er übertrieben laut. *»Amazing.«*

»Komm her!«, sagt meine Mutter und fuchtelt mit der Hand.

Natürlich will ich auch ein Foto, aber ich hätte nie danach gefragt. Zac zieht mich zu sich, legt den Arm um mich, schiebt seine verspiegelte Brille ein Stück runter und schaut mich an. Ich sehe seine bernsteinfarbenen Augen und denke: *Wow, ich würde sofort mit ihm schlafen.*

Unser Moment ist in der Sekunde vorbei, in der meine Mutter das Handy senkt. Ich glaube, sie hat fotografiert, ohne überhaupt irgendwas auf dem Display zu erkennen.

Der Bademeister dreht sich mit einem »Take care!« um und kehrt wieder auf seine Position zurück.

Zum Abschied will ich noch von ihm wissen: »Warum geht niemand an den Strand?«

»Weil es für die meisten Menschen zu weit weg ist. Erst am Wochenende ist mehr los«, antwortet er.

Ich taumele die Rampe runter und frage mich, ob ich jemals in meinem Leben wieder so einen schönen Mann anfassen werde.

Er winkt, als wir uns umdrehen, und spannt seine Bauchmuskeln an.

»Ein netter Kerl«, sagt Mama, als wir weitergehen.

»Siehst du, von wegen du wärst unsichtbar«, erwidere ich.

Um fünf sind wir zum Abendessen mit Mamis Ex-Mann Tom und seiner Frau verabredet. Ich stelle die Uhrzeit nicht infrage. Floyds Großeltern essen um halb vier Abendbrot, damit die Stullen mit Käse und Wurst nachts nicht schwer im Magen liegen. Wir parken vor einem Restaurant am Pacific Coast Highway, in dem es laut Tom die besten Fish Tacos geben soll. Fisch im Fladenbrot habe ich noch nie gegessen, also Fisch ja und Tacos auch, aber nie zusammen.

Die Dekoration von außen sieht hawaiianisch aus: ein spitzes Dach aus Palmwedeln und Plastikkokosnüsse über der Tür. Es heißt *Dukes Malibu* und wurde zu Ehren des Schwimm-Olympiasiegers Duke Kahanamoku benannt, der als Begründer des modernen Wellenreitens gilt und als Holzfigur mit einer Kette aus bunten Frangipaniblüten – ebenfalls nicht echt – vor der Tür steht.

Wir steigen aus dem Wagen aus.

Meine Mutter sucht den Parkplatz ab.

Ein älteres Paar geht so wie wir von der anderen Seite auf den Eingang zu.

Mami reckt das Kinn, kneift die Augen zusammen und sprintet los. »Tooooooooooooom!«, ruft sie und rennt mit offenen Armen auf das Paar zu.

Der Mann schaut irritiert und hilflos zu der Frau an seiner Seite, nach deren Hand er greift.

Das ist Mamis Ex-Mann? Ich bin verwundert, vielleicht ist aber auch der Kontrast zum Bademeister heute Nachmittag am Strand zu krass.

Tom ist ein alter Mann mit weißen Haaren und fleckiger Haut, der mit steifen und gleichzeitig unsicheren Schritten dem Restaurant entgegenwankt. Dagegen ist meine Mutter ein sportlicher junger Hüpfer. Es sind tatsächlich Tom und seine Frau, die Mami herzlicher begrüßt als ihr Ex-Mann. *Das geht ja gut los*, denke ich.

Maggie ist jünger als die beiden, hat frisch geföhntes Haar und ein, wie ich finde, echt tolles Lachen, bei dem sie den Kopf in den Nacken wirft und dann mit einer schnellen Bewegung der Handrückseite die Haare flippt. Sie trägt ein weißes Poloshirt, weiße Jeans und knallrote Loafer. Ich sehe, wie meine Mutter ihr Outfit und ihre Figur scannt. Tatsache: Auch ältere Frauen checken sich gegenseitig ab. Tom dagegen wirkt blass und tatterig. Ich versuche etwas zu finden, was meine Mutter toll an ihm gefunden hat, aber mir fällt nichts auf. Er ist alt und unsympathisch, was ich mir natürlich nicht anmerken lasse, denn meine Mutter ist über dieses Wiedersehen sehr glücklich. Sie hält seine Hand, was er zulässt, wenngleich mit sichtlichem Unbehagen. Seine Frau scheint das nicht zu kümmern, denn ihre ganze Aufmerksamkeit gilt nun erst einmal mir. Mit ihrer Art, zu reden und dabei gleichzeitig zu strahlen, fühlt es sich so an, als sei ein Scheinwerfer auf mich gerichtet.

»Hi, du musst das Mädchen sein, das so mutig war, mir auf Facebook zu schreiben«, sagt sie zur Begrüßung zu mir.

Sie schüttelt erst meine Hand und zieht mich dann für ein Küsschen links auf die Wange und ein Küsschen rechts auf die Wange an ihren Busen. Dabei scannt sie wiederum einmal von oben bis unten mein Outfit, ein kurzes Blumenkleid, dazu Vans und eine kleine Umhängetasche aus Raffiabast, und sagt dann: »Du siehst sportlich aus!«

Ich bin irritiert. *Was meint sie denn damit? Habe ich ein breites Kreuz? Kräftige Schenkel?* Der Kommentar einer fremden Frau zu meiner Figur bringt mich durcheinander. Ich meine, ich sage auch nicht zu ihr: *Sind das deine Zähne oder schon die dritten, die mich so anlachen?*

Tom scheint die Begrüßungsarie nun endgültig zu reichen. Er signalisiert seiner Frau, dass er hineingehen will, während meine Mutter nach wie vor seine Hand hält und auf ihn einredet, ob er sich an sie erinnere und ob es nicht schön sei, dass sie sich noch einmal wiedersehen.

Maggie führt ihren Mann ins Restaurant, Mami und ich folgen den beiden, wobei mir auffällt, dass ich weder Tom Hallo gesagt noch er mich begrüßt hat. Das war gerade eine so merkwürdige Zusammenkunft für mich, dass ich gar keine Gelegenheit dazu bekommen habe. Wir betreten zusammen das Restaurant, ich streichele die Füße des Dukes am Eingang und bekomme von der Kellnerin, die sich überschwänglich als Daisy vorstellt, eine Plastikblumenkette um den Hals gehängt. Mami und Maggie auch. Tom lehnt ab. Die Kellnerin begleitet uns zu unserem Tisch mit Blick auf den Ozean. Nach wie vor wirkt Tom so, als wäre er gezwungen, mit einer Frau zu Abend zu essen, die er gar nicht kennt und die auch noch ihre unhöfliche Tochter im Schlepptau hat.

Ich bin erleichtert über den schönen Ausblick, denn das ist etwas, über das wir uns in den ersten Minuten unterhalten können. Auf der Karte steht das Motto des Ladens: »*Seafood, Mai Thais, and Aloha.*«

Als wir endlich am Tisch sitzen, sage ich laut »Aloha!« und winke Tom zu, um meinen Fauxpas wiedergutzumachen. Er fragt mich, ob ich die Tochter meiner Mutter sei, und ich mache einen Witz: »Nein, ich kenne diese Frau gar nicht.«

Tom schaut mich ratlos an. Er versteht meinen Humor nicht.

»Ja, natürlich ist das ihre Tochter, das weißt du doch …«, löst Maggie auf.

»Ah, du bist …« Er sagt den Namen meiner Schwester.

»Falsch«, sage ich.

Meine Mutter stellt mich noch mal richtig vor.

»Aha. Wie alt bist du?«, fragt er mich.

»Achtunddreißig«, antworte ich.

»Aha. Was arbeitest du?«

»Ich schreibe.«

»Aha. Verheiratet?«

»Geschieden.«

»Aha. Kinder?«

»Keine.«

Er schüttelt den Kopf.

»Also bist du lesbisch?«

Ich schaue hilflos zu meiner Mutter, die mit den Schultern zuckt.

Tom grunzt, und ich fühle mich deprimiert, weil weder mein Humor noch mein Lebenslauf zur Erheiterung am Tisch beigetragen haben. Die Zusammenfassung meines Lebens ist noch nicht mal für einen Small Talk geeignet. Ich studiere gespielt konzentriert die Karte.

Mami bestellt die angepriesenen Fish Tacos, und beim ersten Bissen sehe ich, dass ihr Fisch im Fladenbrot nicht schmeckt. Sie starrt auf meinen rosa gebratenen Burger und fragt, ob mein Essen auch so gut sei, was ich mit vollem Mund nickend bestätige, während der Fleischsaft auf mein Kleid tropft.

Ich hatte mir ja vorgenommen, in diesem Urlaub den besten Burger meines Lebens zu essen, und schon der erste ist ziemlich nah dran.

Tom gabelt aus seinen Tacos nur die Fischhäppchen heraus und lässt den Rest wie Abfall liegen.

Seine Frau pickt in ihren Salatblättern und zermümmelt die gebratenen Shrimps. Sie sieht durch das große Terrassenfenster raus aufs Meer, das blau und mächtig vor der Küste liegt, so als habe es nach wie vor keine Lust, große Wellen zu schlagen.

Dieses Restaurant könnte so schön sein, wenn einer mal die Fenster aufmachen würde, denke ich. *Stattdessen sitzen wir hinter dieser Scheibe in einem Kühlschrank.*

»Manchmal sieht man hier Delfine vorbeischwimmen. Der Ausblick ist *amazing*. Bestimmt habt ihr auch so herrliche Plätze in Deutschland, oder nicht?«

»Also Delfine gibt es bei uns nicht, dafür Gänse. Aber die kommen Weihnachten in den Ofen«, sage ich.

»Ihr esst Gänse?«, kreischt Maggie entsetzt auf und spuckt aus Versehen einen Fitzel Shrimps mitten auf den Tisch.

Sie und ich tun so, als wäre nichts passiert, dabei klebt das Krebsfleisch nass und glänzend genau zwischen uns auf der dunklen Holzplatte.

»Mutter Gans kommt in den Ofen?«, wimmert Maggie.

»Wer ist denn Mutter Gans?«, frage ich meine Mutter.

»Das sind Gedichte für Kinder …«, versucht sie zu erklären, und ich lerne, dass in Amerika eine Gans mit Mütze den Kindern das Alphabet und verschiedene Reime beibringt, etwa:

How much wood could a woodchuck chuck
If a woodchuck could chuck wood?
As much wood as a woodchuck could chuck,
If a woodchuck could chuck wood.

Mother Goose ist quasi das amerikanische Pendant zu »Backe, backe Kuchen«. Gänse zu essen ist in den USA deshalb genauso verpönt, wie bei uns, Hunde zu verspeisen. Ich komme mir vor wie eine Barbarin, weil wir in Deutschland diese Tradition haben.

Mami übernimmt das Gespräch und erzählt von früher, während Tom so wirkt, als könne er sich an nichts davon erinnern. Just in dem Moment, in dem meine Mutter den Vietnamkrieg und Toms Zeit bei der Armee erwähnt, scheint er aus seinem komatösen Zustand zu erwachen.

Er richtet sich auf, räuspert sich und sagt dann mit heiserer Stimme: »Was hätte ich meinem Sohn sagen sollen, wenn er mich gefragt hätte, wo ich im Vietnamkrieg war?«

Stille am Tisch.

Ich denke an meinen in Frankreich beerdigten Großvater, der keine Wahl hatte, ob er in den Krieg zieht oder nicht, und der lieber bei seiner Frau und Tochter geblieben wäre.

Toms trübe Augen füllen sich mit Wasser.

Meine Mutter und ich schauen ihn an. Keiner sagt etwas, meine

Mutter presst die Lippen zusammen. Sie greift über den Tisch, nimmt mit beiden Händen wieder seine linke Hand und drückt sie.

Hat Tom etwa gerade zugegeben, dass er sich freiwillig für den Krieg gemeldet hat? Ich hatte es so verstanden, dass er damals eingezogen worden war und die Ehe deshalb mit meiner Mutter in die Brüche gegangen ist. Das klingt jetzt irgendwie anders.

Maggie wittert allzu viel Nähe. »Lassen wir die alten Zeiten ruhen. Ihr wart damals doch noch Welpen!«

Tom sackt in sich zusammen, ein Haufen Haut mit Knochen.

Ich weiß gar nicht, was ich sagen soll. Außer vielleicht: »Du Idiot!«

Maggie tut so, als hätte es den einzigen wirklich nahen Moment an diesem Nachmittag nicht gegeben, und fragt mich nach den Sehenswürdigkeiten in Europa. Sie kenne das Hotel *Ritz* in Paris und das Münchener Oktoberfest. Von Kroatien hat sie noch nie etwas gehört und auch nicht davon, dass man dort mit dem Katamaran durch wunderschöne Buchten mit türkisblauem Wasser segeln kann, ganz zu schweigen von Ländern wie Albanien oder einer Insel namens Malta.

Nach genau einer Stunde werden nicht nur Tom und Maggie, sondern auch die Kellnerin unruhig. Alle wollen unser Treffen zu einem Ende bringen, und Daisy fragt, ob wir ein Dessert oder gleich die Rechnung haben möchten. Ich denke mir, dass wir doch nicht extra aus Deutschland kommen, um nach einer Stunde wieder abzurauschen, und bestelle die Spezialität des Hauses: einen *Hula Pie*.

Maggie schiebt den Teller vorsichtig in meine Richtung, als Daisy das Ding auf den Tisch wuchtet, so als könnten die Kalorien vom Tisch springen und sich an ihren Oberschenkeln festbeißen.

»Du musst ihn unbedingt probieren. Er ist *amazing*«, raunt Daisy mir zu. »Es ist Macadamia-Eis mit einer hausgemachten Schokokekskruste, garniert mit heißer Karamellsoße und Schlagsahne«, gurrt sie.

Ich starre auf den Kuchen, der eigentlich eine Eisbombe ist, und finde die Kombination überladen. Bei uns isst man ein Stück Pflaumenkuchen mit Schlagsahne, und gut ist, aber in Amerika ist der Nachtisch ein Best-of sämtlicher Desserts, das anschließend noch mit geschmolzenem Zucker übergossen wird. Ich probiere die klebrige Soße. Für meinen Zahnschmelz, der in diesem Moment wie von einem Stromschlag durchfahren wird, ist sie viel zu süß. Nach zwei Gabeln bin ich mir sicher, dass ich den Hula Pie niemals aufessen kann, ohne danach einem Zuckerschock zu erliegen. Wobei nicht aufzuessen in Amerika sowieso zum guten Ton zu gehören scheint. Weder Tom noch seine Frau beenden ihre Mahlzeit. Mami wird mir später erklären, dass es diese Angewohnheit gibt, den Teller nicht leer zu essen, weil es sonst so wirkt, als wäre nicht genug da gewesen. Und das würde die Gastgeber beleidigen.

Daisy legt die Rechnung auf den Tisch, Tom lädt uns ein. Maggie scheint zufrieden.

Ich bin enttäuscht, für mich war das Treffen oberflächlich und viel zu schnell vorbei.

»Wollen wir noch einen Augenblick spazieren?«, frage ich in die Runde.

Ich muss den Hula Pie verdauen, der in meinem oberen Bauch zwickt. Irgendwie ist mir ein wenig flau. Die Alten winken ab.

Zum Abschied sagt Mami zu Tom: »Ich hätte dir nur nicht verziehen, wenn du nicht wiedergekommen wärst.« Sie meint den Krieg.

Ich sehe eine Träne, die Tom die Wange runterläuft.

Dann umarmt meine Mutter ihn, drückt seine beiden Hände, küsst Maggie auf die Wange und verabschiedet sich mit »Passt auf euch auf«. Sie weiß, dass sie diese beiden Menschen nie wiedersehen wird. Und für meine Mutter ist das jetzt vollkommen okay.

Erinnerungen meiner Mutter, 1966

Nach meiner Fehlgeburt habe ich tagsüber am College studiert und danach als Hilfsschwester in einem Krankenhaus in Whittier gearbeitet. Meine Aufgabe war es, den Patienten vor den Operationen die entsprechenden Körperstellen kahl zu rasieren und sie anschließend auf der Station mit Essen und Medikamenten zu versorgen.

Mein Mann war Republikaner und ist zur Armee gegangen. Erst war er in einer Kaserne in El Paso, das ist zwölf Stunden mit dem Auto entfernt von L.A., und dann in Ford Knox in Kentucky, bevor er nach Vietnam geschickt wurde. Er war anderthalb Jahre weg. Das war eine lange Zeit für eine junge Frau wie mich.

Die Amerikaner waren freundlich und nett zu mir, aber ich empfand ihre Art als aufgesetzt. Man wurde dauernd zum Kaffeetrinken eingeladen, aber wenn man dann wirklich vor der Tür stand, haben die Leute doof geguckt.

Ich habe mich in der Stadt ziemlich verloren gefühlt. Auf der anderen Seite war Kalifornien für mich ein Fundus von neuen Eindrücken. Wir hatten in Deutschland keine T-Shirts, keinen Eisbergsalat oder Handtücher, die farblich zu den Vorhängen im Badezimmer passten.

Ich bekam den weißen Volkswagen Käfer von meiner Schwiegermutter, denn ohne Auto kam man nicht von der Stelle. Die Luft war so bissig, dass einem die Augen tränten. Der Smog damals war schlimm.

Ich hatte nicht viele Freunde. Im Labor des Krankenhauses arbeitete noch eine andere deutsche Frau, eine medizinisch-technische Assistentin, zwanzig Jahre älter als ich. Sie stammte aus Oberammergau und war eine sogenannte »Kriegsbraut«, die mit ihrem amerikanischen Liebhaber aus dem kaputten Deutschland abgehauen war und ihn in den USA geheiratet hatte.

Sie hieß Therese. Ihr bayrischer Spitzname war »Bresel«, also Brösel – sie schuf daraus in Kalifornien den Namen »Brée«, mit Accent aigu. Das klang glamouröser als Brösel.

Anfangs war sie zögerlich, dann aber habe ich ihr Herz erweicht. Ich tat ihr leid, weil ich alleine war und so großes Heimweh nach Europa hatte. Mir fehlten die Kultur, das Brot und der Regen. Jeden Tag war der Himmel blau, und die Sonne schien. Brée konnte ich um Mitternacht anrufen und fragen, ob sie mir Spiegeleier mit Spinat macht.

MOHN & REGEN – KAPITEL 5

52 JAHRE

Am nächsten Tag beschließen wir, die einsame Hütte in den Bergen Malibus zu verlassen und nach Silverlake umzuziehen, einen Stadtteil im Zentrum von L.A. Den Tipp habe ich von einer Freundin bekommen, die mich über eine Direct Message auf Instagram gefragt hat, warum wir in Malibu abhängen und nicht mitten in der Stadt, wo viel Spannenderes passiert. In Downtown wird nicht mehr geschossen, so wie zu Zeiten meiner Mutter. Überall entstehen coole neue Hotels, Cafés, Galerien und Boutiquen. *Jetzt zeige ich Mami mein L.A.!*, denke ich unter der Dusche. Eine kribbelige Vorfreude durchströmt meinen Körper.

An dem rosa-orangefarbenen Himmel steht an diesem Morgen eine einzige kleine Wolke, so als würde sie es ausnutzen, dass die Sonne noch nicht ihre ganze Kraft entfalten konnte, die sie später unwiderruflich verdampfen lässt. Meine Mutter wirkt unruhig, sie studiert im Bad die Inhaltsstoffe ihrer Cremes, zieht sich dreimal um und fragt mich, welches Outfit ich besser finde. Ich rate ihr zur Nummer drei: ein blau-weißes Streifenshirt und Jeans, darin sieht sie cool aus. Sie zieht trotzdem eine weiße Leinenbluse mit Brusttaschen an, die meiner Meinung nach ihren Busen zu sehr betont, aber was soll's, auf mich hört sie ja eh nicht. Eine Stunde später habe ich sowohl meinen als auch ihren Koffer gepackt und stehe abfahrbereit auf der Auffahrt. Meine Mutter wurschtelt noch kurz in der Küche herum, dann kommt auch sie runter.

Floyd und meine Mutter haben eine Gemeinsamkeit: Sie machen im Alltag kleine Liebesbeweise.

Zwischen uns im Auto stellt Mami eine Thermoskanne mit Kaffee hin, den sie vor der Abfahrt gekocht und mir zuliebe mit Hafermilch aufgegossen hat.

»Diese Hafermilch fand ich anfangs komisch, aber jetzt schmeckt sie irgendwie besser«, sagt sie.

Ich muss daran denken, dass wir früher, als wir noch alle zusammengewohnt haben – meine Mutter, meine Schwester und ich –, nicht nur unseren Kaffee gleich getrunken haben, sondern auch gleichzeitig unsere Tage hatten, weil der Zyklus von Frauen, die zusammenleben, sich manchmal anpasst. Jetzt trinken Mami und ich also unseren Kaffee wieder gleich. Ihre Tage hat sie natürlich nicht mehr. Die Wechseljahre beginnen bei Frauen meistens mit Mitte vierzig. Die hormonelle Umstellung dauert Jahre, und es gibt zahlreiche Symptome, angefangen von Zyklusstörungen, Hitzewallungen und Gereiztheit bis hin zu Schlafproblemen, Unverträglichkeiten oder Autoimmunerkrankungen. Ich weiß das, weil mir die Ärzte vor meiner Myom-OP erklärt haben, dass es sein kann, dass ich meine Gebärmutter verliere. Eine Hysterektomie, die operative Entfernung der Gebärmutter, kann eine vorzeitige Menopause auslösen. Was dann in meinem Körper passiert, wollte ich genauer wissen. Auch darauf hat mich weder die Schule noch irgendein Arzt, geschweige denn meine Mutter vorbereitet: Was passiert mit mir, wenn ich meine Fruchtbarkeit verliere? Ich will niemandem einen Vorwurf machen; ich habe nie darum gebeten, über dieses Thema aufgeklärt zu werden. Aber ich frage mich, was ich wohl gedacht habe. Dass ich für immer jung bleibe, dass in meinem Körper immer alles so bleibt, nur weil Heidi Klum scheinbar nicht altert? Die Menopause ist die letzte Regelblutung, auf die mindestens zwölf Monate lang keine Menstruation mehr folgt. Darf ich meine Mutter fragen, wie lange sie ihre Tage hatte, oder wäre das zu intim? Um meine Fruchtbarkeit steht es ziemlich bescheiden, und sie weiß das. Wenn ich jetzt wieder an die Kinderwunschbehandlung denke, spüre ich nicht mehr diesen Zorn. Ich schäme mich auch nicht mehr dafür. Ich bin einfach nur traurig, dass ich so viel Zeit verloren habe, in der ich im Büro saß, statt mir zu überlegen, wie ich mir mein Leben wünsche. Aber damit ist jetzt Schluss. Ich will nicht mehr Dingen hinterhertrauern, die ich nicht mehr ändern kann. Alles, was mir bleibt, ist die Flucht nach vorn.

Innerlich juchze ich, so glücklich bin ich über unseren Umzug. Das neue Haus in Silverlake ist atemberaubend: Im Vergleich zu der Hütte in den Bergen von Malibu ist es ein weitläufiges Anwesen mit einem großen Pool, auf dem zu unserer Begrüßung weiße aufblasbare Schwäne schwimmen. Die Besitzer sind zwei Kostümbildner, die für eine Puppenshow arbeiten, deshalb ist die Tür, hinter der sich die Waschmaschine versteckt, mit einem silbernen Lamettavorhang verhängt. Das Sofa im Wohnzimmer ist aus lila Samt, die Küche besteht komplett aus Edelstahl, und in jedem Baum im Garten hängt eine Lichterkette. Die beiden Hausherren haben uns persönlich in Empfang genommen, alles gezeigt und uns eine ganze Kiste Weißwein aus dem Nappa Valley, der amerikanischen Toskana, als Willkommensgeschenk überreicht.

»Was sollen wir denn mit einer ganzen Kiste Wein?«, fragt meine Mutter.

»*Holiday time, baby!*«, gurrt einer der beiden.

Eine Flasche haben wir mittags mit ihnen zusammen getrunken. Dabei erzählten sie uns, dass dieses Haus nur ihr Gästehaus sei und sie nebenan wohnen. Ich hätte noch weiter mit ihnen dasitzen und plaudern können, aber unser großer Tag, das Treffen mit David, rückt immer näher. *Bald ist Showtime*, denke ich.

Während der Kinderwunschbehandlung habe ich versucht, mit Regeln und Verboten die Kontrolle über eine Situation zu erlangen, die außerhalb meiner Kontrolle lag. Jetzt betrinke ich mich mit Vorsatz. Mit jedem Schluck Wein löst sich der innere Kampf auf, und ich werde ein kleines bisschen gleichgültiger. Die Franzosen trinken rund fünfzig Liter Wein pro Kopf im Jahr und bekommen schließlich auch Kinder. Ich will nicht dauernd daran denken, womit ich meine Fruchtbarkeit schädigen könnte, und deshalb auf alles, was Spaß macht oder unvernünftig ist, verzichten. Ich will ein Leben zurück, das sich nicht mehr nur um die Kinderwunschbehandlung dreht und bei dem ich über die Stränge schlagen kann, ohne dass es sich am nächsten Tag wie der größte Fehler meines Lebens anfühlt.

Meine Mutter verschwindet im Badezimmer, um eine straffende Maske aufzutragen, während ich es mir auf der Terrasse auf einer riesigen Liegelandschaft aus Rattangeflecht bequem mache und dem Kalifornien-Gefühl noch eine Chance gebe. Der Wind weht durch meine Haare, als sei er ein alter Freund, der mir die Haare verwuschelt.

Ich schaue auf die Lichter dieser irre großen Stadt vor mir wie auf ein Raster brennender Fackeln. Eine neue Flasche Wein klemmt neben mir zwischen den eierschalenfarbenen Kissen, damit ich mir nachschenken kann, sobald das Glas leer ist und meine negativen Gedanken anfangen, wieder an mir zu nuckeln.

Meine Mutter kommt zu mir und wickelt sich in eine leichte Decke ein, die sie auf ihrem Bett gefunden hat. Ihre Haut glänzt speckig. Über unseren Köpfen schlägt die Nacht ein sternenübersätes Himmelszelt auf. Wir liegen zusammen auf dieser Kissenlandschaft, meine nackten Füße suchen ihre.

»Dieser Sternenhimmel ist einer der schönsten, die ich je gesehen habe«, lobe ich. »Total *amazing*«, schiebe ich hinterher und äffe dabei Maggies Stimme nach.

»Sei nicht so hart. Die Amerikaner betonen einfach immer nur Positive«, antwortet meine Mutter und zuckt mit den Schultern.

Das Positive statt immer nur das Negative betonen: Was ist daran eigentlich so falsch?

»Dieser Abend ist wirklich einer der schönsten, die wir beide seit Langem zusammen hatten«, sagt meine Mutter.

»Ich bin dankbar für diese Reise mit dir, Mami.«

»Und ich bin so dankbar, dass du mitgekommen bist«, antwortet meine Mutter. »Siehst du?«

»Was?«

»Es tut gut, das Positive zu betonen. Wobei *amazing* ja nicht nur fantastisch, sondern auch erstaunlich heißen kann. Versuch doch mal, die Dinge so zu sehen: nicht gut und schlecht, sondern fantastisch – oder erstaunlich.«

»So gesehen wäre dann ja eigentlich alles mehr oder weniger *amazing.*«

Wir lachen, reichen einander die Hände und halten uns fest.

Ich streichele mit dem Daumen die raue Haut meiner Mutter, spüre die Wärme und Kraft ihrer Hände. Dieser Moment, in dem ich mein Dasein als Teil des endlosen Universums begreife, stimmt mich zuversichtlich. Egal, was kommt: Ich schaffe das. Und ich schaffe auch das, was nicht kommt.

Auch wenn ich mit dieser Stadt erst langsam warm werde: Mami gefallen die Tage in Los Angeles sehr. Obwohl sich vieles verändert hat, ist es doch immer noch ihre Stadt, in die sie zurückgekehrt ist. Sie ist keine Fremde hier, sondern eine *Angelena*, die sich an alle Straßennamen erinnert und so manches Geschäft vermisst, das es früher einmal gab. Es hat sich gelohnt, gemeinsam in ihre Vergangenheit einzutauchen, weil ich jetzt mehr über die Zeit weiß, bevor sie meine Mutter wurde. Sie als Frau zu sehen, zu verstehen, mit welchen Wünschen und Hoffnungen sie damals nach Kalifornien gegangen ist und was sie wieder nach Deutschland gezogen hat – das alles ergibt jetzt viel mehr Sinn für mich. Man besucht und verlässt so viele Orte und glaubt jedes Mal, man könnte jederzeit zurückkehren. Aber die wenigsten verabschieden sich ganz bewusst von einer Stadt in dem Wissen, dass sie eben nie wieder zurückkommen werden.

Mami verabschiedet sich mit diesem Besuch von L.A. und ihren alten Erinnerungen. Am nächsten Tag fahren wir zum Fullerton College in Orange County, zu dessen Absolventinnen nicht nur meine Mutter, sondern auch Gwen Stefani zählt. Heute studieren dort über vierzigtausend junge Leute. Der Campus ist riesig. Es gibt nicht nur große Sportstadien, sondern Fitnessstudios, Bowlingbahnen und einen Surf Club. Das College erkennt Mami nicht wieder. Das ehemalige Hauptgebäude ist vollkommen verbaut, der Campus viel größer als damals, sagt sie.

Ihr Apartmenthaus in der Nähe des College gibt es immer noch. Der Pool ist umzäunt. Mami zeigt auf ihr Schlafzimmerfenster, ein kleines verglastes Quadrat in einer Backsteinmauer. Die Lebenshaltungskosten sind im Süden Kaliforniens doppelt so hoch wie in Deutschland. Ich verstehe, wie schwer es für meine Mutter gewesen sein muss, die Studiengebühren durch Nachtschichten im Krankenhaus zu finanzieren.

Aber das war alles früher. Jetzt ist es an der Zeit, neue Erinnerungen zu machen. Und ich darf sie dabei begleiten. Ich spüre ein bisschen Neid in mir, wenn ich an das Gefühl frischer Verliebtheit denke. Diese Aufregung, die Unsicherheit, das Verlangen, das entsteht. Man ist glücklich, fühlt sich lebendig, gleichzeitig verzweifelt man vor Sehnsucht nach dem anderen und vor Angst, die Gefühle könnten nicht erwidert werden oder aufhören. Ich bin mit Floyd an einem ganz anderen Punkt unserer Beziehung, an dem vieles komplizierter erscheint. *Aber auch das muss nicht für immer so sein*, denke ich. Ich will, dass es wieder leichter wird.

Mami und ich beenden unsere Zeit in Los Angeles mit einer Fahrt über den Mulholland Drive und durch die Hügel Hollywoods. Die Tage in Los Angeles waren ein Anschleichen, ein Warmmachen für das, was jetzt kommt. Das Wiedersehen mit David nach fünfzig Jahren, der Grund, warum wir die Reise nach Kalifornien überhaupt angetreten haben.

»Ich kann mir gar nicht vorstellen, wie sich das für dich anfühlt«, sage ich zu meiner Mutter im Auto und bin unvermutet sehr aufgeregt, weil ich mir vorstelle, wie mein Herz in so einer Situation klopfen würde.

Fünfzig Jahre nicht gesehen und dann steht man voreinander. Kennt man sich noch? Oder ist man sich fremd? Verändert uns das Leben, oder bleiben wir im Wesen immer die Gleichen, und die, die uns lieben, tun das ein Leben lang? Steile These.

»Ich habe Angst, dass er mich nicht schön findet«, sagt Mami.

Stumm schaue ich sie an und schüttele den Kopf. Ich empfinde meine Mutter als schön, finde aber nicht die richtigen Worte, ihr zu erklären, wie ich das meine. Ich liebe sie für ihren Humor, für ihre Zuversicht und für die Aufmerksamkeit, die sie mir widmet. Aber ich sehe in ihr auch den Tod ihrer Mutter und den meines Vaters. Ich sehe die Fehlgeburt, die vielen Enttäuschungen, die harte Arbeit und die Sorge um uns Kinder. Für mich als Tochter ist sie deshalb in vielerlei Hinsichten schön und liebenswert, weil sie als Frau all diese Erfahrungen und Geschichten in sich trägt. Ich finde sie schön, weil sie stark ist.

Aber erkennt David dieses Gesamtpaket, das meine Mutter mitbringt? Natürlich sieht sie nicht mehr aus wie auf den Schwarz-Weiß-Fotos von früher. Sie geht auf die achtzig zu, ihre Haut ist faltig, und ihre Figur hat sich verändert: die Brüste größer, die Mitte runder, die Beine dünner. Sie nennt das »Altweiber-Figur«. Ich sage »Liebesapfel« dazu, so wie die Süßigkeitenäpfel mit der roten Zuckerglasur, die es auf dem Weihnachtsmarkt gibt. Aber die Schönheit einer Frau wird ja nicht nur durch ihr Aussehen bestimmt, auch wenn für Frauen wie Maggie die Attraktivität ein großer und wichtiger Bestandteil bleibt. Das Empfinden für die Schönheit meiner Mutter rührt aus Erinnerungen an sie als junge Frau, aber auch aus Dankbarkeit für das, was sie für mich getan hat, und aus Bewunderung dafür, dass sie das meiste davon alleine, ohne Eltern im Hintergrund oder einen langjährigen Partner an ihrer Seite, geschafft hat. Ich empfinde sie als schön, weil sie mir immer Hoffnung gibt und von einer Wärme umgeben ist, die mir in meinen Krisen immer neue Hoffnung schenkt. Und all das, obwohl sie lange alleine war. Und ich begreife, dass es nun an der Zeit ist, dass ihr jemand neue Hoffnung gibt.

Für Mami führt diese Reise vielleicht nicht nur in die Arme eines Menschen, der sie liebt, sondern in ein Leben, das sie sich als Frau lange gewünscht hat. Das Leben mit einem Partner an ihrer Seite, der die bleierne Einsamkeit von fast drei Jahrzehnten vergessen macht. Diese Perspektive hatte sie vor ein paar Wochen noch nicht. Und sie ist nur entstanden, weil Mami von ihrem Sofa aufgestanden ist und sich auf die Suche nach ihren Freunden aus der Vergangenheit gemacht hat. Es ist wirklich tragisch, dass ihr die sozialen Medien erst jetzt die Möglichkeit dazu gegeben haben, denn sonst wäre sie vielleicht nach dem Tod meines Vaters nicht so lange alleine geblieben, und ich wäre nicht die Tochter einer Single Mom, die ihr jahrelang das Mantra der finanziellen Unabhängigkeit vorgesungen hat. Aber jetzt ändert sich etwas: Meine Mutter hat sich entschieden, ihre Geschichte neu zu schreiben, und für mich als Tochter fühlt sich das schon jetzt, obwohl das Ende der Geschichte noch offen ist, wie eine Erlösung an, die mich aus der Pflicht nimmt, mich ständig zu fragen, ob meine Mutter ihren Geburtstag wieder alleine, ohne ein Zeichen von Festtag verbringt, bei wem von uns Kindern sie dieses Jahr Weihnachten feiert, und wer sie eigentlich rettet, wenn sie von der Treppe fällt und sich die Hüfte bricht.

Ich sehe sie vom Beifahrersitz an, wie sie am Steuer sitzt und souverän das Auto über die kurvenreiche Straße lenkt, mit einem Ausdruck aus Vorfreude und Zuversicht, der immer wieder kurz über ihr Gesicht huscht. Ich wünsche mir so sehr ein Happy End für sie. Aber ein kleines bisschen auch für mich.

Am nächsten Morgen ist es so weit. Wir sind in Richtung San Francisco unterwegs, ich fühle mich, als würde ich eine Sängerin zum großen Auftritt begleiten. Auf dem Highway geht es immer geradeaus und zweispurig an der rauen Küste entlang über San Luis Obispo und Big Sur nach Norden. Wir haben etwa sechs Stunden Fahrt vor uns. Eine Nacht lang machen wir Station in einem Motel in Carmel-by-the-Sea, weil der Weg sonst zu weit wäre und diese Künstlerkolonie so charmant sein soll. So steht es in Mamis Reiseführer, den ich jetzt dauernd durchblättere, weil ich mich mehr und mehr wirklich auf dieses Land einlasse, anstatt immer nur nach dem zu suchen, was ich sonst noch enttäuschend finden könnte.

Der Fahrtwind schnappt sich meine Gedanken und trägt sie fort.

Ich schlüpfe aus meinen Turnschuhen, lege meine Füße auf die Ablage, bewundere wieder meinen pinken Nagellack auf den Zehennägeln und erinnere mich dann an unsere gemeinsamen Reisen in die Normandie, wo mein Großvater begraben liegt, nach Paris oder in die Toskana, weil Mama wollte, dass wir wissen, was die Uffizien, der Ponte Vecchio und die Unterschiede zwischen Pecorino und Parmesan sind.

Wir saßen immer zu dritt im Auto, meine Schwester, meine Mutter und ich. Wir brauchten keinen Mann, der uns sagte, wo es langgeht, oder uns irgendwo hinfuhr. Wir drei Frauen waren alleine unterwegs. Das war für andere vielleicht komisch, für uns nicht. Meine Mutter hat das Auto gefahren, ich habe die Straßenkarte gelesen, und meine Schwester hat hinten auf dem Rücksitz geschlafen. So waren nicht nur unsere Reisen, so war unser Leben. Immer wir drei.

Ich wünschte, ich wäre jetzt an so einem Punkt, an dem sich wie bei meiner Mutter trotz aller Umwege, Staus und Sackgassen überraschend doch alles zusammenfügt, sodass all die losen Fäden ein starkes, großes Netz ergeben, in dessen Mitte sich Vergangenheit und Zukunft versöhnen und das der Wucht der Veränderung widerstehen kann, ohne dabei zu zerreißen. In einer anderen Naturdoku im Flugzeug habe ich gesehen, dass Spinnen, die ein Radnetz weben, es nicht nur zum Fangen von Insekten sowie als Wohnraum und Versteck nutzen, sondern auch Hilfsfäden wie Brücken-, Spann- und Signalfäden verwenden, die das Netz stabilisieren oder anzeigen, wenn Beute im Netz zappelt. Und dann gibt es noch den Sicherungsfaden, an dem sich die Spinne bei Gefahr hinunterlässt und wieder zum Netz zurückfindet. Ich glaube, ich war die ganze Zeit auf der Suche nach einem Netz, in dessen Mitte ich mich setzen kann, während um mich herum bereits alles perfekt ist. Aber das, was ich brauche, ist eigentlich ein Sicherungsfaden, der mir Halt und Orientierung gibt.

Mamis und Davids Geschichte zeigt mir ja gerade: Das Leben steckt voller Überraschungen. Und es hört mit siebzig nicht auf. Das beruhigt mich. Ich muss mich lösen, nicht nur von den Traumata meiner Vorfahrinnen, sondern auch von der Vorstellung aus meiner Abi-Zeitung, dass ich im Alter von dreißig alles geritzt haben muss. Sechs Kinder auf einer Insel und ein Ferrari – so ein Käse. Aber welche Abiturientin ahnt, dass eine Zweizimmerwohnung in einem Berliner Hinterhof, erfolgloses Schuften in einer von toxischer Männlichkeit dominierten Branche, Scheidung mit Mitte dreißig und schließlich Kinderwunschbehandlung auf sie zukommen. Gottverdammte Scheiße, echt. In diesem Moment fährt es wie ein Blitz durch mich. Auch ich werde meine Geschichte neu schreiben. Das ist nicht das Ende von meinem Lied. Das ist das Crescendo.

Übermorgen werden wir David zum Mittagessen in einem Restaurant namens *Franciscan Crab Restaurant* an der Fisherman's Wharf treffen. Mami und er haben eben telefoniert. Er sagt, dort gebe es eine gute Bloody Mary und man könne beim Essen aufs Meer und die Gefängnisinsel Alcatraz schauen. Ich finde, das klingt schon mal weniger öde als das Rentnerprogramm in Malibu mit seinen eisgekühlten Frühstückscafés und menschenleeren Stränden.

Ein passendes Restaurant für das erste Date, zu dem ich meine Mutter begleite, auch wenn ich mir dabei ziemlich bescheuert vorkommen werde. Hoffentlich kann ich schnell verschwinden, auch wenn ich dann die Bloody Mary verpasse. Die beiden wollen sich vielleicht küssen. Da würde ich mich vollkommen fehl am Platz fühlen.

Als ich auf der Fahrt weiter den Reiseführer studiere, erfahre ich, dass Carmel keine putzige Künstlerkolonie, sondern ein Nobelort inklusive Supervillen und Golfplätzen ist. Der Schauspieler Clint Eastwood war früher der Bürgermeister von Carmel; auch die Schriftsteller Ernest Hemingway und John Steinbeck haben hier gelebt. In Steinbecks Weltbestseller *Früchte des Zorns* geht es um den Reichtum Kaliforniens zur Zeit der Großen Depression in den Dreißigerjahren und wie obdachlose Farmer aus Arkansas und Oklahoma, von den Einheimischen als »Okies« beschimpft, zu Hunderttausenden in das Gelobte Land flüchteten und dort von profitgierigen Plantagenbesitzern ausgebeutet wurden. Die berühmte Ost-West-Verbindung Route 66 war für sie eine Fluchtroute vor dem Hunger und der Armut, weil sich die Weizenfelder im Mittleren Westen als Folge von Monokultur und Jahren der Dürre in in staubige Erde verwandelt hatten. Es gibt Fotos aus dieser Zeit von John Steinbeck, die er im Rahmen seiner Arbeit als Journalist von den Menschen in den kalifornischen Flüchtlingslagern gemacht hat. Eines der berühmtesten Bilder porträtiert eine abgemagerte Frau mit ihrem von Sonne, Hunger und der harten Arbeit gezeichneten Gesicht, die mit einem schmutzigen karierten Hemd und Rock bekleidet unter einer Plane auf einer Obstkiste sitzt und ihr Kind stillt. *In den Herzen der Menschen wachsen die Früchte des Zorns und werden schwer, schwer und reif zur Ernte*, schreibt Steinbeck.

Wer weiß, vielleicht färbt das künstlerische Flair auf mich ab, und mich küsst die Muse. Ich weiß zwar noch nicht, wozu mich der Kuss genau inspirieren soll, aber ich lasse es auf einen Versuch ankommen. Meine Motivation zu schreiben ist nach wie vor weg, so als wäre ich ein Baum und mein Talent zu schreiben wie ein Ast erst vertrocknet und dann abgestorben. In meinem Kopf ist kein einziges Wort, das ich zu Papier bringen will. Plötzlich begreife ich, dass das überhaupt nicht schlimm ist, ich muss nicht dauernd produktiv sein. Pausen sind ebenso wichtig wie nächtelanges Durcharbeiten. Mein Selbstwert hängt nicht von der Verwertbarkeit meiner Arbeit ab. Selbst wenn ich nur auf dem Sofa schimmle, kein Wort schreibe und mich einfach nur um mich kümmere, kann es ein guter Tag sein. Auch wenn meine Äste alle abbrechen und mich die Muse nie wieder küsst: Ich spüre immer noch meine Wurzeln.

Brüsk fliege ich aus meinen Gedanken, wie ein Pilot von einem Schleudersitz aus einem abstürzenden Flugzeug katapultiert wird.

»Wieso gehst du eigentlich davon aus, dass ich immer alles bezahle?«, brüllt Mama mich an.

Wir haben gerade getankt, dann ist sie in die Tankstelle gegangen, hat eine neue Tüte Beef Jersey, eine Zeitung und die Tankfüllung mit ihrer Kreditkarte bezahlt, ist wieder herausgekommen, hat sich ins Auto gesetzt, mir das Trockenfleisch und die Zeitung auf den Schoß geschmissen und aus dem Nichts angefangen zu brüllen.

Ich schaue sie entgeistert an, weil ich nicht verstehe, was los ist.

»Weil du meine Mutter bist und ich dich begleite?«, sage ich halblaut.

Ich verstehe nicht, was das Problem ist. Gerade sind wir am Schild von San Luis Obispo vorbeigefahren, und mittags wollen wir in Big Sur eine Rast machen. Bis eben schien alles in bester Ordnung zu sein. Und jetzt bin ich die undankbare Kröte auf dem Beifahrersitz.

»Du bist eine erwachsene Frau, du kannst auch mal eine Tankrechnung übernehmen oder Essen kaufen. Seit wir unterwegs sind, bezahle andauernd nur ich!«

Das ist es: Das Thema Geld, und wie meine Mutter es anspricht, versetzt mir einen Stich ins Herz. Bin ich hier, weil ich unbedingt nach Kalifornien wollte oder weil ich meine Mutter begleite, die ihren Ex-Freund treffen will und sich selber insgeheim nicht sicher ist, ob das eine gute Idee ist? Ich hätte mir diese Reise alleine nie leisten können, das war uns beiden von Anfang an klar. Ich atme ein und nehme mir vor, bis drei zu zählen, aber ich schaffe es nur bis zwei. Dann explodiert auch mein Innerstes. Diese Momente habe ich ab und zu, ich werde dann so wütend, dass ich das Gefühl habe, dass nicht Blut, sondern brennendes Öl durch meinen Körper fließt. Der Druck in meinem Kopf wächst und drückt an meine Schläfen. Ich gerate dann immer in Panik und flüchte aus dem Raum. In diesem Fall aus dem Auto.

Ich stoße die Tür auf meiner Seite auf, steige aus und laufe barfuß am Seitenstreifen des Highways entlang. Ich bin so wütend, dass ich nicht merke, wie heiß der Teer ist. Es ist bescheuert, was ich mache, denn ich weiß gar nicht, wohin ich laufe, und habe noch nicht mal meine Tasche dabei, aber die Wut über diese Ungerechtigkeit ist zu groß, als dass ich sie neben meiner Mutter in einem Toyota Corolla aushalten könnte. Ich höre, wie eine Autotür zuschlägt. Mama hat das Auto am Seitenstreifen geparkt und läuft hinter mir her, ich höre trotz des Verkehrs, der an uns vorbeirauscht, immer deutlicher ihre Schritte auf dem Boden knirschen. Sie versucht zu rennen, und ich mache mir in diesem Moment, trotz meiner Wut, Sorgen darum, dass sie hinfällt und von einem Auto angefahren wird.

Ich bleibe stehen, drehe mich um und brülle zurück: »Was soll ich machen, Mama? Fakt ist: Ich habe keinen Job. Ich habe kein Geld, nicht zum Tanken und auch nicht für eine weitere Kinderwunschbehandlung. Ich weiß noch nicht mal, womit ich in Zukunft mein Geld verdienen soll. Denkst du, es macht mir Spaß, gerade so planlos zu leben?«

Mami stemmt die Hände in die Hüften und schließt die Augen.

Ich halte mir die Hand vor den Mund, denn meine Wut wandelt sich in Tränen, die wie kochendes Wasser meine Wangen herabschießen.

Die Leute in den vorbeifahrenden Autos glotzen mich an oder zeigen uns einen Vogel.

Mami schlägt die Augen auf, atmet aus und macht mit offenen Armen einen Schritt auf mich zu. Sie hüllt mich in eine Umarmung, wie sie nur einer Mutter möglich ist, denn obwohl sie viel kleiner und weniger ist als ich, fühle ich mich in diesem Moment beschützt wie ein Kind, das hingefallen ist und Trost über ein aufgeschlagenes Knie im Schoße seiner Mutter findet.

»Es wird alles gut, du musst daran glauben«, sagt sie und streichelt meinen Kopf. Sie sagt dies voller Überzeugung, mit einer beruhigenden Schwere in ihrer Stimme.

»Wie kannst du dir da so sicher sein?«, frage ich.

»Weil du unendlich geliebt wirst.«

So schnell der Streit gekommen ist, haben wir ihn wieder begraben. Wir gehen zurück zum Auto, ich wische mir mit dem Ärmel meines neuen hellgrauen *Kale*-Sweatshirts das Salz von den Wangen und reiche Mami den Becher mit dem inzwischen nur noch lauwarmen Hafermilchkaffee.

»Durst ist schlimmer als Heimweh«, sagt sie angewidert und schaut zu mir rüber.

Ich muss lachen, und sie dann auch.

Während der Fahrt reden wir nicht viel, und das ist nicht schlimm, außer »Schau mal da, wie schön!«. Das Meer auf der linken Seite ist unser ständiger Begleiter, während auf der rechten Seite grün bewachsene Berge steil in die Höhe wachsen. Dieser Abschnitt der Strecke, der Pacific Coast Highway, gilt laut Reiseführer als eine der Traumstraßen der Welt, und ich sehe mit eigenen Augen, warum. Der Blick auf die raue Küstenlandschaft und das Dunkelblau des Meeres lindert die Unruhe, die mich bislang so fest im Griff hatte. Ich fasse mit der linken Hand hoch zu meiner Schulter und fange an, die Stelle zwischen Hals und Schlüsselbein durchzukneten. Dort, wo der Schmerz am kräftigsten zu spüren ist, wo das ganze Gewicht meiner Existenz auf mir lastet. Schon im Moment des unnachgiebigen Hineingreifens spüre ich eine Besserung.

»Da, wo es wehtut, bist du richtig«, sagt Mama und greift mit ihrer rechten Hand ebenfalls in meine Schulter. Ohne ein Anzeichen von Müdigkeit fährt sie weiter.

Als wir an einem Rastplatz in Big Sur halten, habe ich das Gefühl, dass wir uns in einem anderen Land befinden. Die Natur ist eine wilde Schönheit, ganz anders als die von Palmen gesäumten Straßen in Los Angeles. Wir steigen aus dem Auto und gehen zu einem Aussichtspunkt, wo Wasser und Land zusammenfinden. Die Küste sieht aus, als habe der Pazifik mit Krallen tiefe Abgründe in die Felsen gerissen. Das Wasser unter uns ist tiefblau und wirft sich in tosenden

Wellen an die Küste. Ich beobachte die wogenden Algen und weißen Wellenkämme. Der Wind weht das salzige Meerwasser zu mir herauf. Unter uns klären See-Elefanten-Männchen, wer der Fitteste ist. Die anderen Fettbrocken faulenzen in der Sonne. Ich breite meine Arme wie Flügel aus. Kalifornien scheint hier viel weniger ein Klischee als ein Abenteuer zu sein.

Laut Reiseführer gibt es in der Nähe ein Restaurant, das *Nepenthes* heißt. Das Wort bedeutet »gegen Kummer« und bezeichnet in der griechischen Mythologie ein Arzneimittel, das Zeus' Tochter Helena von einer ägyptischen Königin erhalten hatte. Wenn man es in den Wein mischt, soll es jedes Leiden beseitigen, Angst verjagen und alle Krankheit vergessen lassen.

Ich wollte unbedingt dorthin, aber als wir einen kleinen Imbiss an dem Aussichtspunkt Ragged Point entdecken, holen wir uns spontan beide einen Cheeseburger. Keine von uns hat Lust, schon wieder drinnen zu sitzen und von einer Klimaanlage gefrostet zu werden.

Der Burger ist schnell fertig und wird von einem kleinen älteren Herrn mit faltigem Gesicht zubereitet, der ihn mit geübten Handgriffen sauber in Papier einschlägt und auf einem Tablett durch ein Fenster zu uns nach draußen schiebt.

Wir essen auf einer Bank, die Tabletts mit Fritten und Ketchup-Klecksen aus der Tüte stehen neben uns. Ich tunke die Fritten in die Soße, stopfe sie mir in den Mund und lecke das Salz von den Fingern, bevor ich wieder in den Burger beiße.

»Boah, ist der lecker«, schnaufe ich.

Über unseren Köpfen wiegt sich die große Krone einer Pinie im Wind, der Pazifik liegt wie eine Tischdecke vor uns. Ich habe zum ersten Mal, seit wir unterwegs sind, dieses Urlaubsgefühl von angenehmer Leere. So hatte ich mir das vorgestellt.

»Cheeseburger mit Meerblick«, fasst Mami diesen für mich perfekten Kalifornienmoment zusammen.

»Ich glaube, der Norden Kaliforniens ist viel mehr mein Ding als L.A.«, sage ich immer noch mit vollem Mund.

»Meines auch«, antwortet meine Mutter. »Hätte ich das nur schon damals gewusst.«

Mami steht auf, wischt sich die Hände an der dünnen Papierserviette ab und wirft diese zusammen mit ihrem halben Cheeseburger in den Müll.

Das würde ein Kriegskind wie sie doch nie machen: Essen wegwerfen. Schon gar nicht Fleisch. Schmeckt ihr der saftige Patty nicht? Meine Mutter brät Hackfleisch so lange, bis es die gleiche Farbe wie das Gusseisen der Pfanne hat. Nürnberger Würstchen sehen bei ihr wie die Finger von Moorleichen aus. Sie liebt trockenes Fleisch: Bündner Fleisch, Beef Jerky oder afrikanisches Biltong. Als wäre noch Krieg, und das Fleisch müsste als eiserner Vorrat sechs Monate in ihrem Stiefel haltbar bleiben.

»Was machst du denn da? Du hättest ihn doch mir geben können!«, frage ich sie. Es ist wahrlich der beste Burger, den ich je gegessen habe.

»Nachher ist David enttäuscht, wenn er mich sieht.«

»Hast du ihm denn kein Foto von dir geschickt, wie du heute aussiehst?«, frage ich und beiße wieder in den Fleischklops.

»Wie denn? Er hat doch keine E-Mail oder ein Handy. Aber ich habe ihm, bevor wir losgefahren sind, ein paar Bilder per Post geschickt, die vor uns ankommen müssten. Und dann sieht er ja, wie ich aussehe.«

»Was denn für Bilder?«, frage ich Mami.

Ich habe überall Ketchup und Senf an den Fingern kleben, selbst der schmeckt an der salzigen Luft großartig, dabei ist es stinknormales Zeug. Ich habe die Flasche auf der Theke des Imbisses gesehen.

»Das Porträt von meinem sechzigsten Geburtstag, das du auf der Terrasse gemacht hast«, antwortet sie.

Ich kaue schnell und schlucke mein Essen runter. »Mami, das Bild ist bald zwanzig Jahre alt«, sage ich.

An das Foto erinnere ich mich, denn ich habe es damals geschossen, als wir ihren Geburtstag zusammen in einem Safari-Camp in Südafrika gefeiert haben, weil das ihr großer Wunsch war.

Mami sitzt darauf in der Abendsonne – sie trug damals die Haare noch etwas länger – und lacht, wobei sie ihren Kopf leicht nach hinten wirft und die linke Hand elegant nach oben hält. Wie ein Filmstar sieht sie auf dem Foto aus.

»Ach, das ist doch nicht so schlimm.«

Wie soll ich es ihr sagen? Natürlich sieht sie nicht mehr so aus wie auf dem Foto, so, wie auch ich heute nicht mehr aussehe wie mit zwanzig. Da sind mehr Falten, weniger Haare, mehr Bauch, weniger Farbe. Aber immer noch derselbe Mensch natürlich.

»Und weißt du auch nicht, wie er aussieht?«

»Nö, keine Ahnung.«

»Ist dir gar nicht wichtig, wie David aussieht?«, frage ich.

»Er ist mehr als nur mein Typ. Es war Liebe, damals wie heute«, sagt meine Mutter. Ich kann es nicht fassen. Das wird also quasi ein Blind Date.

Wir sitzen wieder im Auto und fahren weiter zu unserem heutigen Etappenziel: Carmel. Ich blättere auf dem Beifahrersitz in der amerikanischen Zeitung, die Mami an der Tankstelle gekauft hat. Auf der Titelseite ist ein Star aus einer Reality-TV-Show abgebildet. Sie ist dank einer Leihmutterschaft gerade zum vierten Mal Mutter geworden. Schon ihr drittes Kind ist so auf die Welt gekommen, weil sie unter einer Placenta accreta leidet. Ich frage Mami, was das ist.

Sofort schlüpft sie in die Rolle der Ärztin, wie sie es immer tut, wenn sie medizinische Dinge erklärt: Bei der Placenta accreta handelt es sich um eine Störung der Plazentahaftung. Bei einer Schwangerschaft wächst die Plazenta nicht in der Gebärmutterschleimhaut, sondern in der Muskulatur des Uterus und kann sich nach der Geburt nicht von selber lösen, was starke Blutungen zur Folge hat. Dadurch besteht das Risiko, dass die Mutter während oder nach der Geburt stirbt.

Ich frage mich wieder: Käme es für mich infrage, eine fremde Frau mein Kind austragen zu lassen, wenn es mir selber aus gesundheitlichen Gründen nicht möglich wäre? Die gesamte Schwangerschaft nicht zu erleben – den wachsenden Bauch, die ersten Herztöne und Tritte –, dafür aber neun Monate später ein gesundes Kind in den Armen zu halten, dessen Mutter ich ab diesem Zeitpunkt dann sein darf? Angeblich hat die Frau fünfundsiebzigtausend US-Dollar für die Leihmutterschaft gezahlt.

»Wenn du Geld hast, dann kannst du dir echt alles kaufen«, sage ich leise zu mir selbst und schlage das Heft zu. In meiner jetzigen Situation würde ich es, ohne mit der Wimper zu zucken, machen.

»Was meinst du?«, fragt meine Mutter.

»Wie denkst du über Leihmutterschaft?«, frage ich sie zurück.

Sie hat erstaunlicherweise schnell eine klare Meinung dazu, während ich in Gedanken von einer Moralkeule zur nächsten greife.

»Ich kann verstehen, dass eine Frau unter allen Umständen ein Kind haben möchte. Ein Kinderwunsch ist nichts Verwerfliches. Ich finde nur schrecklich, wenn dieses Kind später seine wahren Wurzeln nicht finden kann, weil sie ihm verheimlicht werden. In welchem Uterus du wächst, ist egal. Die Hauptsache ist, jemand wartet auf dich.«

Wir schlafen in einem Motel, das ich über ein Online-Portal gebucht habe. Es ist ein zweistöckiges Gebäude in U-Form, jedes Zimmer hat einen kleinen Balkon mit Blick auf die Hügel dahinter. In der Mitte ist ein großer Pool, und an jedem Aufgang steht ein Getränkeautomat, der für ein paar US-Dollar eisgekühlte Dosen und Eiswürfel ausspuckt. Es gab keine zwei Einzelzimmer mehr, deshalb habe ich ein Doppelzimmer gebucht. Eine Nacht werde ich Mamis Schnarchen aushalten, dachte ich damals noch in Deutschland.

Ich kann es kaum erwarten, die Postkartenidylle aus dem Reiseführer zu Fuß zu erkunden.

»Wir sind Europäerinnen, wir sind nicht dafür gemacht, immer nur im Auto zu sitzen«, sagt meine Mutter.

Beide sind wir froh, aus der Autostadt L.A. herausgekommen zu sein, stellen unsere Koffer in dem kleinen Vorflur des Zimmers ab und machen endlich einen Spaziergang. Es ist das erste Mal, dass ich während unserer Reise durch eine Stadt laufe und nicht im Auto sitze. Die Dämmerung hat bereits begonnen. Die Stimmung ist merkwürdig in dieser kleinen Stadt. Die Häuser sind eine drollige Mischung aus urigem Reetdach und verspielter Märchenkulisse. Überall brennen kleine Lichter in den Fenstern. So etwas Weltliches wie Briefkästen und Hausnummern sind an den Häusern mit den schiefen Schornsteinen und geschwungenen Traufen verboten, ebenso wie Straßenlaternen. Es gibt keine großen Einkaufsketten, dafür kleine Boutiquen und Kunstgalerien.

»Ein echtes Schmuckstück«, sagt meine Mutter treffend.

»So friedlich«, bemerke ich.

Die Menschen tragen alle ähnliche Klamotten: Fleecejacke, Shorts und Flipflops. Das wird in den nächsten Tagen auch Mamis und mein Look werden. Die Leute wirken so entspannt, wie man es nur in einem Urlaubsort sein kann. Viele laufen so wie wir runter zum Strand, weil dort gleich die Sonne untergeht. Die Menschen sitzen auf Decken in dem Sand, der fein wie Puderzucker ist, oder auf den Wurzeln der von Sturm und Wind gekämmten Zypressen. Sie plaudern oder schauen schweigend hinaus aufs Meer, wo die Sonne rot glühend immer näher an den Horizont hinabsinkt. Manche wagen sich mit den nackten Füßen in das Wasser oder spielen mit ihren Hunden. Die Erwachsenen halten irgendwann alle ein Weinglas oder eine Bierflasche in der Hand. Manche trinken aus einem Thermobecher. Ab und zu leuchtet ein Fotoblitz in der Dunkelheit auf. Die Kinder toben durch den Sand, lassen sich fallen, stehen auf und rennen weiter.

Ich lasse den warmen Sand durch die Finger rinnen, ein Rest bleibt unter meinen Nägeln hängen. Ich beobachte die Kinder. Kleine Kinder denken mit dem Körper. Sie erleben und verstehen die Welt über ihre Sinne. Der Verstand kommt erst im Laufe der Schulzeit dazu. Kinder müssen deshalb über Wiesen laufen, in Pfützen springen, auf Bäume klettern, durch Wasser schwimmen, über Bäche balancieren und durch Tunnel kriechen. In der Natur, so wie am Strand, ergeben sich ihre Spiele von selbst.

Wir bleiben so lange hier sitzen, bis die Sonne zur Hälfte im Meer verschwunden ist und das Licht von einem brennenden Rosa-Gold zu schwerem Lila-Blau wechselt.

Ich fühle mich angekommen, so als wäre ich nicht zum ersten Mal hier, sondern gehörte zu den Einheimischen, die das Privileg besitzen, immer gebräunte Füße zu haben, weil sie am Meer leben.

Nach dem Sonnenuntergang klopfen wir uns den Sand von den Füßen, schauen uns noch mehr Häuser an und kehren dann in einer kleinen italienischen Cantina ein, die wir nicht dank Instagram oder Reiseführer, sondern per Zufall gefunden haben, weil wir daran vorbeiliefen und es drinnen so nett aussah.

Es ist eine schöne Überraschung, ein uriger Laden mit guter Küche, ohne das Gefühl, von einer Klimaanlage schockgefrostet zu werden. Das Essen, das die Kellner an uns vorbeitragen, sieht fantastisch aus: große Teller mit Pasta, Salaten und gebratenem Fleisch.

Wir bestellen einen Big Sur Martini mit eingelegten grünen Mandeln und stoßen auf unsere Reise und alles, was wir schon geschafft haben, an. Ich esse in Butter und Parmesan gewendete Spaghetti, Mami gegrillten Schwertfisch mit Gemüse. Ein Tag, so viele Eindrücke. Allmählich fange ich an, wieder zu spüren, was für ein Mensch da eigentlich unter meiner Haut sitzt.

Nach dem Essen spazieren wir zurück zu unserem Motel und kaufen uns in einem Klamottengeschäft jede eine Fleecejacke, die dieses Mal ich bezahle. Meine Mutter freut sich über diese Geste. Hintenrum steckt sie mir heimlich den Betrag für ihre Jacke in Dollarscheinen zurück in meine Tasche.

Kaum liege ich im Bett und schalte das kleine Leselicht an der

Wand über meinem Bett aus, weiß ich: Es war ein Fehler, ein Doppelzimmer zu buchen.

Mami schnarcht innerhalb von wenigen Minuten so laut und durchdringend, dass selbst zwei Wachsstöpsel in meinen beiden Ohren und ein Kissen auf dem Kopf nicht helfen.

Ich will nicht den nächsten Streit verursachen und suche nach einer Lösung, indem ich ins Badezimmer umziehe und dafür die Wanne mit einer Wolldecke aus dem Schrank ausstaffiere. Aber die Wanne ist zu kurz und deshalb zu unbequem zum Schlafen, außerdem hat der Raum kein Fenster, und ich habe das Gefühl, hinter dem Duschvorhang aus Plastik zu ersticken. Ich höre ihr Schnarchen immer noch, die Wände sind so dünn wie eine Toastscheibe. Ich ziehe wieder um, schleife die Decke hinter mir her, lege mich auf den Boden des Balkons und lasse die Tür einen Spalt geöffnet, damit ich wieder reinkomme. Die Nacht ist sternenklar, und hier draußen zu schlafen wäre romantisch, denn wann bekomme ich in all meiner erwachsenen Geregeltheit jemals wieder die Gelegenheit, unter freiem Himmel zu schlafen? Sicher nicht in nächster Zeit, wenn ich nach meiner Rückkehr nach Deutschland wieder in den alten Trott verfalle und mich ständig gehetzt fühle, ohne ein wirkliches Ziel vor Augen zu haben.

Mamis Schnarchen schallt über den Innenhof bis zum Pool, dessen Wasseroberfläche in der Nacht schwarz glänzt.

Ich brülle ins dunkle Zimmer hinein: »Du schnarchst!«

Mami richtet sich schlaftrunken auf und hat hängende Augenlider wie ein Bernhardiner. Sie ist vom Autofahren müde und muss sich ausruhen, ich sehe es ein.

Ich hätte einfach ein anderes Hotel buchen sollen, aber ich hatte mich so auf die Fotos mit dem Pool eingeschossen. Also bleibt mir nur noch eine Alternative: der Rücksitz des Corollas. Im Schlafanzug, die Bettdecke unterm Arm, stapfe ich über den neonbeleuchteten Flur, vorbei an den anderen Zimmertüren und brummenden Getränkeautomaten. Außer mir scheint in diesem

Motel kein weiterer Gast wach zu sein, was in diesem Moment etwas unheimlich, aber auch gut ist. Es wäre mir peinlich, wenn jemand sehen würde, wie ich mit Schlafanzug und Bettdecke in ein Auto auf dem Parkplatz krabbele. Während ich fluchend auf der Rückbank versuche eine bequeme Position zu finden, was aufgrund meiner Körpergröße bei diesem Auto unmöglich ist, geht Mami mit ihrer Kreditkarte zur Rezeption und bucht ein weiteres Zimmer. Zehn Minuten später klopft sie von außen an die Fensterscheibe.

Als ich brülle: »Lass mich einfach in Ruhe!«, hält sie den neuen Zimmerschlüssel hoch.

Ich schäme mich so.

Meine Mutter hat mich mal wieder vor mir selbst gerettet. Ich bin ihr dankbar und glaube, genau aus dem Grund macht sie das auch. Weil sie weiß, dass ich es ohne ihre Hilfe nicht aus so einem Wutanfall rausschaffe. Aber meine Launen gehen nicht spurlos an ihr vorbei. Das sehe ich am nächsten Morgen beim Frühstück.

Mami sieht müde aus, die Tränensäcke sind geschwollen, ich glaube, sie hat geweint. Sie lässt mich wissen, dass es ihr schlecht geht: Der Ausdruck in ihrem Gesicht ist so, als hätte ich sie belogen oder geschlagen. Dabei habe ich nur gesagt, dass sie schnarcht, und das war ein Fakt.

»Ich bekomme einen Herzinfarkt, wenn du so weitermachst«, sagt sie.

Das hat sie früher schon zu mir gesagt, als ich ein Teenager war und nachts zu spät nach Hause gekommen bin, unter anderem in der Nacht vom 1. Mai, in der ich erst kam, als die anderen Familien in der Nachbarschaft bereits beim Frühstück saßen. Über das Argument mit dem Herzinfarkt habe ich damals gelacht. Für mich war es eine mütterliche Übertreibung, die mir ihre Sorge bewusst machen sollte. Wenn sie das heute sagt, bekomme ich wirklich Angst um sie. Andererseits ist sie auf dem Weg nach San Francisco, zu einem Blind Date mit ihrem Ex-Freund, den sie das letzte Mal vor über fünfzig Jahren gesehen hat. Ich bin mir inzwischen ziemlich sicher, dass es den beiden dabei auch um Sex geht, was ich anfangs absurd fand, aber inzwischen habe ich verstanden, dass Sexualität für ältere Frauen durchaus noch eine Rolle spielen kann. Auf der anderen Seite ist meine Mutter so zerbrechlich, mit ihren dünnen Haaren, ihren Hüftschmerzen, ihrer Vergesslichkeit, der rauen Haut an den Händen und den blauen Flecken an den Armen, die entstehen, sobald sie sich an einer Türklinke stößt, und die dann wochenlang nicht verblassen.

Ich stehe auf meiner Seite des Tisches auf, gehe zu ihr rüber und hocke mich vor sie.

»Es tut mir leid, Mami. Ehrlich. Ich verspreche dir, dass ich nicht mehr so ausraste. Verzeih mir bitte.«

»Es geht nicht darum, dass ich dir nicht verzeihe. Ich halte das nicht mehr aus. Es geht nicht mehr, ich bin zu alt. Du kannst nicht wie eine Axt im Walde um dich schlagen und dich darauf verlassen, dass ich immer hinter dir aufräume.«

»Okay«, sage ich und nehme ihre Hand.

Es tut mir wirklich leid. Und ich habe verstanden, was sie gesagt hat. Ich verstehe jetzt so vieles. Mutter sein bedeutet nicht nur schwanger zu werden und ein süßes Baby im Arm zu halten. Mutter sein bedeutet vor allem zurückstecken, sich immer wieder auf neue Situationen einstellen und dabei versöhnlich bleiben. Es bedeutet, einen Menschen einen Großteil seines Lebens zu begleiten und dabei sicherzustellen, dass dieser Mensch weiß, auch wenn er richtig Mist baut, ist da jemand, der ihn trotzdem in den Arm nimmt. Manche Menschen können nicht so großzügig sein, weder mit sich selbst noch mit anderen. Und genau deshalb ist das Konzept von Familie so wichtig: Weil es bedeutet, dass es einen Platz gibt, wo man immer hingehört.

Wir checken aus dem Motel in Carmel aus, ich lade die Koffer ins Auto und schlage die Landkarte mit dem Weg nach San Francisco auf. Von hier sind es noch mal ungefähr zweieinhalb Stunden Fahrt.

Obwohl wir David in San Francisco treffen, will meine Mutter unbedingt über Half Moon Bay fahren, um schon mal zu sehen, wo er wohnt. Sie schaut immer noch leidend.

Ich falte die Karte wieder zusammen und frage: »Kannst du jetzt überhaupt fahren, oder willst du dich am Pool auf einer Liege noch mal hinlegen, und ich bringe dir eine Coke light?«

»Ich leg mich doch jetzt nicht am Pool hin«, sagt sie.

»Willst du denn überhaupt noch hinfahren?«

»Ich weiß es nicht. Gerade ist mir nicht danach zumute.«

»Warum das denn?«

Ich weiß nicht, ob sie es ernst meint oder mir ein schlechtes Gewissen wegen meines Ausrasters machen will.

»Weil die Nacht so schlimm war. Ich habe Kopfschmerzen.«

»Ich kann nur wiederholen, was ich schon gesagt habe: Es tut mir leid, Mama. Und falls du dir immer noch Sorgen machst, dass David dich nicht schön finden könnte – er kann froh sein, dass du diesen weiten Weg auf dich nimmst, um ihn zu treffen. Du bist die tollste Frau, die ich kenne. Ehrlich.«

Ich schaue sie an und könnte losheulen. Die Nacht war wirklich beschissen, und es tut mir ehrlich leid, dass ich sie so angebrüllt habe. Aber meine Wutanfälle sind auch für mich anstrengend.

Meine Mutter starrt aus dem Fenster und ich in meinen Schoß.

Dann schnallt sie sich an, greift mit der linken Hand zum Lenkrad und dreht mit der rechten den Zündschlüssel um.

»Bin ich *amazing*?«, fragt sie mich.

»Absolut *amazing*«, antworte ich lachend.

Wir umarmen uns, und ich versuche ihr dabei Wärme und Zuversicht zu geben, damit sie sich traut, diesen Weg zu gehen. Dasselbe hat sie jahrelang bei mir gemacht.

Als wir durch Half Moon Bay und das Örtchen Princeton-by-the-Sea fahren, ist von David natürlich keine Spur. Aber meine Mutter sieht sich trotzdem die gesamte Gegend genau an.

»Aha, hier ist der Hafen, hier sind die Geschäfte … Und sieh mal, die vielen Fischerboote … Das Fischrestaurant sieht ja nett aus. Heute gibt es frische Krebse!«

»Liest du mir jetzt jedes Schild hier vor?«

»Ich schaue mir nur an, wo David sich so rumtreibt.«

»Du schaust dir an, wohin er dich ausführen könnte, stimmt's?«

Ich weiß nicht, wie realistisch es ist, dass David und meine Mutter sich nach ihrem ersten Date noch mal wiedersehen. Vielleicht belässt er es bei diesem einen Treffen und fährt dann hierhin zurück: in diese atemberaubend schöne Bucht, die tatsächlich die Form eines Halbmondes hat.

Wir folgen dem Schild nach Mavericks Beach und legen eine Pause an dem berühmten Strand mit den Riesenwellen ein. Von den Klippen aus genießt man wieder einen tollen Blick aufs Meer, aber auch über die Bucht und den kleinen Strand, der direkt darunter liegt. Heute sind nur wenige Surfer im Wasser, das Meer sieht harmlos aus, dabei sind hier schon mehrere Menschen ertrunken. Benannt wurde der Strand nach einem Deutschen Schäferhund, der einem der Surfer gehörte, die sich Ende der Sechzigerjahre zum ersten Mal hier ins Wasser wagten. Ich finde es schön, hier zu sein, der Ort hat eine besondere Energie, die anziehend wirkt, auch wenn man kein Brett unter dem Arm trägt. Mir gefällt die Idee, dass Menschen aus der ganzen Welt hierherkommen, um ihre Ängste zu überwinden. Sie wachsen über sich hinaus und versuchen etwas zu schaffen, von dem sie lange geträumt und auf das sie hingearbeitet haben. Selbst wenn sie den Ritt nicht schaffen und alle sehen, wie sie kopfüber ins Wasser stürzen, bekommen sie Anerkennung dafür, dass sie sich da rausgewagt haben. Es gibt an diesem Strand keine Gewinner und keine Verlierer. Nur Surfer.

Angekommen in San Francisco, denke ich: *Wow, DAS ist meine Stadt!* Die Stadt gilt als Paris der Ostküste, und als wir hindurchfahren, verstehe ich sofort, warum. Eine Stadt mit Bürgersteigen, gemütlichen Cafés und kleinen Geschäften. Außerdem steht keine andere Stadt so für Wiedergeburt. 1906 und Ende der Achtzigerjahre gab es zwei große Erdbeben und Brände, die alles zerstörten und viele Menschen das Leben kosteten. Der Grund dafür ist der San-Andreas-Graben. Innerhalb der nächsten dreißig Jahre soll sich laut einer Studie des Südkalifornischen Erdbebenzentrums ein weiteres schweres Erdbeben ereignen. Warum baut man dann ausgerechnet hier eine Stadt? Oder sollte die Frage eher lauten: Warum nicht?

Der Himmel strahlt hellblau, ich mag das bergige Auf und Ab und den kräftigen Wind, der durch die Straßen pfeift und dabei die Erinnerungen an die letzte Nacht im Motel wie altes Laub mitnimmt. Endlich habe nicht mehr dauernd diesen gleißenden Sonnenschein im Auge, das spannende Gefühl auf der Stirn und verbrannte Hügel vor der Nase, sondern breite Straßenzüge mit hübschen Häusern und Gehwege zum Spazierengehen. Man kann einfach die Straße hoch- und wieder runterlaufen: Wahnsinn, wie ich dieses in Europa so selbstverständliche Lebensgefühl vermisst habe. Viel Zeit zum Schlendern und Bummeln haben wir heute nicht mehr, aber trotzdem wollen wir vorher ein wenig die Gegend erkunden. Das Treffen mit David ist morgen Mittag. Mein Plan ist es, Mami in das Restaurant zu bringen und dann die Biege zu machen, damit die beiden in ihrer Vergangenheit schwelgen können, ohne mich dabei die ganze Zeit aus Höflichkeit mit einbeziehen zu müssen. Ich bin ja nicht ihre Anstandsdame. Auf der anderen Seite will ich sie nicht alleine lassen, immerhin trifft sie nach fünfzig Jahren das erste Mal ihren Ex-Freund wieder, und keiner weiß, wie das Treffen laufen wird. Sie ahnen beide ja noch nicht mal, wie sie heute wirklich aussehen. Bei dem Gedanken an den Irrsinn dieser Verabredung wird mir schlecht, aber jetzt ist es sowieso zu spät. Und wir verlassen die USA auf keinen Fall mit einem geschwänzten Date als Souvenir.

»Wir ziehen das jetzt durch, Mama«, sage ich und hieve wieder unsere Koffer aus dem Kofferraum. Sie nickt und sieht dabei irgendwie blass aus.

Wir schlafen in einem Bed & Breakfast im Latinoviertel The Mission. Das Lesben- und Schwulenviertel The Castro und das Hippie-Viertel Haight-Ashbury liegen gleich daneben. Von hier aus können wir zu Fuß die ganze Gegend erkunden. Ohne mich wäre Mami nie hier gelandet, sondern hätte ein Zimmer in einer großen Hotelkette gebucht, die sie von früher kennt. Deren Häuser liegen immer in der Nähe von großen Einkaufsstraßen und Konsumtempeln, was nett zum Shoppen ist, aber abends werden die Bordsteine hochgeklappt, und das Viertel ist tot. Das kommt nicht infrage, ich bin ja hier, um etwas vom Leben mitzubekommen, und nicht, um auf verrammelte Rollläden zu schauen. Ich weiß noch, wie Mami früher Zimmer handschriftlich und per Fax gebucht hat. Mir und meinen Online-Angeboten hingegen traut sie überhaupt nicht.

Unser Guest House liegt in der Church Street. Nebenan ist ein Buchladen mit handgeschriebenen Leseempfehlungen, es gibt in der Straße einen Secondhandshop, Schallplatten- und Comicläden, Piercing- und Tattoo-Studios, hübsche Cafés und Coffeeshops. Als Beschreibung stand auf der Website: *Gemütliche Zimmer in eleganter Pension mit kostenlosem Frühstück & Wein am Nachmittag.* Im Dolores Park nebenan treffen sich Einheimische zum Picknicken, Joggen oder einfach nur, um die Schuhe auszuziehen, sich ins Gras zu legen und sich die Sonne ins Gesicht scheinen zu lassen. *Fast wie bei uns*, denke ich. Ich habe sofort auf »Buchen« geklickt.

Von außen ist das Haus in einem zuckrigen Hellblau gestrichen. Innen erschlägt mich der Anblick von dunklen Holzmöbeln, überall stehen Sofas mit dicken Polstern und den passenden Kissen. Ich bin entsetzt. Das ist so gar nicht Instagram-tauglich. *Immer dasselbe bescheuerte Spiel*, denke ich. *Ich kann nicht dauernd meine eigene*

Realität verleugnen. Mein altes Ich wäre umgezogen, in eine Pension, die schöner eingerichtet ist.

Da kannte ich aber den Hausherren noch nicht.

»Wein und Snacks gibt es jeden Tag um halb sechs«, sagt der Mann am Empfang, der sich als Scott vorstellt.

Während er uns über die Buchungsnummer eincheckt, fragt er, woher wir kommen. Er erzählt, dass er aus Key West in Florida stammt, aber jetzt schon seit vielen Jahren in »San Fran« lebt. Scott trägt ein geblümtes Kurzarmhemd, das er bis zum Brustbein aufgeknöpft hat. Zwischen seinen Brusthaaren glitzert eine silberne Kette mit Kreuz.

Meine Mutter stellt ihre Tasche auf dem Tresen ab und beginnt, den gesamten Inhalt vor Scott zu entleeren. Sie sucht wieder ihre Brille.

Wie er denn vom Golf von Mexiko in San Francisco gelandet sei, fragt meine Mutter.

»Wegen einer großen Liebe«, antwortet er.

»So wie ich«, sagt meine Mutter und legt die Hände auf dem Tresen ab.

»Das ist der beste Grund, um nach Kalifornien zu kommen«, entgegnet Scott lächelnd. Meine Mutter lacht laut.

Ich rolle mit den Augen.

Mein Zimmer geht direkt vom Flur ab. Im Treppenhaus hängt ein Ölgemälde von Kaiserin Sisi in einem hellblauen Kleid.

»Sind die Gänseblümchen in ihrem Haar nicht umwerfend niedlich?«, fragt Scott.

»Das sind Haarsterne aus Diamanten«, antwortet meine Mutter. Das ist der Moment, in dem Scott uns als Sisi-Expertinnen in sein Herz schließt.

Da es bereits nach fünf ist, bietet er uns an, dass wir uns kurz frisch machen und dann in der Lobby einen Wein als Willkommensdrink einnehmen. Ich überlege noch, da sagt meine Mutter schon Ja.

»Ich brauche einen Schluck Wein«, sagt sie.

Nach der langen Autofahrt habe ich ebenfalls die entspannende Wirkung des Alkohols nötig. Wir könnten uns draußen auf der Terrasse um einen Springbrunnen setzen, aber wir bleiben lieber in der Nähe des Büfetts. Es gibt einen Rotwein, Grissini und grüne Oliven. Ich schütte zwei Gläser Wein in mich hinein und wundere mich, dass ich davon überhaupt nicht betrunken werde.

Später gehen Mama und ich in ein Fischrestaurant. Die Bilder im Internet sahen gut aus. Meine Mutter hat eine Muschelsuppe aus einer Brotschüssel gegessen und ich einen Salat mit Shrimps. Außerdem teilen wir uns frittierte Sandklaffmuscheln, die ich unfrittiert niemals probiert hätte, weil sie aufgrund eines rüsselartigen Organs aussehen wie Penisse. In Europa wurden Sandklaffmuscheln nur in Notzeiten gegessen. In den USA stehen sie unter harmlosen Namen wie »Soft Shell Clams« oder »Ipswich Clams« auf der Karte und gelten ohne Schale, serviert mit Remoulade und Streichholzkartoffeln, als Delikatesse.

»Augen zu und runter«, sagt Mami und probiert die erste Muschel. Dann presst sie den Saft einer ganzen Zitrone über den Muscheln aus und nimmt einen großen Schluck Bier.

»Es geht«, urteilt sie.

»Mir reicht eine«, sage ich.

»Lass mich jetzt nicht hängen«, fordert meine Mutter und legt ein riesiges Exemplar auf meinen Teller.

»Bei aller Liebe, das kann ich nicht.«

Wir lachen, bis unsere Augen tränen, weil meine Mutter mit jedem Bissen grüner im Gesicht wird.

Anfangs war meine Mutter skeptisch, was meine Hotelbuchung anging, vor allem die Gegend war ihr suspekt, aber jetzt bummelt sie mit mir auf dem Rückweg vom Restaurant zum B&B in meinen Arm eingehakt über die Market Street und saugt wie ich die vielen neuen Eindrücke auf. Die *murals*, die großen Wandgemälde, gefallen ihr besonders. Eines der bekanntesten Gebäude im Mission District ist das Women's Building in der 18. Straße. Es ist ein gemeinnütziges Zentrum, das sich für Selbstbestimmung, Gleichberechtigung und soziale Gerechtigkeit von Frauen einsetzt. Die bunten Wandgemälde an den Außenwänden zeigen über fünf Stockwerke all jene Frauen, die sich für den Weltfrieden eingesetzt haben. Aus dem Stegreif fasse ich Mami die wichtigsten Fakten der Geschichte des Viertels zusammen, die ich parallel auf dem Handy google, während langsam die Farbe in ihrem Gesicht wieder von Grün zu Rosa wechselt. Im benachbarten Haight-Ashbury wurde 1967 der *Summer of Love* gefeiert, der als Höhepunkt der Hippie-Bewegung galt. Die Menschen steckten sich Blumen ins Haar, trugen viktorianische Blusen mit Rüschen und schluckten LSD. Viele junge Leute zog es damals nach Haight-Ashbury.

»David war einer von diesen Hippies«, bemerkt meine Mutter. Sie hat das ja schon mal gesagt, als sie von seiner Einstellung zu Arbeit und Karriere erzählte.

»Hat er auch LSD genommen?«, frage ich sie.

»Wir alle«, erwidert sie beiläufig. »Er saß wegen des Besitzes von Marihuana sogar mal eine Nacht im Knast.«

Meine Güte, denke ich. *Was für einen Typen hat meine Mutter da bloß ausgegraben?*

Nach dem Spaziergang bin ich reif fürs Bett. Dieses Mal haben wir wieder getrennte Zimmer. Meine Mutter und ich geben uns auf dem Flur beide erleichtert einen Gutenachtkuss und verabschieden uns bis zum nächsten Morgen.

In meinem kleinen Gemach steht ein riesiges Bett mit einem Kopfteil aus braunem Holz. Auf der Hälfte des Bettes liegen quadratische und rechteckige Kissen in verschiedenen Größen verteilt. Bevor ich unter die Decke schlüpfen kann, muss ich erst diesen Berg Kissen zur Seite räumen, der nun eine Stolperfalle auf dem Boden bildet. Neben dem Bett stehen auf kleinen Nachttischen große Lampen mit breiten versilberten Füßen und weißen Stoffschirmen. Der

Stoff leuchtet vanillegelb, als ich das Licht anschalte. Der Ventilator an der Decke zieht derweil langsam seine Kreise. Die bauschigen Vorhänge bleiben von dem Luftstoß unbeeindruckt.

Das Frühstücksbüfett am nächsten Morgen besteht aus Toast, Bagels und Cornflakes. Scott erklärt einem anderen Gast, dass die Hippie-Bewegung von San Francisco Einfluss auf die ganze Welt gehabt hat, aber das Konzept der freien Liebe lange nicht für alle galt. Bis in die späten Siebzigerjahre standen homosexuelle Handlungen in fast allen Bundesstaaten der USA unter Strafe. In den Badehäusern und Gay Bars in Castro fanden immer wieder Polizeirazzien statt. Schwule und Lesben mussten mit der fristlosen Kündigung ihrer Wohnung oder Jobs rechnen, wenn sie ihre Homosexualität offen auslebten. Früher wurden sie sogar ausgepeitscht oder hingerichtet. Noch 1915 erweiterte Kalifornien seine »Sodomiegesetze« durch Verabschiedung eines Gesetzes, das Homosexuelle brandmarkte, indem es sowohl analen als auch oralen Sex strafbar machte. Den »White Night Riots« ging die Ermordung von Harvey Milk voran, einem demokratischen Bürgerrechtler und dem ersten offen schwulen Politiker der USA. Sein Leben wurde mit Sean Penn in der Hauptrolle verfilmt. Aufgrund der Diskriminierung durch diese »Sodomiegesetze« in den Vereinigten Staaten entstanden später die ersten LGBT-Organisationen. Erst 2003 wurden durch den Gerichtsfall Lawrence v. Texas die Sodomiegesetze auch in den restlichen Bundesstaaten der USA für verfassungswidrig erklärt. Um an diese Geschichte zu erinnern, sind die Zebrastreifen im Bezirk Castro in Regenbogenfarben gestrichen, und überall hängen Regenbogenflaggen an den Fenstersimsen. Ich höre gespannt zu, denn ich wusste das alles nicht, sondern saß in meiner eigenen kleinen Bubble und ließ Befindlichkeiten meinen Blick auf das Leben trüben. Nachdem ich einen Bagel mit Frischkäse und Lachs gegessen habe, schwebt Scott in die Küche und serviert mir einen Teller mit einem süßen Hefeknoten, der nach Zimt duftet.

»Das ist ein Sticky Bun. Den bekommen nur Sisi-Expertinnen«, sagt er. »Natürlich selbst gebacken.«

Das ist genau die richtige Grundlage für den großen Tag. Ich schneide den Plunder in der Hälfte durch und schiebe den Teller zu Mami rüber.

»Hier, Nervennahrung.«

Mami sieht wirklich gut aus. Sie trägt ein gestreiftes Oberteil mit langen Ärmeln, eine braune Lesebrille mit großen runden Gläsern, die sie jünger wirken lässt, und eine schmale dunkelblaue Jeans zu den Hirschledermokassins, die sie nun jeden Tag trägt, deren Vorzüge ich aber inzwischen einsehe. Es gibt wirklich kein anderes Paar Schuhe, in dem sie so gut lange laufen kann.

Nach dem Frühstück machen wir eine Sightseeing- und Shoppingtour durch die Stadt, um Mami abzulenken. Ich habe natürlich einen Kater von dem Willkommensdrink gestern Abend. Wir folgen der California Street, die sich einmal quer durch die ganze Stadt zieht. Die Straßen verlaufen wie ein Schachbrett, verloren gehen kann man hier nicht. Wir sehen uns die viktorianische Häuserzeile Painted Ladies an, rattern mit der berühmten Kabelstraßenbahn die hügeligen Straßen rauf und runter und lassen uns durch Chinatown treiben. Über zwanzig Häuserblocks erstreckt sich das Gebiet, in dem fast ausschließlich Einwohner chinesischer Abstammung leben. In den Schaufenstern hängen braun glasierte Enten oder Schweineohren. Goldene Winkekatzen sollen Glück und Geld in das Viertel bringen. Wir lassen uns treiben. Besonders die Läden für traditionelle chinesische Medizin haben es Mami angetan.

»Sieh mal, das ist eine Fischblase«, ruft sie und zeigt auf einen hautartigen Ballon an der Decke.

Viele Dinge habe ich noch nie in meinem Leben gesehen: exotische Wurzeln, Schoten oder Kräuter, die in großen Gläsern aufbewahrt und für den Verkauf abgewogen werden. In einer Bäckerei gibt es Brötchen mit eingebackenen Enteneiern oder Würstchen, in dem Geschäft daneben gefälschte Designerhandtaschen.

Mittags will Mami sich noch mal kurz hinlegen. Sie sieht abgekämpft aus. Ich rufe uns ein Uber, wieder ein technischer Fortschritt, dem Mami nicht traut. Die ganze Fahrt über fixiert sie den Fahrer im Rückspiegel, damit er uns ja bei Scott und nicht irgendwo anders absetzt.

Der süße Duft von Popcorn, Waffeln und Zuckerwatte zieht durch die Luft. Wir stehen vor dem Restaurant an der Fisherman's Wharf, das David als Treffpunkt vorgeschlagen hat. Er will sich mit uns vor der Tür treffen. Gegenüber trommelt ein Mann einen Rhythmus auf Eimern, immer mehr Passanten schauen sich das Spektakel an. Das Gebäude stammt aus den Fünfzigerjahren und sieht mit seiner umlaufenden Glasfassade und Neonreklame wie ein gestrandetes Kreuzfahrtschiff aus. *Frische Austern und Sardinen aus der Bucht*, lese ich auf der Speisekarte und überlege, ob ich nicht wegen des guten Essens doch bleiben und mich einfach an einen anderen Tisch setzen sollte, während Mami und David ihr Date genießen. Die unzähligen Souvenirläden und Fast-Food-Restaurants drum herum interessieren mich nach dem Spaziergang in Chinatown gar nicht mehr.

Ich nehme ihr die Tasche ab und lasse sie ein paar Schritte vorgehen. In dem Moment, in dem sie sich umdreht, wandelt sich ihr unsicheres Lächeln zu einem selbstbewussten Grinsen.

»David hat gesagt, dass ich das frechste Mädchen bin, das er je kennengelernt hat.«

Ihre müden Augen klaren auf, so als hätte meine Mutter eine Maschine in ihrem Kopf angeschaltet, die wie ein Scheibenwischer von innen die Erschöpfung wegputzt.

»Du schaffst das«, sage ich und streichle ihr über die Schulter. Ich umarme sie noch einmal schnell und spüre, dass ihr Körper zittert. »Er kommt extra deinetwegen heute hierher.«

Mami nickt, so als wäre sie eine Künstlerin mit Lampenfieber, die weiß, dass sie ihren Text auswendig kann, aber kurz vor dem Betreten der Bühne einen Aussetzer hat.

Sie wendet sich von mir ab und geht erst zögerlich, dann fängt sie an, mit den Armen zu schwingen und – ich traue meinen Augen kaum – zu den Trommeltönen von gegenüber mit dem Hintern zu wackeln.

Wir erkennen ihn an einer roten Kappe, hat er am Telefon gesagt. Meine Mutter sucht Blickkontakt mit allen älteren Männern, die ihr alleine auf der Straße entgegenkommen. Keiner trägt eine rote Mütze. Sie sucht David, aber findet ihn nicht. Wir sind auf die Minute pünktlich, aber wie soll sie ohne Brille einen Mann erkennen, den sie das letzte Mal vor fünfzig Jahren gesehen hat? Erkennt man sich da überhaupt noch wieder? Bleiben wir, trotz Falten und hängender Augenlider, unverkennbar wir und damit der Mensch, in den sich andere einst verliebt haben?

Der Typ könnte es sein: Ein weißhaariger Mann mit kariertem Ralph-Lauren-Hemd und Kuli in der Brusttasche steht neben einer Bank. Er hat wie der Bachelor einen Strauß Rosen in der Hand und wartet. Aber er trägt keine rote Kappe auf dem Kopf, auch nicht in der Hand.

Mami läuft an ihm vorbei.

Im selben Moment geht an mir ein Typ vorbei, der aus den Augenwinkeln betrachtet freundlich aussieht. Er hat grau meliertes Haar, eine große Brille mit Gläsern so dick wie die Böden von Marmeladengläsern auf der Nase und trägt ein dunkelblaues T-Shirt mit dem Apple-Logo, eine Jogginghose mit ausgebeulten Knien und schwarze Sneaker. *Das kann er nicht sein*, denke ich. David hat ja weder Handy noch E-Mail und bestimmt auch kein T-Shirt von Apple, und er würde zu einem ersten Date sicherlich keine Jogginghose tragen, auch wenn Mami ihn als Hippie beschrieben hat. Nee, der Typ geht sicher gerade mit seinem Hund spazieren und schaut gleich zu Hause ein Baseballspiel im Fernsehen an.

Mami läuft weiter die Promenade entlang, ich behalte sie im Auge. Es kommen ihr keine Männer mehr entgegen, die alleine unterwegs sind. Sie kehrt um und kommt zu mir. Sie sieht verzweifelt aus. Lässt David das Treffen wirklich platzen?

Wir stehen nebeneinander und starren abwechselnd links und rechts die Promenade runter. War unsere Reise umsonst? Hätte er ein Handy, würde ich jetzt versuchen ihn anzurufen; vielleicht steckt er im Stau oder findet keinen Parkplatz. Vielleicht laufen wir auch die ganze Zeit an ihm vorbei oder er an uns.

Mami sagt: »Ich weiß, dass er kommt«, während ich mir schon eine Strategie überlege, wie ich sie in den nächsten Tagen trösten werde.

Unerwartet fragt hinter uns eine Stimme: »Hi, seid ihr die, die ich suche?«

Die Stimme klingt warm und nett, aber auch ein wenig nervös. Ich mag sie sofort.

Wir drehen uns beide wie zwei Brummkreisel um, und da steht er: der Typ mit der dicken Brille, dem Apple-T-Shirt und der Jogginghose.

»Wo ist deine Kappe?«, fragt meine Mutter.

»O sorry, die habe ich vor lauter Aufregung vergessen.«

»Wir hätten dich fast nicht erkannt!«

David lacht laut und sagt dann zu meiner Mutter, während er sie umarmt: »Ich dich auch nicht!«

Fünfzig Jahre.

Erinnerungen meiner Mutter, 1965

Wahrscheinlich ist mein Mann damals aus gutem Grund in den Krieg gezogen. Wir waren ja erst zwanzig, als wir geheiratet haben. Als er Weihnachten nach Hause kam, sagte ich, dass ich mir die Scheidung wünsche. Ich wollte mir mein Leben nicht noch mal von einem Krieg ruinieren lassen.

Mein neues Apartment lag auf dem Harbour Boulevard in La Habra, auf dem Weg zum College. Es hat im Monat hundert US-Dollar mit Pool- und Sauna-Nutzung gekostet. Das konnte ich mir selber leisten. Für eine Studentin aus Deutschland war das der pure Luxus. In der neuen Wohnung waren auch Einbauschränke, deshalb ging der Umzug schnell.

Ich wusste schon mit sechzehn, dass ich Ärztin werden will. Als Vorbereitung für das Medizinstudium habe ich am College Kurse wie organische Chemie, Mikrobiologie und vergleichende Anatomie der Wirbeltiere belegt. Ich war die einzige Frau. Meine Kommilitonen haben sich einen Spaß gemacht und mir den Penisknochen eines Säbelzahntigers auf den Tisch gelegt.

Der einzige schwarze Student war ein Diplomatensohn. Fullerton war damals ein kleines College. Als Resident konnte ich mir die Gebühren leisten. Große Universitäten wie die UCLA waren für mich unbezahlbar.

MOHN & REGEN – KAPITEL 6

KRISTALLE

Es passiert etwas, das ich ebenfalls noch nie erlebt habe. Dieses Mal ist es nicht meine Mutter, die unsichtbar wird, sondern ich. Und zwar nicht nur für den Mann, der uns gegenübersteht. Sondern auch für meine Mutter. Hat sie sich vorhin noch an meinen Arm geklammert und ist im Bed & Breakfast aufgrund Hüft- und abrupter Fußschmerzen nur schwer alleine die Treppe heruntergekommen, steht sie jetzt mit locker schwingenden Armen vor David, tänzelt hin und her, klatscht vor Freude in die Hände und wirft sich ihm immer wieder in die Arme. In mir flackert ein Gefühl von Wut auf, weil ich mich nicht nur fehl am Platze fühle, sondern mich frage, ob Mami vielleicht ihr ganzes Leben mit uns bereut. So als hätte sie mit uns das falsche Leben geführt, als sei die Beziehung zu meinem Vater zum Scheitern verurteilt gewesen, weil ihre große Liebe ja nicht er, sondern dieser David gewesen war. Diese eine Liebe, die jahrzehntelang für leidenschaftliches Kopfkino vor dem Einschlafen sorgt, weil sie unerfüllt bleibt. Fast jeder weiß, wie sich das anfühlt.

Dann fange ich mich wieder. Was ich hier sehe, ist eine aufrichtige, gänzlich von den Dingen des Lebens unabhängige Liebe, die mich beeindruckt. Alter, Beruf, Herkunft, Vermögen, Fruchtbarkeit spielen keine Rolle mehr. All die Hoffnungen, die Paare ineinander setzen, dass man sich gegenseitig glücklich macht, zerschellen an der blanken Grausamkeit des gemeinsamen Alltags und den Enttäuschungen, die das Leben uns entgegenschmeißt wie dreckige Lappen.

Diese beiden aber haben all das schon hinter sich. Sie haben, wie Mami es formuliert hat, ihr Leben gelebt. Aber das bedeutet, anders als ich dachte, nicht das Ende vom Lied, sondern Raum für echte Zuneigung. Ich kann mich nicht erinnern, wann ich eine Liebe jemals als so pur empfunden habe wie die Liebe zwischen Mami und David.

Fünfzig Jahre und mehr haben sie sich nicht gesehen, und nun stehen sie voreinander, umarmen und küssen sich erst unsicher mit zitternden Bewegungen, dann selbstverständlich immer wieder auf den Mund, die Wangen und die Hände. Ich sehe, wie sie ihn küsst, nach so langer Zeit, in der sie davon geträumt hat, ihn eines Tages wiederzusehen, und auch damit leben musste, dass es vielleicht niemals so sein wird. Wie gut, dass sie sich getraut hat, den ersten Schritt zu machen. Wie mutig von ihr, nicht auf das Schicksal oder einen Zufall zu hoffen, sondern die Sache selbst in die Hand zu nehmen, um eine Antwort auf die allnächtliche Frage zu bekommen: Sehe ich diesen Menschen, den ich damals so geliebt habe, jemals wieder?

Ich betrachte meine Mutter mit anderen Augen, losgelöst von ihrer Rolle gegenüber uns Kindern, sondern als Frau, die begehrt und begehrt werden möchte. Und dann denke ich: *Das ist einfach wow*. Meine Mutter so zu sehen, so locker, so glücklich. All die Schwere, die sie und damit auch mein Leben begleitet hat, scheint sich mit jedem Kuss mehr und mehr aufzulösen. Vor meinen Augen wird wieder gut, was ich lange für kaputt gehalten habe. Das Herz meiner Mutter heilt. Ich fühle mich frei, bin von einem Moment nicht mehr in der Verantwortung, meine Mutter überall mit hinzubegleiten und sie vor allem dabei zu stützen, diese Schwere zu tragen. Was wäre ich für eine Tochter, wenn ich ihr diesen Moment des Glücks nicht gönnen könnte, nachdem sich meine Mutter ein Leben lang den Arsch für uns aufgerissen hat? Und gleichzeitig wächst eine immense Angst in mir: Was, wenn auch das hier eines Tages wieder vorbei ist? Was, wenn das Loch, in das sie dann fällt, wieder so tief ist wie jenes, das uns mein Vater hinterlassen hat?

Ich rufe ein Uber und fahre alleine zurück zum Bed & Breakfast. Ich fühle mich, als wenn ich gerade einen wichtigen Job beendet hätte. Irgendwie habe ich das auch. Meine Aufgabe ist mit der Übergabe meiner Mutter in die Arme von David erledigt. Die beiden sollen nun ihre Zeit genießen und können meinetwegen machen, was sie wollen. Aber was fange ich mit meiner Zeit an? Langeweile bin ich nicht mehr gewohnt. Zu Hause ist jede Minute auf Effizienz ausgelegt. Wenn ich nicht gerade arbeite, räume ich auf. Wenn ich aufgeräumt habe, gehe ich einkaufen. Wenn ich einkaufen war, mache ich Sport, um meine Rückenschmerzen zu lindern oder den Bauch zu straffen. Danach muss ich meine Steuererklärung machen. Wäsche waschen. Aufräumen. Floyds Hemden zur Reinigung bringen. Einen Text überarbeiten. Eine Rechnung schreiben. Steuern zahlen. Neue Themen vorschlagen. Einen Termin in der Kinderwunschklinik machen. Spritzen ins Bauchfett, Blutabnahmen, Ultraschall, Punktion. Essen. Zähneputzen. Schlafen.

Ich sehe mir dabei zu, wie ich die Franklin Street herunterfahre. Das Fenster ist ein Stück heruntergekurbelt. Der Fahrtwind spielt mit den Haaren auf meinem Unterarm. Die Luft ist klar und schmeckt leicht salzig vom Meer. Ich brauchte diese Pause von meinem Leben so sehr wie meine Mutter die Zuneigung eines Mannes. Jetzt freue ich mich richtig darüber, dass ich alleine bin und freihabe. Denn nun habe auch ich endlich die Chance, meine Geschichte neu zu schreiben. Ich muss nur den Stift in die Hand nehmen.

Am nächsten Tag sind Mami und David wieder zusammen unterwegs. Meine Mutter ruft mich lachend auf dem Handy an und sagt, dass sie Dim Sum essen gehen wollen, aber ich glaube, dass sie in Wirklichkeit durch den Hintereingang wieder zurück ins Bed & Breakfast gegangen sind und in ihrem Zimmer herummachen. Er wohnt nämlich jetzt auch bei »uns«. So, wie Mami nachts in dem Motel in Carmel ein weiteres Zimmer gebucht hat, hat sie es auch hier gemacht und sich zusammen mit David in unserem plüschigen Bed & Breakfast in einem größeren Zimmer einquartiert: der Suite. An meine Zimmertür klopft sie nur noch, um aufs Klo zu gehen. Es ist ein wenig so, als wäre ich aus der Clique geflogen.

Mein Iliosakralgelenk ist eingeklemmt. Ich liege auf dem Bauch auf dem Boden meines Zimmers, die Arme nach vorn ausgestreckt. In einem YouTube-Video auf meinem Laptop erklärt ein Physiotherapeut in einem weißen Poloshirt, wie ich mit den Beinen nach links und rechts schwingen soll, damit sich die Blockade löst. Obwohl ich die Übung immer wieder wiederhole, löst sich leider gar nichts.

Als ich mir unten in der Küche Wasser für einen Tee aufsetze und währenddessen Dehnübungen an der Arbeitsplatte mache, komme ich mit Scott ins Gespräch. Er hat die Situation mit mir, meiner Mutter und David durchblickt und ist neugierig, zumal meine Mutter ihm zuvor beim Frühstück zum gefühlt vierten Mal die ganze Kennenlern- und Wiedersehensgeschichte erzählt hat.

»Rate mal, wann wir uns das letzte Mal gesehen haben«, sagte sie und zeigte auf sich und David, woraufhin Scott ihnen ein Glas *Bubbly* – Sekt – zum Frühstück spendierte. Klar, ein Wiedersehen nach über fünfzig Jahren, darauf kann man schon beim Frühstücken anstoßen.

Ich dachte, Scott sei auf neue Details der Turteltauben scharf, aber er wendet sich nun mir zu: »Warum gönnst du dir heute nicht eine Massage? Meine Freundin Opal hat eines der besten Studios der Stadt. Sie hat mir schon oft geholfen«, sagt er und zeigt auf seinen Nacken.

Ich mag ihn, er hat eine aufdringliche, aber sehr verbindliche Art, auf mich einzugehen, und würde diesen Geheimtipp sicher nicht allen seinen Gästen geben, im Gegensatz zu einem Tagesausflug nach Alcatraz oder Sausalito. Vielleicht denkt er, dass ich ohne meine

Mutter *lost* bin. Dabei bin ich gar nicht verloren. Ich weiß nur noch nicht, was ich mit meiner freien Zeit anfangen soll. Ich habe das jahrelang nicht gemacht und muss das erst wieder lernen: das Nichtstun. Aber wieder hoch in mein Zimmer gehen, um auf dem Bett zu liegen und noch mehr Ausflugstipps auf Instagram zu speichern, von denen ich aufgrund meiner Rückenschmerzen keinen einzigen wirklich unternehme, ist auch keine Lösung. Mein Blick wandert zur Decke, wo Fruchtfliegen sitzen. Scott lacht mich aufmunternd an. Ich gebe nach.

Er überreicht mir eine Visitenkarte aus naturfarbenem Papier, auf der in beigefarbener Schrift steht: *House of Eden*.

»Der Name klingt etwas witzig«, sage ich zu Scott, aber eigentlich meine ich: *Typ, verarschst du mich?! Das hört sich an wie ein Bordell.*

»Mach dir keine Sorgen, das ist ein anständiges Haus.«

Eine Stunde später betrete ich ein Massage-Studio in Haight-Ashbury, dem Hippie-Viertel, durch das wir am ersten Tag spaziert sind und das sich jetzt schon für mich wie »mein« Viertel anfühlt. Ein krautiger Geruch strömt in meine Nase, der diesen Ort von der Welt draußen vor der Tür trennt. Am Empfang sitzt eine junge Frau mit einem Dutt auf dem Kopf in einer weißen, kurzärmeligen Leinenbluse. Ein brennendes Stück Holz auf dem Tresen verströmt ein samtig-balsamisches Aroma, das mir beinahe die Sinne raubt. Ich sehe, dass man hier auch Kerzen kaufen kann, Schmuckanhänger aus Kristallsteinen und Abalonenschalen, in denen man getrockneten Salbei verbrennt. Mein Blick fällt auf das Massage-Angebot auf einer Natursteintafel an der Wand. *Die Healing Massage beruhigt mit den Heilkräften von Kristallen und reduziert emotionalen Stress,* steht da, als sei es ein Gesetz.

Als Scott für mich im *House of Eden* anrief, habe ich sofort einen Termin bekommen. Die Frau am Telefon sagte ihm, ich solle innerhalb der nächsten Stunden vorbeikommen, und sie werde schauen, was sie für mich tun könne. Beim Verlassen des B&Bs nahm mich Scott noch mal zur Seite und flüsterte mir verschwörerisch zu: »Damit du Bescheid weißt: Opal ist ein Medium. Wenn du ihre Botschaften nicht hören möchtest, dann musst du ihr nur ein Signal geben und sagen, dass du die Massage in Stille genießen möchtest.«

Medium, habe ich innerlich gelacht, so ein Unsinn. Ich möchte einfach gerne mal wieder so richtig schön den Rücken geknetet bekommen, dabei ruckelt sich hoffentlich mein Kreuzbein wieder zurecht. Einen Bedarf an esoterischen Visionen habe ich nicht. Dafür bin ich nicht der Typ, ich glaube nicht mal an Horoskope.

»Du kommst von Scott, richtig? Opal ist gleich bei dir«, sagt die Frau, die hinter der Theke sitzt und anscheinend nebenbei zahlreiche Online-Bestellungen abarbeitet. Neben ihr liegt ein Stapel Pakete.

»Keine Sorge, ich bin freiwillig hier«, sage ich aus Spaß, und das Mädchen nickt.

Ich stöbere weiter durch das Sortiment: Es gibt Sprays für mehr Entspannung, Fokus oder Geld, Kristalle für jedes Sternzeichen, Öle und Heiltees. Die schillernden Abalonenschalen haben es mir angetan. *Die Muschel ist von Natur aus mit dem Ozean verbunden und eignet sich deshalb für jede Art von Reinigungsprozess*, steht auf einem kleinen Schild handschriftlich notiert. *Bei Liebeskummer fordert dich die Abalone dazu auf, nachzugeben und dich treiben zu lassen. Wie Ebbe und Flut wechseln sich deine Gefühle ab und ebnen so den Weg für eine reinigende Freisetzung deiner inneren Spannungen. Alles, was du nicht mehr brauchst, wird dabei weggespült. Die Kraft der Abalone wäscht wie eine Welle über dich hinweg und bringt ein neues Gefühl von Ruhe. Du empfindest Mitgefühl, Sicherheit und Liebe*. Mein Mund steht ein Stück offen, nachdem ich diesen Text gelesen habe. All das kann ein kleines Feuer in einer Muschelschale bewirken? Ein Krümel Meersalz unter dem Salbei soll verhindern, dass ich während meines reinigenden

Rituals ein Loch in die Fünfzig-US-Dollar-Muschel brenne. Die Asche soll ich in der Schale lassen, bis ein kleiner Schutzhaufen entstanden ist. *Ich brauche nicht nur eine Rückenmassage*, denke ich, *ich brauche so einen Schutzhaufen.*

Opal ist sehr groß und sehr schlank. Sie hat lange rote Haare, die sich in den Längen sanft wellen, und leuchtend hellblaue Augen. Ich verstehe jetzt, warum sie Opal heißt. Diese Augenfarbe habe ich noch nie gesehen. Wenn die Augen das Tor zur Seele sind, dann ist Opals Seele so klar wie ein Gebirgsbach. Sie trägt eine Leinenbluse, die den gleichen Schnitt wie die der jungen Frau am Eingang hat, nur dass ihre mit silbernen Metallfäden durchwirkt ist. Sie trägt keinen BH, und durch den zarten Stoff erkennt man ihre Brüste, aber es wirkt nicht aufreizend. Das liegt an ihrer Haltung: Jede ihrer Bewegungen geschieht fließend. Sie läuft nicht, sie tanzt und nimmt mich mit, so, wie ein Tänzer seine Tanzpartnerin auf das Parkett führt. Ich kenne sie nicht, aber ich gebe mich ihr von der ersten Sekunde an hin. Ist es das, was Scott meinte, als er sagte, sie sei ein Medium? Opal führt mich lautlos und barfuß in die hinteren, in Erdfarben gestrichenen Räume. Der Flur ist dezent mit kleinen runden Stehlampen beleuchtet. Wir betreten einen Vorraum, in dem ich meine Tasche und Schuhe ablegen soll.

»Dein Telefon wirst du in den nächsten sechzig Minuten nicht brauchen«, sagt sie zu mir, und ich verstaue das Handy in meinem Rucksack.

»Wir gehen für eine Stunde in deinen inneren Garten.«

Opal öffnet eine weitere Tür zu einem Zimmer mit einem einzigen Fenster, hinter dem sich, wie auf einem Gemälde, ein üppig grüner Palmengarten vor meinen Augen auftut.

»*Amazing*«, hauche ich.

Opal erwidert lachend: »Du bist schon eine Weile in Kalifornien, oder?«

In dem Raum steht eine Liege mit einem Bezug aus dem gleichen

Leinenstoff wie die Bluse von dem Mädchen am Empfang. Darum sind brennende Kerzen dekoriert, in der Ecke steht eine schillernde Amethystdruse, so groß wie ein Weihnachtsbaum. Opal sagt, ich solle nun auch den Rest meiner Kleidung bis auf die Unterhose ablegen und mich dann nackt auf dem Bauch auf die Liege legen. Sie sei in ein paar Minuten zurück. Ich nehme leise Musik wahr, die wie ein Flüstern in mein Ohr dringt. Ich kann die Sprache nicht erkennen, es sind einzelne Laute, entspannte Seufzer. Niemand weiß, dass ich hier bin, und ich merke, wie erleichtert und frei ich mich in diesem Raum fühle, ohne mein Handy als Verlängerung meines Arms, ohne einen Nachweis meiner Identität in meiner Tasche und dem ständig an mir nagenden Gefühl, nicht genug zu leisten. *Allein für diesen Moment des Nichts hat sich der Besuch schon gelohnt*, denke ich. Ich atme ein. Die Zeit steht still, und ich spüre etwas, das mir in den letzten zwei Jahren der Kinderwunschbehandlung abhandengekommen ist. Ich entkleide mich. Es gibt keinen Spiegel, in dem ich mich betrachten kann, und doch nehme ich etwas von Kopf bis Fuß wahr: mich. Meine Haut, meine Haare, meine Leberflecken und meine Narben am Bauch von der Myom-OP, mein Alter und meinen Schmerz.

Die Liege ist stabil und bequem, als ich mich darauflege. Sie ist beheizt. Gleichzeitig kühlt der Leinenbezug das Stechen in meiner Brust, das mich schon so lange begleitet, dass ich glaubte, damit für immer leben zu müssen.

Opal kommt zurück in den Raum und beginnt mich mit einem Tuch und lauwarmem Wasser, das nach Lavendel duftet, zu waschen: Beine, Rücken, Nacken, Arme, Hände und Füße. Es ist mir anfangs unangenehm, doch sie erledigt dieses Ritual mit solcher Hingabe, ist so liebevoll zu meinem Körper, dass ich es geschehen lasse, ohne meine Gefühle zu bewerten.

»Du kannst lockerlassen«, sagt sie leise und hebt meinen Arm.

»Ich bin Deutsche, ich kann nicht lockerlassen«, antworte ich, und sie lacht laut auf, was mir diese Massage nur noch angenehmer macht, weil alles erlaubt zu sein scheint. Auch ein Witz.

Dann beginnt es. Opal erklärt mir ihre selbst entwickelte Heilmethode, die Elemente von Handauflegen, Chiropraktik und verschiedener Massagen enthält und Energieblockaden aus meinen Chakren lösen soll. Meine Selbstheilungskräfte würden angeregt und ich könne wieder mein volles Potenzial ausschöpfen.

Ich murmele ein »Okay« und bin mir sicher, dass ich diese Massage nicht nur still genießen will. Jetzt will ich wissen, was Opal draufhat.

Ihre kräftigen Hände walken meine Muskelstränge, ihre langen Finger streichen jede Faser meiner Haut und des Gewebes durch. An meinen Schulterblättern, am Nacken und den Oberschenkeln drücken ihre Fingerkuppen auf meine Triggerpunkte, dauerhaft verhärtete Muskelfasern, die sich durch jahrelange Fehlstellungen oder Bewegungsmangel verkrampft haben. *Überall kleine Knubbel, so wie die Misteln an einem Baum*, denke ich.

»Ich helfe dir, diese Unsicherheiten loszuwerden«, sagt Opal. »Umarme das Brennen«, rät sie, nachdem ich leise aufschrie, weil ich das Gefühl hatte, meine Nackenmuskulatur bestünde aus Stahlseilen, die sie mit den Fingern durchschneidet.

Sie legt Steine auf meinem Rücken entlang meiner Wirbelsäule und auf den Lenden ab. Die Steine sind anfangs kühl, dann spüre ich sie nicht mehr. Ich befinde mich in einem angenehmen Dämmerzustand, als Opal beginnt, melodisch mit mir zu sprechen.

»Gut, dass du zu mir gekommen bist. Wenn wir darauf warten, dass sich jemand anderes darum kümmert, dass es uns gut geht, werden wir lange warten müssen«, sagt sie.

Ich brumme zustimmend. Anscheinend war das die Eintrittskarte für die Medium-Vorstellung.

Sie streicht weiter meine Muskeln vom Nacken über die Schultern bis zu den Unterarmen aus. Ich habe das Gefühl, dass das Leben und die Hoffnung in mich zurückkehren.

Dann fragt sie mich leise: »Gehst du zu den Dingen, oder müssen die Dinge zu dir kommen?«

Ich liege da, wage es nicht, die Augen zu öffnen, aber denke: Die Frau hat gerade das größte Rätsel der Menschheit gelöst.

Ich erzähle einer fremden und gleichzeitig mir doch in nur wenigen Minuten vertrauten Frau von meinem Dauerstress im Job und dem Gefühl, dass alles, was ich tue, zu keinem zufriedenstellenden Ergebnis führt. Ich erzähle, dass ich auf natürliche Weise kein Kind bekommen kann, mich deswegen vom Schicksal und der Emanzipation gleichermaßen betrogen fühle und Angst habe, die nächste Entscheidung zu treffen, weil ich nicht schon wieder einen Fehler begehen will. In den vergangenen Monaten kreiste alles um die Hoffnung, endlich schwanger zu werden. Ohne ein eigenes Kind erscheint mir das Leben sinnlos, fasse ich den Status quo zusammen. Ich gebe zu, dass ich keinen Plan habe, wie es weitergeht, und mein Mann zu Recht genervt von mir war, bevor ich abgereist bin. Die Lust zwischen uns hat nachgelassen. Wir haben nicht mal mehr gekuschelt. Ich erzähle ihr, dass sich mein Vater das Leben genommen hat und dass ich glaube, deswegen unvollständig zu sein, weil ich diesen Teil in meinem Wesen nicht lesen kann, bei anderen aber sehe, wie prägend er sein kann. Ich erzähle ihr all das, weil sie auch eine Frau ist und genau weiß, wovon ich spreche.

»Der Stein auf deinem Rücken ist jetzt ganz heiß«, bemerkt Opal.

Sie erklärt mir, dass nun all die negative Energie in diesen Stein übergeht und ich mich danach besser fühlen werde.

»So einfach geht das?«, frage ich sie.

»Du hast schon lange daran gearbeitet, dass es dir wieder besser geht«, sagt Opal. »Dein Vater spielt in deinem Leben keine Rolle mehr, er ist im Frieden. Richte weiter den Fokus auf dich selbst und auf die Dinge, die du selbst in der Hand hast.«

Donnerwetter, denke ich. *Scott hat nicht zu viel versprochen.*

»Jetzt gleich erzählst du mir bestimmt was über den rückläufigen Merkur, wetten?«, frage ich Opal.

Sie lacht wieder laut. Das ist der einzige Eso-Fachbegriff, den ich kenne. Meine Freundinnen, die an Astrologie und Sternzeichen glauben, schieben alle negativen Ereignisse auf den rückläufigen Merkur: Strafzettel an der Windschutzscheibe, Sand im Feldsalat und eine verregnete Hochzeit. An allem hat der blöde Merkur Schuld.

»Rückläufige Planeten sind oft der Buhmann, das stimmt. Aber Merkur bietet dir vielmehr eine Möglichkeit, in dich selbst zu schauen und Bilanz über dein Leben zu ziehen. Es gibt übrigens auch eine rückläufige Venus. Sie gibt dir die Chance, dein Selbstwertgefühl neu auszurichten und deine Beziehungen zu verbessern. So gesehen ist etwas Negatives also immer auch der Anlass für eine positive Veränderung.«

Ich liege da und bin vollkommen baff. Zum einen, mit welchem Selbstverständnis Opal diesen Humbug erzählt. Und zum anderen, dass sie damit Geld verdient. Oder ist das vielleicht alles gar kein Humbug und ein Teil davon könnte auch für mich funktionieren? Es ist eine Chance, die ich besser nicht ungenutzt lassen sollte, finde ich.

Nach sechzig Minuten ist der Steinezauber vorbei, und das Medium beendet seine Massage mit drei kräftigen Klapsen auf meinen Rücken. Opal zieht noch mal alle meine Finger- und Zehenglieder lang. Dann legt sie für einen kurzen, aber dennoch intensiven Moment beide Handflächen auf meinen Rücken und presst sie in mein Fleisch, auf die Stelle, auf der dieser heiße Stein lag. Zum Abschied streichelt sie meinen Fuß, so wie die Frauenärztin damals. Als ich von der Liege aufstehe, sehe ich auf einem Beistelltisch einen schwarzen Basaltstein und einen Bergkristall.

»Er wird deine Sicht erhellen«, sagt Opal und drückt mir den Kristall in die Hand.

Ich ziehe mich wie in Trance an und spüre nach wie vor einen warmen Punkt auf dem Rücken, so als läge der Stein noch immer auf dieser Stelle. Ich ärgere mich, dass ich diese Medium-Nummer von Anfang an nicht ernst genommen habe, denn jetzt schießen mir so viele Fragen durch den Kopf, von denen ich zu gerne wüsste, was mein neuer Guru darüber denkt. Zum Beispiel: Wie führe ich ein erfülltes Leben? Wie bekommt es mehr Substanz, und wie finde ich endlich mehr Orientierung?

Und die für mich wichtigste: »Wie kann ich die Spannungen in meiner Beziehung beseitigen?«, frage ich sie, als sie schon mit einem Fuß zur Tür raus ist.

Sie lächelt, tänzelt in den Raum zurück und lehnt sich gegen die Tür. Opal legt ihre Handflächen wie ein buddhistischer Mönch vor der Brust aneinander.

»Indem du die Beziehung als das siehst, was sie ist. Nicht als das, was du dir von ihr erhoffst.«

Sie zeigt mir eine Übung, wie ich mein Herz öffnen kann. Gerade stehen, die Arme zur Seite ausstrecken und die Schulterblätter hinten im Rücken zusammenpressen. In meiner Brust macht es laut *knack*.

Wir treffen uns vorne am Tresen wieder, wo bereits die nächste Kundin auf Opal wartet.

»Ich habe noch etwas für dich.«

Sie nimmt mir den Kristall ab und legt ein Armband aus Kristallperlen auf die Theke. Es kostet fünfundachtzig US-Dollar und ist ein Accessoire, das ich normalerweise niemals tragen würde, aber nach dieser Massage könnte mir Opal vermutlich ihr gesamtes Sortiment inklusive Lagerbestand verkaufen.

»Ich gebe dir etwas für deine Zukunft mit«, sagt Opal und scannt das Preisschild des Armbandes ein. »Es ist ein Mantra: Negative Gedanken dürfen sein, aber ich gebe ihnen keine Macht. Weder über meine Gefühle noch über mein Handeln.«

Sie legt die Abalone mit einem Salbeistrauß dazu, ich nicke, und sie scannt auch deren Preise ein.

»Du kannst dieses Ritual des Verbrennens nutzen, um dich wieder mit deinen Gefühlen zu verbinden.«

Opals Kollegin und die andere Frau nicken zustimmend, so als wüssten sie genau, was mein Problem ist. Es fühlt sich an, als hätte ich neue Freundinnen gefunden.

Ich reiche meine Kreditkarte über den Tresen und zahle für die Massage, die Abalone und das Armband dreihundertfünfzig US-Dollar, die ich gar nicht auf dem Konto habe.

»Du wirst es gut machen«, sagt Opal und umarmt mich.

Dann schwebe ich aus dem Laden.

Abends treffe ich Mami im Bed & Breakfast wieder. Ich liege auf dem Bett, als sie klopft und hereinschleicht, so als wäre sie ein Teenager, der zu spät nach Hause kommt und Angst vor der Schelte seiner Eltern hat. Ihr Haar sieht verwuschelt aus, ich denke, sie hat den Großteil des Tages in Davids Armen gelegen. Vielleicht war es auch nur der Wind. Sie erzählt, dass sie noch mal in Chinatown waren und Dim Sum gegessen haben, warum wir das nicht auch gemacht hätten, da hätte ich wirklich was verpasst. Dann haben sie in einem kleinen Café einen Espresso getrunken und Plundergebäck gegessen, erzählt Mami. David habe ihr noch die Four Seasons Houses in der Waller Street gezeigt, die mit ihren verzierten Vorderseiten jeweils eine Jahreszeit repräsentierten. Die seien noch schöner als berühmten Painted Ladies. Sie haben viel erzählt und noch mehr gelacht.

David, den sie jetzt »mein Davidlein« nennt, ist trotz seiner unheilbaren Krankheit ziemlich fit, was meine Mutter anzustecken scheint. Er ist zwar schnell müde, achtet aber auf eine gesunde Ernährung und isst viel Gemüse und Fisch statt Fleisch. *Anders als meine Mutter, die ihm zu ihrem Wiedersehen Frikadellen mitbringen wollte und die, wann immer sie eine Metzgerei betritt, in einen Kaufrausch verfällt*, denke ich. Nach dem Essen sind die beiden in eine Drogerie gegangen, wo er ihr spezielle Vitamintabletten für Senioren gekauft hat. Sie stellt die Packung auf den Nachttisch neben die Flasche Wasser.

Wie niedlich sie ist, denke ich. Man sieht meiner Mutter die Verliebtheit an. Ihr Gesicht wirkt so lebendig, sie bekommt beinahe kindliche Züge. Die Mundwinkel zeigen nach oben, und sie versprüht, ohne etwas zu sagen, alleine durch ihre aufrechte Körperhaltung diese ansteckende Lockerheit, die jemand hat, der gerade eine gute Nachricht erhalten hat. Jede Zelle ihres Körpers ruft mir zu: »Das Leben ist schön!« Ich habe meine Mutter noch nie so gesehen. Mir wird klar, was ihr in all den Jahren, seit mein Vater gestorben ist und sie keinen Partner auf Augenhöhe hatte, gefehlt hat. Genau das: die Bestätigung und Sicherheit, dass da jemand ist, der genauso viel Platz in seinem Herzen für sie hat wie sie für ihn.

Der Mensch ist ein soziales Wesen und sucht Nähe. Aber gerade die, die alleine sind und die Liebe am nötigsten haben und danach suchen, die trifft es nicht. Mit der Liebe ist es wie mit dem Glück: Wenn man versucht, sie einzufangen, läuft sie davon.

So viele Jahre lang war meine Mutter deshalb alleine. Und nun hat es sie wieder erwischt. Wenn Liebe da ist, funktioniert sie, ohne dass man sich verstellen oder groß anstrengen muss, damit sie bleibt. Wenn man zu seinen Gefühlen steht, dann stellt die Liebe alles andere in den Schatten.

»Und?«, fragt sie mich.

»Was und?«, frage ich zurück.

»Willst du nicht wissen, ob wir Sex hatten?«

Ich muss lachen.

»Nein, Mama. Das will ich nicht wissen.«

»Wir hatten aber Sex.«

»Nun, dann freue ich mich für dich«, sage ich verlegen. Was soll ich darauf sonst antworten?

»Du kannst immer noch nicht ertragen, dass deine Mutter ein sexuelles Wesen ist«, bemerkt sie lachend.

»Mama, du bist siebenundsiebzig!«

Ich schwanke zwischen Neugier, Verwunderung und dem Eingeständnis, dass es meiner Mutter natürlich auch mit über siebzig zusteht, Sex zu haben.

»Geht das denn überhaupt noch in eurem Alter?«

Meine Mutter lacht und sagt: »Und wie!«

Morgen will meine Mutter mit David zu ihm nach Hause fahren. Er muss seine Stromrechnung bezahlen, erklärt sie mir.

»Hat er keinen Dauerauftrag?«, frage ich.

»Er zahlt die Rechnung jeden Monat per Scheck in seiner Bank.«

Ich verdrehe die Augen. Da er in Princeton-by-the-Sea wohnt, wird das ein Tagesausflug werden, sagt sie. Vielleicht bleibt sie über Nacht. Ich ahne, dass ich sie in den nächsten Tagen gar nicht mehr zu Gesicht bekomme.

»Kommst du mit?«, fragt sie mich.

»Ich brauche Zeit für mich«, antworte ich so selbstsicher, dass sie kein schlechtes Gewissen haben braucht.

Sie ist es gewohnt, überall ihre Kinder mit hinzuschleppen, weil wir früher noch klein waren, aber inzwischen gehe ich auf die vierzig zu.

»Was willst du denn ohne mich machen?«, fragt sie doch etwas irritiert. Hatte sie nicht auf diese Antwort gehofft?

»Ich fahre in die Muir Woods«, sage ich kurz entschlossen.

Obwohl ich das gar nicht geplant habe, aber mein Blick fällt auf das Reisemagazin auf dem Nachttisch, das dem B&B gehört, mit einem Bild des Mammutbaums auf dem Titel, und ich beschließe in diesem Moment einfach, dass ich da hinfahre und wandern gehe.

»Alleine?«

»Ich muss auch etwas finden, was mich heilt, Mami. Ich will meine Geschichte so wie du neu schreiben. Das nächste Kapitel in meinem Leben muss mehr Sinn ergeben als das von Anfang bis Ende dreißig.«

Das klingt so geschwollen, als würde irgendjemand so mit seiner Mutter reden. Aber ich bin nicht nach Kalifornien gekommen, um Abstand von meiner mauen Jobperspektive als selbstständige Schreiberin zu gewinnen oder mir eine Pause von der Kinderwunschbehandlung zu gönnen. Sondern um herauszufinden, was ich überhaupt als Glück empfinde.

Erinnerungen meiner Mutter, 1967

Als ich in Los Angeles ankam, wirkten die Menschen auf mich wie Hinterwäldler. Ich dagegen kam aus Europa und war für die Amerikaner eine von weit her gereiste Exotin.

Wir lernten uns in einem Kurs für Mikrobiologie am Fullerton College kennen. David wurde in Dutch Pennsylvania geboren und kannte deshalb deutsche Begriffe wie »schleppen«, was ich witzig fand. Als Teenager ist er nach Kalifornien gezogen, weil sein Vater Professor für Wirtschaft am Fullerton College war.

Anfangs war David zögerlich, weil er Angst hatte, dass mein Ex-Mann eines Tages mit einer Knarre in der Hand vor ihm steht. Er war total unerfahren. Ich war seine erste Frau.

Im Unterricht sollten wir Bakterienstämme auf einer Agarplatte züchten, haben aber nicht viel aufgepasst, sondern stattdessen miteinander geflirtet. David bekam eine schlechte Note, was er nicht gewohnt war.

Ich schämte mich, als in Geschichte die Naziverbrechen drankamen. Als Bilder von den Konzentrations- und Vernichtungslagern in Buchenwald, Auschwitz und Treblinka gezeigt wurden, verließ ich den Raum.

Sechs Millionen ermordete Juden, dazu Abertausende ermordete Kommunisten, Systemkritiker, Homosexuelle, geistig Behinderte oder von den

Nazis als »Ballastexistenzen« beschimpfte Menschen wie Obdachlose, Bettler, Prostituierte oder Wanderarbeiter – sie alle wurden systematisch ermordet. Und davon will die deutsche Bevölkerung nichts mitbekommen haben? Ich konnte es kaum aushalten. Meine Kommilitonen am College sagten: »Aber es war doch nicht deine Schuld.«

Nachts arbeitete ich weiterhin im Krankenhaus. Wenn ich freihatte, stieg ich mit David in sein Auto. Er fuhr einen roten Flitzer mit offenem Verdeck, der noch nicht abbezahlt war. Wir hörten Beatles oder Rolling Stones und fuhren in die Wüste.

David wäre gerne Autoverkäufer geworden, aber sein Vater wünschte sich etwas anderes für ihn. Wir beendeten unsere Beziehung, als er einen Studienplatz für Zahnmedizin an der University of California Los Angeles (UCLA) bekam.

Die UCLA ist die drittälteste Uni der USA und gilt als eine der renommiertesten Ausbildungsstätten der Welt. Viele Nobelpreisträger haben hier studiert. Ich wollte unbedingt auch Ärztin werden, schaffte es aber nicht, die Studiengebühren alleine zu verdienen. Außerdem vermisste ich Deutschland. Dreihundertfünfundsechzig Tage Sonne im Jahr. Das hielt ich nicht länger aus.

Ich wollte und musste nach Deutschland zurück. Ich habe meinem ehemaligen Professor, der für die Studienplätze zuständig war, angeschrieben. Er hat mir unbürokratisch meinen Studienplatz zurückgegeben. Als ich zurückkam, hörte ich das erste Mal vom »Numerus clausus«. Ein Jahr später hätte ich meinen Studienplatz nicht mehr einfach so zurückbekommen.

Ich bin mit einem Koffer mit Kleidung in Beige und Marineblau nach Kalifornien gekommen und in einem apfelgrünen Kleid und mit zehn Kilo mehr auf den Hüften gefahren.

Die »Bremen« war damals der modernste Schnelldampfer der Welt. Die Transatlantikstrecke zwischen New York und Bremerhaven hieß das »Blaue Band«. Eine Woche lang teilte ich mir die Kajüte mit einer fremden Frau und heulte die ganze Zeit.

MOHN & REGEN – KAPITEL 7

WÄLDER

Als ich morgens das Bed & Breakfast verlasse, sehe ich wie eine Wanderin auf dem Weg zum Eifelsteig aus: Ich trage eine dunkelblaue Jeans – ein aus Bayern stammender Stoffhändler erfand die robuste Hose eigentlich als Arbeitskleidung für Goldgräber in San Francisco –, ein rot-blau kariertes Hemd, braune Schnürstiefel und einen Outdoor-Rucksack auf dem Rücken, in dem meine Fleecejacke aus Carmel verstaut ist. In den Muir Woods kann es kühl werden, stand im Reiseführer. Außerdem habe ich einen Liter Wasser, einen Pfirsich, zwei Feige-Nuss-Riegel, Mückenspray und einen Miniverbandskasten dabei. Scott hat mir ein paar seiner selbst gebackenen Snickerdoodles in einer grünen Tupperbox mitgegeben. *Ohnmachtshappen*, hat er sie genannt. Ich fühle mich, als würde ich zu einer Expedition in die Wildnis aufbrechen.

Meine vom Duschen noch feuchten Haare sind zu einem strammen Zopf geflochten, um den Hals habe ich ein dreieckiges Tuch gebunden. Ich trage kein Make-up, bis auf Concealer in unter den Augen. Meine Fingernägel habe ich ganz kurz geschnitten und die Ecken gerade gefeilt. Die Wolken über mir sind rosa-blau. Ich bin mir sicher: Heute wird ein guter Tag.

»Ich habe mich immer gefragt, wie mein Leben aussehen soll: mit einem Haufen Kinder und einem Ferrari in der Garage auf einer Insel leben oder mit zwei Kindern in einer Doppelhaushälfte und einem Golden Retriever in meiner Heimatstadt«, gestand ich Scott gestern nach dem dritten Chardonnay. Wir waren uns nach meinem Besuch bei Opal zufällig wieder in der Küche begegnet, und er schenkte mir immer wieder Wein nach, während ich von meiner Massage berichtete.

Er selbst trank nichts, sondern widmete sich seinen neuen Keks-Kreationen. Scott hatte mit Familienplanung anscheinend gar nichts am Hut, vielleicht wollte er mich aber auch einfach nur ablenken. Er erzählte mir, für ihn sei das Keksebacken nicht nur Keksebacken, sondern schöpferisches Tun.

»Abends stelle ich die Zutaten für meine Snickerdoodles für den nächsten Morgen zusammen. Wie viele Kekse ich backe, ist egal. Hauptsache ist, ich backe. Das macht mich glücklich«, sagte er und kramte nebenher in den Schränken.

»Was brauchst du, um glücklich zu sein?«, fragte er mich dann.

Mein Ideal waren Blaupausen anderer Menschen, gesellschaftliche Vorgaben oder Klischees, die mir in so vielen Wiederholungen vorgelebt wurden, dass ich dachte, sie wären auch mein Traum. Dabei habe ich so viel Zeit verloren.

Deshalb machte ich jetzt das, was man im Urlaub macht: die Seele baumeln lassen, um zu schauen, was am anderen Ende für ein Mensch dranhängt.

Ich steige alleine in den Mietwagen, möchte schnell den Schlüssel umdrehen und einfach starten. Dann halte ich inne und lege den Kopf auf das Lenkrad. *Was mache ich hier?* Ich komme mir armselig und mutig zugleich vor: *Ich fahre alleine wandern. O Mann, echt jetzt?*

Der Tag bekommt ein großes Kapitel in meinem neuen Dankbarkeitstagebuch. Angeblich kann man sein Gehirn umprogrammieren, indem man jeden Abend die positiven Erlebnisse des Tages aufschreibt, und seien es noch so kleine Nebensächlichkeiten wie ein guter Kaffee, ein Schmetterling auf dem Balkon oder eine Mittagspause in der warmen Sonne. Das Gehirn konzentriert sich dann auf das, was da ist, und nicht auf das, was fehlt. Denn das Gehirn ist von

Natur aus darauf ausgelegt, Probleme zu erkennen und zu lösen. Genau das ist mein Problem: dass ich nur die Probleme sehe, aber keine Lösung finde. Eigentlich ist das Dankbarkeitstagebuch mein Kalender, den ich zu Hause am Schreibtisch jeden Tag mit meinen To-dos gefüllt habe, bis kein Platz mehr auf den Seiten war. Bis auf das Datum für den Rückflug nach Deutschland stehen keine weiteren Termine mehr auf den linierten Seiten. Früher hätte ich diese Leere als bedrohlich empfunden und mein ganzes Leben infrage gestellt. Keine Jobs, keine Events, keine Lunch Dates – ojemine, das war's. Jetzt merke ich, dass ich überhaupt ein Leben habe. Sieben Tage die Woche: Womit will ich sie füllen außer mit Arbeit, Sport und der Kinderwunschbehandlung? Auf jeden Fall habe ich die Schnauze voll von Computerbildschirmen und Zehn-Stunden-Arbeitstagen.

Mein Ziel liegt rund vierzig Minuten Fahrt von San Francisco entfernt und öffnet um acht Uhr morgens seine Tore: das Naturschutzreservat Muir Woods, an einem Bachlauf am Fuße des Mount Tam gelegen, berühmt für seine Redwood-Riesen. Der Park wurde nach dem Forscher und Naturschützer John Muir, dem Vater der Nationalparks, benannt. Früher gab es solche riesigen Bäume hier überall, aber das Holz wurde zum Bau der viktorianischen Stadthäuser gebraucht, weshalb sie mehr und mehr verschwanden.

Ich bin zu früh dran, aber ich bin extra vor den anderen Gästen aufgestanden, weil es mir nach wie vor unangenehm ist, mit Fremden an einem großen Frühstückstisch zu sitzen, selbst wenn Scott mich gurrend nach meinem Kaffeewunsch fragt und ihn mir dann mit einem seiner selbst gebackenen Zimtkekse, den Snickerdoodles und einem Danish serviert. Ich dachte ja, ich würde in Amerika eine Burger-Phase durchmachen. Aber ich habe eine Plunder-Phase. Jeden Tag gibt es bei Scott zum Frühstück eine andere süße Sünde: Zimt-Kardamom-Rollen, Hefezöpfe mit Hagelzucker, Donuts mit Ahornsirup und Speck, warm aus dem Ofen, oder Bear Claw, ein Hefeteilchen mit Marzipan und Rosinen, das die Form einer Bärentatze hat und *amazing* schmeckt, wenn man es in den Kaffee tunkt. Scott backt auch das alles selber. Frühmorgens zieht deshalb ein unwiderstehlicher Duft aus geschmolzener Butter, gerösteten Nüssen oder karamellisiertem Zucker durch das Haus und sorgt dafür, dass sich seine Gäste spätestens um acht Uhr am großen Frühstückstisch in der Küche versammeln. Bevor er die Teilchen serviert, schießt Scott, wegen der Lichtverhältnisse auf dem Fensterbrett, ein Foto davon, das er auf dem Instagram-Account des Bed & Breakfast teilt. Sein Frühstück wird mit fünf Sternen bewertet, ebenso wie die zentrale Lage und die gestärkte Bettwäsche, was ich nicht so ganz nachvollziehen kann, weil es stinknormale weiße Bettwäsche ist. Scott kann nicht abwarten, wie mein Urteil über seine neueste Kreation ausfällt. Immerhin bin ich ein Gast aus Europa, der Wiege des Plundergebäcks. Er fragt mich dauernd, ob ich schon mal in der *Lille Bakery* in Kopenhagen war oder bei *Philippe Conticini* in Paris, denn das seien für ihn Tempel der hohen Backkunst. Ich denke: wohl eher des hohen Cholesterinspiegels.

»Wirklich gut, oder?«, hat er mich erst heute Morgen wieder mit der gleichen hibbeligen Aufregung gefragt.

Während ich noch damit beschäftigt war, meinen ersten mit Zuckerguss verklebten Happen zu nehmen und zu überlegen, wie ich den Rest des Plunders unauffällig im Übertopf der Geigenfeige verschwinden lassen könnte, weil ein Frühstück mit über eintausendfünfhundert Kalorien für mich absolut unüblich ist. Dann überkam mich die Sucht, und ich aß das Teilchen doch auf.

Nach Scotts Plunder-Kur brauche ich dringend Bewegung und werde mir deshalb also in diesem Park die berühmten Küsten-Mammutbäume anschauen. Die höchsten Exemplare sind so hoch wie ein dreißigstöckiges Haus und zweitausend Jahre alt. John Steinbeck nannte sie »Botschafter aus einer anderen Welt«. Anders als meinen Eizellen kann ihnen das Alter nichts anhaben. Ihr größter Feind ist der Wind. Indem sie sich unter der Erde mit ihren Wurzeln verbinden, halten sie einander fest. Ich stelle mir dieses verborgene Wurzelgeflecht vor und denke: ein bisschen so wie bei meiner Mutter und mir.

Ich fahre aus der Stadt heraus und über die Golden Gate Bridge, die zu dieser Uhrzeit wie ein Kind in einem Bett aus Nebelwolken liegt. Das Tor zu meinem hoffentlich Gelobten Land ist ein sechsspuriger Highway. Die kalte Luft des Pazifiks bläst in die Bucht. Als ich in der Mitte bin, krabbeln die ersten Sonnenstrahlen des Tages über die Wolken. Es ist das totale Klischee: Eine von der Arbeit und einer erfolglosen Kinderwunschbehandlung traumatisierte Frau fährt alleine über eine im Nebel liegende Brücke, um durch einen Wald aus Riesenbäumen zu spazieren, in der Hoffnung, dass im Schatten der größten Lebewesen der Welt ihre Probleme vergleichsweise klein wirken. Ich nehme mir vor, den Gedanken später aufzuschreiben. Es ist das erste Mal seit Wochen, dass ich Lust habe, etwas zu schreiben.

Ich bin nicht geübt darin, Auto zu fahren. In der Stadt brauchte ich nie eins, sondern bin aufs Fahrrad oder in die Bahn gestiegen und habe später dann damit argumentiert, dass meine fehlende Fahrpraxis mein Beitrag zum Klimaschutz sei. Aufkleber mit »Fuck you, Greta« über dem Auspuff eines großen schwarzen SUVs fand ich ignorant. Erst Floyd konnte mich überzeugen, das Autofahren wieder zu üben, wobei er nach jeder unserer »Fahrstunden« so tut, als hätte ich um ein Haar einen Riesenunfall gebaut, was gar nicht stimmt. Ich kann fahren, ich muss mich nur trauen, das Steuer in die Hand zu nehmen.

Jetzt muss ich es wirklich in einem Auto über diese Brücke schaffen, was mir ziemliches Muffensausen bereitet, aber ich denke nicht, dass die Amis viel bessere Autofahrer sind als ich. *Du kannst fahren*, rede ich mir immer wieder gut zu. Ich muss mich nur daran gewöhnen, nicht die Beifahrerin, sondern die Frau am Steuer zu sein. So kann ich mich zwar nicht auf die schöne Aussicht auf die Bucht konzentrieren, aber hey: ICH steuere gerade über die Golden Gate Bridge! Sechs Spuren, halleluja!

Ich erinnere mich an ein Detail, das im Reiseführer stand, in jenem Büchlein, über das ich mich am Anfang lustig gemacht und es aufgrund seiner gedruckten Existenz und des damit verbundenen Gewichts als überflüssig bezeichnet habe – schließlich habe ich meine Reisehöhepunkte doch alle auf dem Handy gespeichert. Nun liegt es neben meinem Outdoorrucksack der hinten auf der Rückbank auf sein erstes echtes Abenteuer wartet, und ist einer meiner treuesten geworden, weil ich aus Verlegenheit immer darin blättern und so tun kann, als würde ich mich über eine Sehenswürdigkeit informieren. Außerdem weiß ich jetzt wirklich interessante Dinge wie das hier: Den Namen »Golden Gate« bekam der Eingang zur Bucht von San Francisco Ende des 19. Jahrhunderts, als die Goldsucher in diese Gegend kamen. Die Brücke überspannt das »goldene Tor« und wurde 1937 fertiggestellt. Eigentlich sollte die Hängebrücke nach den Plänen des Bauingenieurs grau gestrichen werden, aber den Einwohnern von San Francisco gefiel die Rostschutzfarbe so gut, dass die Brücke dunkelrot blieb. Ich fahre an einem der leuchtend gelben Seelsorge-Telefone vorbei, mit denen Menschen Hilfe rufen oder eine SMS texten können. »Es gibt Hoffnung« steht unter der Nummer. Und genau die spüre ich jetzt auch, wie eine kleine Welle, die um meine Füße spült.

Ich folge der schwarzen Teerstraße mit dem gelben Streifen in der Mitte. Im Park braucht man eine Reservierung für den Parkplatz, die ich gestern Abend online ausgefüllt habe, bin mir aber nicht sicher, ob ich es richtig gemacht habe.

An meinem Ziel angekommen, ist alles unkompliziert, ich komme problemlos rein. Anfangs meide ich jeden Blickkontakt mit den anderen Wanderern, die mir auf dem Parkplatz entgegenkommen und so wie ich zum Eingang des Parks streben. Ich will nicht, dass sie über mich urteilen und sich fragen, was eine Frau wie ich hier ganz alleine so macht. Meine ehrliche Antwort wäre ja diese: *Meine über siebzigjährige Mutter hat gerade vermutlich Sex mit ihrem Freund,*

und da will ich nicht stören. Stattdessen widme ich mich meiner Intention für die Wanderung durch den Küstenurwald: Was wünsche ich mir von meinem Leben?

Die Karte des Parks zeigt mir die möglichen Wanderrouten. Ich gehe über Brücke Nummer vier. Laut Karte ist meine Wanderung etwas mehr als drei Kilometer lang und dauert anderthalb Stunden. Hin laufe ich über den Redwood Creek Trail, zurück geht's über den nicht befestigten Hillside Trail. Wenn er könnte, würde mein Rucksack vor Vergnügen jetzt jauchzen.

Erst sind meine Füße schwer, dann gewöhnt sich mein Körper an die Belastung, und ich bewege mich durch den Park, als sei ich einer der Ranger. Ich muss über mein Outfit lachen: Der Weg ist mit Holzplanken gesichert und an jeder Stelle ausgeschildert. Es ist fast so, als würde ich über die Seebrücke in Malibu spazieren. Ich hätte auch ein Kleid und Ballerinas anziehen können.

Mein Schritt federt, der Boden gibt nach. Ich stehe in der Mitte des Weges, lasse die anderen Wanderer an mir vorbeigehen. Meine Sinne richten sich aus. Meine Ohren nehmen die Geräusche um mich herum wahr, meine Nase saugt tief Luft ein, meine Lungen füllen sich mit Sauerstoff, und ich schmecke Minerale auf der Zunge. Ich bin hellwach.

Ich verbinde mich mit jedem Schritt, den ich mache, und nehme wahr, was um mich herum ist: der Duft nach Erde und Rinde, das Lichtspiel der Sonne durch die Baumkronen, das Grün der großen Farnbüsche und Moose am Boden, das Rauschen der Blätter im Wind. Und damit spüre ich auch mich, die Teil dieses Ganzen ist. Ich bin ein Teil dieser Welt, mein Platz ist genau hier, wo ich bin. Ich schaue nicht nach vorne oder auf den Boden, sondern staunend nach oben.

Ein Marienkäfer läuft über meinen Handrücken und hinterlässt ein Sekret auf meinem Finger, als ich versuche, ihn zu dressieren. Man sagt, dass der Siebenpunkt Kinder beschützt und Kranke heilt, wenn er ihnen zufliegt. Pech hat dagegen der, der den kleinen Käfer abschüttelt oder tötet. Ich klettere auf einen Baumstamm und balanciere darüber. Ein Vogel pfeift, ich pfeife zurück. Meine Kraft wächst, und ich spüre, dass da nicht nur eine Wurzel zwischen mir und meiner Mutter verläuft, sondern auch zwischen der Mutter Erde und mir.

Ich betrete Cathedral Cove, einen kleinen Hain, in dem die großen Bäume so eng beieinanderstehen, dass man das Gefühl hat, als stünde man in einem Kirchenschiff. Man soll leise hindurchschreiten, die Bäume betrachten, die hier seit so vielen Jahren wachsen, und ihnen so Tribut zollen. Ich nehme einen der eiförmigen Mammutbaumzapfen in die Hand und fahre mit den Fingern die Schuppen nach. Auf einem Schild steht, dass sich Waldbrände positiv auf die Entwicklung der Mammutbäume auswirken. Während die dicke Rinde den Stamm schützt, trocknet die Hitze die Zapfen aus. Sie öffnen sich und werfen ihre Samen ab. Das Feuer vernichtet die anderen Pflanzen am Boden und sorgt für mehr Licht. Der Boden wird urbar, und die Samen können keimen.

Ich fühle mich verschluckt von einem Kreis aus feuerfesten Riesen. Wann habe ich mich das letzte Mal so aufgehoben und beschützt gefühlt? Das erinnert mich an damals, als ich Kind war und mit meiner Schwester barfuß im Wald gespielt habe. Wir waren stundenlang unterwegs, ohne dass unsere Eltern genau wussten, wo wir waren. Wir tauchten ein in die Welt der Natur, spürten die piksigen Tannennadeln unter unseren Fußsohlen, wie glitschig Froschlaich ist und wie fest die Tonerde, die wir am Bachufer mit unseren Händen aus dem kalten Wasser holten. Wir bauten Buden und badeten in Tümpeln, an deren Oberfläche Seerosen wuchsen und deren Boden voller Morast waren. Wir empfanden uns danach nie als schmutzig, wir waren einfach Kinder, die im Wald spielten und frei waren.

In den Muir Woods hat es so wie überall in Kalifornien länger nicht geregnet. Die Erde ist braun, die Wurzeln verlaufen flach unter der Oberfläche. An manchen Stellen sieht es so aus, als würde ein knotiges Knie oder ein Ellenbogen aus der Erde ragen. Über den Boden vor mir kriecht etwas, das aussieht wie eine schleimige Banane. Es ist eine gelbe Schnecke, größer als meine Hand.

»*Odellaly*, das ist eine schöne Bananenschnecke«, ruft ein Ranger, der mit schwingenden Armen an mir vorbeiläuft und dann doch kurz stehen bleibt, weil er merkt, dass ich mich für dieses komische Wesen interessiere.

»Sie arbeitet hier bei uns als Staubsauger«, erklärt er lachend und stemmt zufrieden die Hände in die Hüften.

Er trägt einen großen Hut, ein olivgrünes Hemd und dunkelgrüne Hosen.

»Als Staubsauger?«, frage ich und lache.

»Ja, die Bananenschnecke frisst alte Blätter, tote Tiere, Pilzsporen und Kot. Ihre Ausscheidungen sind der Dünger für unsere Giganten. Sie ist eines der langsamsten Lebewesen der Welt, aber genau deshalb lieben wir sie. Man könnte sagen, sie ist die Mutter des Slowfoods.«

Der Wildhüter strahlt stolz, als sei die Schnecke eine Verwandte.

»Andere Tiere können sie aber auch leicht erwischen«, sage ich.

»Nein, ihr Schleim schmeckt bitter«, erklärt mir der Ranger. »Deshalb fressen die anderen Tiere sie nicht.«

Ich hocke mich auf den Boden und beobachte, wie sie sachte ihre Fühler ausfährt. Dann versuche ich dem Ranger zu erklären, dass Nacktschnecken in deutschen Gemüsegärten als Schädlinge angesehen werden. Unter Gärtnern gibt es diese Redewendung: *Erschlägst du eine Nacktschnecke, kommen zehn zum Begräbnis*. Eine von den Ladys zerschneidet die Nacktschnecken daheim mit der Gartenschere, eine andere übergießt sie mit heißem Wasser oder lässt sie über Backpulver oder Salz kriechen, damit sie vertrocknen.

Der Ranger schaut mich irritiert an. Schnecken durchschneiden? Kochen?! Nein, nein. Das wäre ja wie Mord. Es gäbe sogar Sportmannschaften, die das Weichtier zu ihrem Maskottchen auserkoren hätten. In ganz Kalifornien würde niemand eine Bananenschnecke durchschneiden. Er wünscht mir eine gute Wanderung und verschwindet wieder.

Ich lasse mich im Schatten der Riesen auf einer Bank nieder und hole das Wasser und den Pfirsich aus meinem Rucksack. Ich trinke die halbe Flasche leer und beiße in das rote Fruchtfleisch. Der Saft tropft mir am Kinn herunter. Ich schlucke runter und wage, da wo das Stück Pfirsich hinrutscht, in meine tieferen Schichten hineinzuspüren und mir die Fragen zu stellen, die ich mit mir herumschleppe: Was wünsche ich mir noch von meinem Leben? Was ist, wenn ich keine Mutter werde? Was passiert, wenn ich mich gegen die Beziehung mit Floyd entscheide? Was wird, wenn ich danach Single bleibe? Wovor habe ich mehr Angst? Vor der Einsamkeit oder vor dem Urteil der anderen?

Manchmal habe ich das Gefühl, man hat nur dann alles richtig gemacht, wenn man zwei Kinder hat – einen Jungen und ein Mädchen, idealerweise im Abstand von zwei Jahren. Aber bei mir haben sowohl mein Lebenslauf als auch die Natur dazwischengefunkt. Kinder? Gerne. Nur wann?

Die Wahrheit ist deshalb doch: Jeder ist für sich allein. Ich kann nicht erwarten, dass Floyd mich glücklich macht, geschweige denn, dass mir ein Kind den Sinn im Leben aufzeigt. Und dennoch hört man ständig genau das: *Ich lebe für die Familie* oder *Meine Familie bedeutet mir alles.*

Kann ich es »Leben« nennen, wenn ich keine Familie habe? Dann wird mir klar: Ich hatte all die Jahre am meisten Angst davor, alleine zu sein. Und hier in diesem Wald stelle ich fest: Es macht mir nichts aus, alleine zu sein. Was mir viel mehr ausmacht, ist der Gedanke, jemanden zu verlieren. Deshalb kann die Lösung aber nicht sein, das ganze Leben alleine zu bleiben, sondern zu begreifen, dass das Wertvollste, was man auf der Welt hat, die Zeit ist, die man mit den Menschen verbringt, die man liebt. Plötzlich sehne ich mich danach, meine Mutter in den Arm zu nehmen, aber auch meine Schwester und Floyd.

Ich stehe vor dem Mammutbaum, von dem sowohl der Reiseführer als auch meine Instagram-Bubble schwärmen. Ein *Can't Miss*! Über tausend Jahre alt, der Stamm so breit wie ein Haus. Nun, da ich ihn endlich leibhaftig vor mir sehe, bin ich ein wenig enttäuscht, so, wie ich von vielen Dingen enttäuscht bin, weil ich sie auf Instagram schon aus zig Perspektiven gesehen habe und dann finde, dass die Fotos spektakulärer sind als die Realität. Das Phänomen kennt selbst die Mona Lisa, die durch die millionenfache Kopie ihres Gesichts auf Kalendern, Postern und Memes einen Teil ihrer Aura einbüßt. Wie es wohl früher war, als man die Dinge wirklich zum ersten Mal mit eigenen Augen gesehen hat und die Begeisterung nicht durch den Konsum von Tausenden Abbildungen abgestumpft war?

Ich werde dem Baum nicht gerecht. Er ist groß und mächtig, wie er da so steht, sein ganzes Leben lang an einem Ort, der ständigen Beurteilung von Menschen ausgesetzt. Den größten Baum der Welt zu sehen und nicht nur Bilder davon, seinen Geruch wahrzunehmen, das gedämpfte Licht, das durch den Wipfel fällt, die tiefen Furchen der rot schimmernden Rinde. Mir treibt diese unmittelbare Erfahrung die Tränen in die Augen.

In Japan weiß man längst um die Heilkraft des Waldes und wie er den Menschen helfen kann, Ballast loszuwerden. Seit einigen Jahren gibt es an einigen japanischen Universitäten sogar einen eigenen medizinischen Forschungszweig namens *Forest Medicine*. Man weiß zum Beispiel, dass alleine ein achtsamer Spaziergang und das Einatmen der ätherischen Öle der Bäume den Stresspegel der Besucher senkten.

Ich gehe weiter und merke, wie mir jeder Schritt guttut. Dann meldet sich meine innere Stimme. *Du Idiotin, erinnere dich daran, wer du bist.* Ich höre sie so deutlich, dass ich mich umdrehen muss, um mich zu vergewissern, dass ich wirklich alleine bin. Habe ich einen Flashback von dem Gras? Ich halte mich an einem Geländer über dem Abgrund fest. Auf dessen Lauf steht mit schwarzem Edding geschrieben: *Erfüllt euch eure Träume. Begrabt sie nicht!*

Habe ich das nicht auch getan: meine Träume begraben für eine Illusion von Sicherheit? Ich werde nie in meinem Leben sicher sein. Und dann geschieht etwas. Ich sehe vor mir, wie ich mich von meinem Beruf trenne – wir gehen ab jetzt getrennte Wege. Nicht, weil ich das Schreiben nicht mehr liebe, sondern weil ich einsehe, dass ich das System nicht ändern kann. Sondern nur meinen Willen, darin zu funktionieren. Ich will nicht noch mehr Jahre verlieren, weil ich glaube, ein produktives Glied der Gesellschaft sein zu müssen. Ich erkenne endlich, dass ich als Frau einen Wert habe, und zwar unabhängig davon, ob ich einen Beruf habe, mit dem ich Geld oder wie viele zukünftige Steuerzahler ich auf die Welt bringe. Mein Wert ist nicht meine Verwertbarkeit. Mein Wert bin ich.

Der Sinn meiner Reise nach Kalifornien war nicht, herauszufinden, wie ich glücklich werde. Sondern warum ich meine Träume begraben habe. Und jetzt weiß ich: Solange ich diesen Job mache, bleiben sie alle in ihrer Gruft. Muttersein bedeutet, sich ständig einer neuen Phase anzupassen. Ich wollte deshalb vorher etwas Beständiges schaffen, was mir nicht gelungen ist. Was mir aber gar nicht gelingen konnte. Ich habe schon früher immer wieder darüber nachgedacht und oft gesagt, dass ich mir vorstellen könnte, etwas ganz anderes zu machen. Aber dann hat die Schisserin in mir wieder die Kontrolle zurückerobert, mich weiter ins Hamsterrad geschickt und dabei das Lied von der finanziellen Unabhängigkeit wie einen Schlachtruf gesungen. Ich dachte, wenn ich nur lang genug weiterhetze, dann wird es sich lohnen, dann gewinne ich das Rennen. So wie in den Hollywood-Filmen: Darin sind die, die sich am meisten anstrengen, die Guten, die niemandem wehtun, die Fleißigen, die immer alles geben, am Ende die gerechten Gewinner. Ich habe keine Grenzen gesetzt und dabei zugesehen, wie ich überrannt wurde. Jetzt weiß ich, dass sich das Rad niemals langsamer drehen wird, nur ich werde immer müder. Wenn ich nicht mutig bin und einfach mittendrin rausspringe, komme ich nie da raus. Es wird nicht nur eine Pause werden, auch keine Auszeit. Ich werde nie mehr zurückkehren. Und die Wahrheit ist auch: Es wird mich keiner vermissen. Nicht ein Hahn wird nach mir krähen. Es wird einfach jemand anderes den Text schreiben. Im Zweifelsfall die Frau aus dem Marketing, die vorher meine Texte als uninspiriert und hölzern bezeichnet hat.

Es riecht nach Regen. Wolken schieben sich vor die Sonne. Anstatt wie früher unter ein schützendes Dach zu flüchten, bleibe ich stehen und warte darauf, dass die ersten Tropfen auf mein Haar fallen. Ich stehe im Regen an einem Abgrund. Es ist, als hätte ich das Flusensieb der Waschmaschine gereinigt. Altes, graues Wasser fließt ab, neues, klares Wasser strömt hinein. Meine Enttäuschung wandelt sich in Zuversicht. Ich sage, was ich fühle, in die frische Luft hinein, wo es sich mit Sauerstoff vollsaugt und so an Substanz gewinnt, dass ich das Wort beinahe anfassen kann: *Amazing*.

Erinnerungen meiner Mutter, 1968

Zurück in Deutschland hatte mir meine Großmutter ein Zimmer zur Untermiete in der Nähe der Uni besorgt. Das Klo war auf dem Gang, und über dem Bett hing ein Kreuz. Es war ganz anders als mein Leben in Kalifornien.

Ich wollte unter den anderen Studentinnen nicht auffallen. Ich war dreiundzwanzig Jahre alt und geschieden. Die meisten Männer waren von mir eingeschüchtert. Ein Typ sagte hinter meinem Rücken, nachdem er mich kennengelernt hatte: »Sie scheint mir zu erfahren.« Das waren alles noch Milchbubis.

MOHN & REGEN – KAPITEL 8

HAPPY HIGH

Mir war nicht klar, dass diese Reise *so* enden würde. Mami und David sind aus Princeton nicht mehr zurück in die Stadt gekommen, sondern gleich in seinem Haus geblieben, wo sie seither jeden Tag zusammen abhängen. An Sightseeing mit mir hat meine Mutter kein Interesse mehr. Wäre ich an ihrer Stelle gewesen, dann hätte ich es genauso gemacht. Trotzdem fühle ich mich im Stich gelassen. Aber als verliebtes Pärchen besucht man keine Kirchen oder Museen. Dafür hat man erst mal keine Zeit. Man liegt zusammen im Bett, bestellt Pizza und geht abends eine Runde Hand in Hand mit einem Bier in der Jackentasche spazieren, um anschließend wieder miteinander ins Bett zu gehen. Auch ich habe mein Zimmer im Bed & Breakfast geräumt und bin weitergezogen. Scott hat mir zum Abschied die grüne Tupperbox mit einer neuen Pralinen-Kreation geschenkt. Sie heißt *Forget about it.* Er hat sie extra für mich gemacht. Der Name der Süßigkeit soll mich an sein Lebensmotto erinnern, das da lautet: *Der einzige Weg geht am Arsch vorbei.* Da habe ich laut gelacht und gefragt, warum er mich zu Opal geschickt habe, wenn doch er das wahre Medium sei. Die Nascherei besteht aus weißer Schokolade mit einem Kern aus Macadamia-Marzipan. Ich habe eine davon vor ihm gekostet, und der Geschmack hat mich umgehauen, nicht zu süß, dafür cremignussig. Ich meinte, Scotts Schweiß in dem Marzipan zu schmecken, das er von Hand geknetet hatte. Daraufhin hat er auf seine immer noch buttrigen Hände geschaut und gesagt, das sei kein Schweiß, sondern seine Liebe für eine gute Freundin, die er habe hineinfließen lassen. Außerdem hat er mir ein Tütchen Snickerdoodles als Proviant für die Fahrt geschenkt. Ich sagte, dass ich ihn und seine Backkünste nie vergessen würde. Meine Jeans auch nicht. Allein schon wegen seiner Zimt-und-Zucker-Kekse würde ich nach San Francisco zurückkommen, versprach ich. Und vielleicht bekäme er ja irgendwann mal Urlaub, dann könne er ja durch Europa reisen, um sich in Kopenhagen oder Paris zu neuen Rezepten für seine Gäste inspirieren zu lassen. Wir beide wussten, dass es ziemlich unwahrscheinlich ist, dass wir uns in unserem Leben noch einmal wiedersehen. Wir haben uns fest umarmt, und als wir dabei hin und her schaukelten, wurde mir klar, dass ich auf dieser Reise einen neuen Freund gefunden habe.

Ich wohne jetzt im The Inn At Mavericks, einem kleinen Hotel mit sechs Zimmern. Es ist ein weißes Holzhaus mit blauen Fensterläden und liegt oberhalb eines Felsens. Zwischen den Felsen befindet sich der Zugang zum Strand, wobei ich nach wie vor nicht vorhabe, hier jemals mit einem Surfbrett ins Wasser zu steigen. Ich habe ein Zimmer in der oberen Etage mit einem weißen Balkon bekommen und kann vom Bett aus die Boote im Hafen von Pillar Point sehen. Am späten Nachmittag spiegelt das Wasser die Sonne in tausend kleinen Spiegeln. Jedes Zimmer ist nach einem anderen Surfspot in der Gegend benannt, aber die Einrichtung mit plüschigen Polstersofas, Satin-Vorhängen und Perserteppichen erinnert eher an das Haus einer alten Dame. Auf Instagram gibt es kaum jemanden, der jemals hier war. Ich glaube, das ist genau das, was ich an diesem Ort mag: das Unaufgeregte, Altmodische.

Morgens gehe ich am Strand spazieren, ein kalter Windzug saust um meine Beine. Während ich durch den feuchten Sand laufe, beobachte ich die Surfer. Ein Typ ist mir aufgefallen. Er hat eine schlanke Figur, bewegt sich flink durchs Wasser und hat schulterlange Haare, die in den Spitzen blond sind. Ich könnte mit ihm schlafen, schwanger werden und zu Hause behaupten, dass es bei Floyd und mir doch noch auf natürliche Weise geklappt habe. Vaterschaftstestlabore werben damit, dass angeblich jedes zehnte Kind nicht bei seinem biologischen Vater aufwächst. Ich frage mich, wer so grausam ist, sowohl einem Kind als auch dem Vater so etwas zu verheimlichen. Ich erinnere mich an den Satz der Gynäkologin, die sagte, man könne auch Vater sein, ohne ein Kind zu zeugen. Viele Väter erfüllten diese Rolle mit Herzblut.

Gestern habe ich dem Surfer zugenickt, und er hat »Guten Morgen, Ma'am« geantwortet. Da ist mir klar geworden, dass nicht nur meine Mutter älter wird, sondern auch ich. Wie peinlich, dass ich mir eingebildet hatte, dieser Junge könnte auch auf mich ein Auge geworfen haben. Ich bin nicht mehr das junge Mädchen vom Maitanz, das naiv seinen Klassenkameraden küssen kann, weil ihm alle Möglichkeiten offenstehen. Nachts habe ich in mein Kissen gebrüllt. Keine Ahnung, ob ich diese Wut über die verlorene Zeit irgendwann wieder loswerde.

Am nächsten Tag sitzen wir bei David im Garten auf ausladenden Gartenstühlen aus Holz unter einem Avocadobaum, der große grüne Früchte trägt, welche die dünnen Äste, an denen sie hängen, in Richtung Erde ziehen. Dass es so etwas hier in Kalifornien wirklich gibt, einfach so ein Avocadobaum im Garten, fasziniert mich.

Das Gras unter meinen Füßen wächst in breiten Halmen aus der Erde, dicht wie ein Teppich. Außerhalb der großen Städte wird mir das Lebensgefühl der Kalifornier immer sympathischer. David trägt eine ausgewaschene Sweatshirt-Jacke mit Kapuze, darunter ein T-Shirt mit der Aufschrift: *Ich kann fließend Sarkastisch.* Er läuft barfuß über die von der Sonne aufgewärmten Terrassensteine. Meine Mutter hat sich mit ihrem Outfit angepasst. In einem Shop am Strand hat sie einen Hoodie mit Mavericks-Print gekauft und trägt ihn mit einem solchen Selbstverständnis, als hätte sie persönlich eine Riesenwelle bezwungen. Wenn man sich ihr Leben anschaut, dann hat sie das auch irgendwie. Wahrscheinlich hat niemand anderes dieses Sweatshirt mehr verdient als meine Mutter. Wenn David einkaufen geht, dann schlüpft er in Crocs, pantoffelartige Schuhe aus Plastik. Ich habe meiner Mutter angedroht, dass wir sofort abreisen, wenn sie ihm auch die Schuhtrends nachmacht. Ihre Hirschledermokkasins seien mir dann doch lieber. Sie hat gelacht. Es wird sowieso viel gelacht in diesem Haus. Nach jedem zweiten Satz brechen meine Mutter und David in schreiendes, keuchendes, manchmal heulendes Gelächter aus. Ich finde es gar nicht so witzig, was sie sagen, aber die beiden haben Tränen in den Augen, wenn meine Mutter wieder und wieder die Geschichte erzählt, wie die Frau von der Sicherheitskontrolle am Flughafen ihr die Frikadelle weggenommen und angewidert in den Müll geworfen hat. Oder wie David und sie bei ihrem Blind Date am Fisherman's Wharf aneinander vorbeigelaufen sind und dachten: *O bitte, nicht sie!* und *O bitte, nicht er!*

David hat meiner Mutter gestanden, dass er die ersten zwei Stunden in einer Schockstarre verbracht und sich an seine Bloody Mary geklammert hat, nachdem er sie nach all den Jahren wiedergesehen und aufgrund ihrer Falten und ihrer Figur überhaupt nicht wiedererkannt hat. »So viele Jahre«, hatte er melancholisch angefügt.

Ich fand das traurig, aber auch gemein, denn er ist ja auch nicht mehr der Jüngste. Meine Mutter tut so, als sähe sie darüber hinweg, aber ich weiß, dass es ihr sehr wohl etwas ausmacht. Als ich sie darauf ansprach, sagte sie nur: »Ich ärgere mich nur, dass ich ihn nicht schon vor zehn Jahren gesucht habe.«

Darüber kann man sich genauso ärgern wie über die Tatsache, dass ich zu lange mit dem Kinderkriegen gewartet habe. Ich sehe, wie die beiden miteinander harmonieren, und bin traurig für meine Mutter, dass sie dieses Gefühl nicht schon früher genießen konnte. Dafür aber jetzt umso intensiver.

Ich streife ebenfalls die Schuhe und Socken von meinen Füßen und sinke tiefer in meinen Stuhl. Die Gegenwart meiner Mutter mit einem Mann bin ich nicht gewöhnt, aber hier in Davids Haus fühle ich mich willkommen. Die Affären, die sie früher ab und an nach Hause brachte, waren blöde Typen, die mich mit Geschenken bestachen und am nächsten Morgen nach dem Frühstück verschwanden. Wenn sie sich von meiner Mutter verabschiedeten, las ich in ihren Gedanken immer so etwas wie: *Wenn du keine Kinder hättest, dann könnte es was mit uns werden, aber ich will keine Verantwortung für deine Gören.* Meine Mutter hat uns nicht versteckt, aber sie kam mir neben diesen Männern fremd vor, weil sie ihnen gefallen wollte. Sie spielte eine Rolle, die mir als ihrer Tochter nicht gefiel. Als erwachsene Frau würde ich das vielleicht anders sehen, weil ich ihre Einsamkeit besser begreifen kann. Klar, sie hatte uns Kinder. Aber keinen festen Partner. Und das war für sie ein riesengroßer Unterschied.

David fühlt sich so an, als sei er immer schon ein Teil unserer Familie gewesen. Irgendwie war er das auch. Wenn ich mir überlege, dass meine Mutter ihn seit einem halben Jahrhundert liebt, dann macht das auch was mit meinem Herzen. Meine Mutter streichelt meine Hand, und ich merke, wie aufgeladen ihre Batterien nach nur ein paar Tagen sind. Ich freue mich so für sie. Wie ich später herausfinden werde, weiß sie zu diesem Zeitpunkt schon, dass sie aufgrund einer Makuladegeneration irgendwann vielleicht erblinden wird. Aber sie sagt es niemandem.

David stellt seine Kaffeetasse auf den Boden. Ein brauner Tropfen läuft die Tasse runter bis ins Gras. Er trinkt seinen Kaffee schwarz und füllt eine kleine Pfeife mit hellgrünen Kräuterbröseln, die er aus einem runden Plastikdöschen auf seinem rechten Knie fischt.

»Es ist Zeit für die Medizin«, sagt er.

»Kiffst du jetzt etwa auch?«, frage ich meine Mutter, denn natürlich weiß ich, dass das runde Plastikdöschen ein Grinder ist, mit dem man Marihuana in kleine Brösel zermahlt, die man dann mit Tabak mischt oder pur raucht.

Meine Mutter hat mir früher immer in den Ohren gelegen und gesagt, ich solle keine Drogen nehmen. Vor allem Kiffen sei für Jugendliche schlecht, weil es die Synapsen im Gehirn schädige und später zu einer Demenzerkrankung führen könne. Ich habe natürlich trotzdem gekifft, manchmal beim Ausgehen auch Ecstasy geschmissen oder Kokain geschnupft. Auf einer Privatparty in Kreuzberg habe ich mal so starkes Haschisch geraucht, dass ich kurze Zeit später auf dem Flur ohnmächtig geworden bin und mir in die Hose geschissen habe. Ein Typ mit seiner Freundin, die ich beide nicht kannte, haben mich damals heimgefahren, denn ich war so zugedröhnt, dass ich die Orientierung verloren hatte. Ohne die beiden wäre ich nie nach Hause gekommen. Damals habe ich mir geschworen, nie wieder zu kiffen. Ich hatte solche Angst, dass dieser Horrortrip langfristige Schäden angerichtet hat, dass ich ihn meiner Mutter gestand. In ihrer Rolle der Medizinerin war sie jedoch wieder einmal erstaunlich gefasst und erzählte mir, dass Haschisch bei niedrigem Blutdruck oder in Mischkonsum mit Alkohol zu Kreislaufproblemen führen könne. Das gelte vor allem dann, wenn man nicht häufig kiffe. Sie stufte meine Erfahrung deshalb auch nicht als schlimm ein oder machte mir irgendwelche Vorwürfe. Gar nicht. Für sie war mein Blackout ein Beweis dafür, dass ich nicht oft kiffe und deshalb starkes Zeug nicht vertrage.

Ich habe von da an nur noch Alkohol getrunken und ab und zu beim Weggehen eine Zigarette geraucht. Als die Kinderwunschbehandlung kam, war mit allem sofort Schluss. Ich bin gar nicht mehr weggegangen, noch nicht mal mehr ins Restaurant. Es machte mir keinen Spaß, den ganzen Abend Apfelschorle oder Wasser zu trinken, während sich meine Freundinnen die Kante gaben. Ich dachte immer nur an meine Eizellen und die Embryos, die in dieser Zeit entstehen könnten.

»Was ist mit deinen Synapsen?«, frage ich meine Mutter.

»Um die brauchst du dir keine Sorgen mehr zu machen«, antwortet sie.

David sieht zufrieden aus. Wahrscheinlich hat er sich das genauso vorgestellt: mit seiner Freundin im Garten abhängen und einen durchziehen. Er führt die Pfeife zum Mund, lässt sein silbernes Metallfeuerzeug mit einer Hand aufschnellen, zündet das Gras mit einer großen Flamme an und zieht kurz daran. Das Kraut in der Pfeife glüht auf und verströmt seinen typisch strengen Geruch.

David hält kurz die Luft an und lässt den Rauch durch die Lunge wabern, bläst ihn dann mit einem kräftigen Stoß aus und zieht dann wieder an der Pfeife, bevor er sie meiner Mutter reicht.

Marihuana produziert nicht nur Lachflashs. Menschen mit Depressionen und chronischen Schmerzen rauchen es, aber auch Patienten mit Multipler Sklerose, Parkinson oder Endometriose profitieren von der entspannenden Wirkung. Studien belegen, dass es nicht nur Schlafstörungen und Angstzustände, sondern sogar die Traumata von Kriegsveteranen lindern kann.

»Lasst mich auch mal ziehen«, sage ich zu meiner Mutter und strecke meine Hand in Richtung Pfeife. Sie stutzt.

»Du warst damals unerfahren und hast das falsche Zeug geraucht«, sagt David so, als wäre er seinerzeit bei meinem üblen Trip dabei gewesen.

Bestimmt hat ihm Mami davon erzählt, sie erzählt ihm alles, was in den letzten fünfzig Jahren passiert ist. Dass ich eine künstliche Befruchtung gemacht habe, weiß er längst.

»Wenn du deine Emotionen unterdrückst, könnte es sein, dass durch das Gras genau diese Aspekte in den Vordergrund drängen. Manchmal ist dieser Anstoß allerdings auch genau das, was wir brauchen«, philosophiert er.

»Ich brauchte es also, mir damals in die Hose zu scheißen?«, frage ich ironisch.

Meine Mutter reißt die Augen auf und lässt den Kopf zur linken Seite kippen.

»Du hast dir bei deinem Blackout in die Hosen geschissen?«, fragt David und lacht schallend.

Er beugt sich vor, schaut mich mit großen Augen und offenem Mund an und wirft dann seinen Oberkörper wieder nach hinten, um sich auf den nackten Schenkel zu schlagen.

Dieses Detail hatte meine Mutter ihm also netterweise verschwiegen. Ich bin ihr dankbar, denn so habe nur ich mich selbst blamiert. Aber mit David kann ich zusammen darüber lachen.

Er nimmt mich unter seine Fittiche: »Das ist Lemon Shining Silver Haze. Es schmeckt nach Sandelholz mit einem Hauch Zitrusfrüchten«, erklärt er, als handele es sich um eine edle Blauschimmelkäsesorte oder erlesenen Wein, den ich probieren soll.

Ich kenne Männer, die referieren stundenweise über Käse oder Wein. Aber über Gras?

David redet darüber, dass es verschiedene Sorten gibt, die je nach Vorliebe anregend oder beruhigend wirken können.

»Diese Sorte enthält viel THC, deshalb bleibst du lange stoned. Aber es sorgt auch für eine fröhliche Stimmung. Es macht dich *happy high.*«

»Er ist so ein wohltuend intelligenter Mann«, sagt meine Mutter über ihn. Sie zieht kurz an der Pfeife, bläst den Rauch aus und verzieht leicht das Gesicht. Dann reicht sie mir das Ding rüber.

»Zieh nicht so doll. Warte erst mal ab, was passiert«, rät er mir.

Er schaut meine Mutter verliebt an.

Sie nickt mir zu, nimmt seine Hand und streichelt mit dem Daumen über die Venen auf seinem Handrücken.

Er führt ihre Hand zu seinem Mund und küsst sie.

»Ich hatte immer schon eine erotische Ausstrahlung«, sagt meine Mutter.

Ich schüttele den Kopf und frage: »Habt ihr heute schon mal was geraucht?«

»Du kennst doch deine Mutter«, sagt David lachend und schmunzelt. »Wir können zufrieden sein mit dem, was wir haben.«

Zufrieden, denke ich, *zufrieden war ich nie*. Nicht mit meiner Figur, meinem Aussehen, meinem Gehalt, meinem Job – und jetzt mit der Situation, dass ich nicht schwanger werden kann. Alle anderen werden es einfach so oder nach einer künstlichen Befruchtung, nur ich nicht. Vom Zustand der Zufriedenheit bin ich immer noch so weit entfernt wie der Avocadobaum von einem deutschen Garten. Vor allem jetzt, da ich bald zurückmuss.

Was bedeutet Zufriedenheit? Dass ich genug habe, satt bin und nichts mehr brauche? Oder meinen Frieden mit den Dingen gemacht habe, die ich nicht ändern kann? Tue ich denn wirklich alles dafür, dass meine Wünsche in Erfüllung gehen? Schreibe ich meine Geschichte, oder lasse ich mir von anderen die Satzzeichen diktieren? Lasse ich mir Punkte aufdrücken, obwohl ich gar nicht stehen bleiben will? Bekomme ich Fragezeichen vorgehalten, auch wenn ich nicht zweifele? Stehen da drei Pünktchen, wenn etwas unklar ist – aber gar nicht für mich, sondern nur für die anderen?

»Was ist das Geheimnis eurer Liebe?«, frage ich Mami und David. »Ihr habt über fünfzig Jahre nichts voneinander gehört, und jetzt sitzt ihr hier so harmonisch wie ein altes Ehepaar.«

»Wir sind eben kein altes Ehepaar«, sagt meine Mutter. »Unser Vorteil ist, dass wir all diese Themen nicht zusammen beackert haben: Ausbildung, Studium, das erste Kind. Wer macht den Haushalt? Wer hört auf zu arbeiten? Bekommen wir ein zweites Kind? Kaufen wir ein Haus? Reicht das Geld? Wir hatten keine Zeit, uns zu verletzen.«

Wow, denke ich. Der Satz sorgt dafür, dass ich zusammensacke. Ich denke daran, wie sehr ich Floyd vor meiner Abreise absichtlich verletzt habe, damit ich nicht die Einzige war, der es schlecht ging.

»Insofern ist es also gut, dass du, wie du gesagt hast, dein Leben gelebt hast?«

Ich bin immer davon ausgegangen, dass nach Familie und Karriere nichts mehr kommt und deshalb alles perfekt sein muss. Aber jetzt wird mir klar, dass danach noch ganz viel kommt. Wenn es nicht mehr darum geht, die gesellschaftlichen Erwartungen zu erfüllen, sondern nur noch um das, was Menschen verbindet, dann besteht im Alter die Chance auf eine riesengroße Liebe. So eine Liebe, wie ich sie hier vor mir sitzen sehe. Die nicht nur an die Zukunft denkt, sondern das Hier und Jetzt lebt.

»Ich hätte nicht gedacht, dass ich noch mal so vom Leben beschenkt werde«, sagt meine Mutter.

David nickt zustimmend und beobachtet dann, wie ich vorsichtig an der Pfeife ziehe.

Ich verschwende einen kurzen Gedanken daran, was dieser Zug für meine Fruchtbarkeit bedeuten könnte und ob ich damit mein Anti-Müller-Hormon zum Kollabieren bringe. Ich habe seit Jahren keine Kippe geraucht, wahrscheinlich klappt mein Kreislauf wieder zusammen. Immerhin sitzen mir dieses Mal aber zwei Ärzte gegenüber, also ziehe ich kräftiger an der Pfeife. Das Gras knistert gemütlich, als es anfängt zu brennen. Der Geruch ist streng, aber angenehm.

Dann haut meine Mutter den Satz raus, der mich wie ein Schlag in die Magengrube trifft: »Ich liebe David mehr, als ich deinen Vater je geliebt habe.«

Es fühlt sich an, als wäre ein Meteorit direkt vor meinen Füßen gelandet und hätte vor mir ein großes Loch in die Erde gerissen, in das ich hineinrutsche. Ich habe sofort Fluchtgedanken und überlege, ob ich aufstehe, ins Hotel fahre und meine Sachen packe. Ich fühle mich fehl am Platze – so als würde meine Mutter das Leben mit meinem Vater also wirklich bereuen und damit auch, dass es mich gibt. Ich erinnere mich an meinen Ausraster in Carmel und dass ich ihr versprochen habe, sie nicht mehr anzubrüllen. Ich schulde ihr jetzt, dass ich cool und erwachsen reagiere, auch wenn ich mich am liebsten auf den Boden werfen und heulen würde. Gönne ich ihr die Kraft einer neuen Liebe, die alles, was jemals davor war, in den Schatten stellt? Es fällt mir schwer, aber ja. Ich will nicht eines Tages auf ihrer Beerdigung stehen und mir vorwerfen, dass ich ihr in diesem Moment nicht das zurückgeben konnte, was sie jahrelang für mich getan hat: mir versöhnlich zu begegnen. Sie hier so versorgt zu wissen, das schenkt auch mir Frieden. Da ist einer, der sich um sie kümmert, auf sie aufpasst und sie umsorgt, die Verantwortung übernimmt, dass es ihr gut geht. So, wie sich meine

Mutter eine große Liebe für mich wünscht, wünsche ich mir das auch für sie. Aber trotzdem muss ich nachhaken.

»Bereust du mich?«, frage ich sie.

»Nein, niemals. Aber es ist schon eine wichtige Frage, wie mein Leben verlaufen wäre, hätte ich mich damals anders entschieden und wäre in den USA geblieben. Aber ich wollte unbedingt Ärztin werden, und das konnte ich hier nicht.«

»Warum hast du David nicht schon früher gesucht?«

»Es gab doch noch kein Facebook. Ich dachte, er sei verheiratet, und wenn ich ihn anrufe, flippt seine Frau aus.«

»Die Sache ist die: Das Leben hat keine Generalprobe«, sagt David.

»Das ist ja genau der Grund, warum ich mich so unter Druck gesetzt fühle«, entgegne ich.

»Vielleicht hilft es ja, deine Entscheidungen nicht als Fehler zu sehen …«

»… sondern?«

»… als Erfahrung.«

Ich schnappe mir das Feuerzeug und setze die Grasbrösel wieder in Flammen. Dann nehme ich einen Zug und warte auf mein happy High.

Wir bleiben auf unseren Stühlen sitzen. Mein Kopf fühlt sich schwer an, meine Beine weich. Ich könnte einfach so im Sitzen einschlafen. Meine Mutter beobachtet mich. David auch.

»Seid ihr jetzt beide meine Ärzte und wollt sehen, ob ich wieder umfalle?«, frage ich die beiden.

Sie lachen sich wieder schimmelig.

Der Wind ist trocken, wild und warm. Gleich hinter Davids Haus liegt ein kleiner Gebirgszug, auf dessen Spitze manchmal Schnee liegt, wie er erzählt. Über den Hügel verstreut wachsen Stechpalmen, es gibt da oben viele seltene Wildblumen, aber auch Schlangen und Berglöwen. Ich lasse meinen Blick schweifen und merke, wie ich mich zu dieser Landschaft hingezogen fühle. Ich dachte bislang immer, ich sei der Meertyp, aber vielleicht bin ich doch mehr ein Bergmensch.

»Warst du schon mal da oben?«, frage ich David.

»Früher, ja. Wir haben in der Glut des Lagerfeuers Spiegeleier gebraten.«

»O mein Gott, da bekomme ich direkt Hunger«, sagt meine Mutter.

»Los, gehen wir rein und machen uns etwas zu essen.«

Ich habe in meinem Rausch noch eine Frage. »Was macht das Alter lebenswert?«, frage ich die beiden, als sie sich erheben wollen.

»Gute Freunde und Gesundheit sind wichtig. Aber ohne euch Kinder mag ich es mir nicht vorstellen«, antwortet meine Mutter, und ich schließe Frieden mit dem, was sie über meinen Vater gesagt hat.

Ich weiß, dass sie uns nicht bereut. Ich kann sogar den Gedanken loslassen, dass mein Vater die einzige Liebe ihres Lebens war. Die meisten ihrer Freundinnen haben keinen Partner mehr. Dabei ist es so schön, wenn man seine Probleme als Paar besprechen kann. Ich sehe, wie die beiden bekifft aufstehen, und als sie sich umdreht, um für uns Spiegeleier braten zu gehen, gibt er ihr einen Klaps auf den Po. Und dann bin ich mittendrin in einem happy High.

Erinnerungen meiner Mutter, 2016

Meine jüngere Tochter hat gefragt, ob ich jetzt meine schwarze Spitzenunterwäsche zurückhaben will.

David ist seit zwanzig Jahren geschieden und sagt, er habe mich nie vergessen.

»Ich habe dich damals geliebt, ich liebe dich heute, und ich werde dich immer lieben.«

Ich bin so verknallt, dass mir fast das Telefon aus der Hand fällt, wenn er anruft. Ihm geht es ähnlich. Das Gefühl ist einfach irre, mir ist gleichgültig, ob das irgendjemand versteht. Es soll nur nie wieder aufhören. Er sagt: »Schwing deinen Hintern hier rüber.«

Ich glaube, ich mache das.

Er wohnt südlich von San Francisco am Pazifik. In der Nähe des Highway 1. Mehr weiß ich nicht.

MOHN & REGEN – KAPITEL 9

FIRST CLASS

Auf dem Rückflug treffe ich Johannes. Ich meine Joe. Auch er erkennt mich wieder. Aber anstatt so wie ich verschämt zu Boden zu schauen, kommt er strahlend auf mich zu. Manchmal ist man in einer Situation, in der man nicht weiß, ob man Hallo sagen soll, weil man nicht aufdringlich sein will oder sich nicht sicher ist, ob der andere einen auch wiedererkennt. Dann grüßt man nicht und schaut die ganze Zeit gespielt aneinander vorbei, was unheimlich anstrengend sein kann, vor allem im Terminal eines Transatlantikfluges, wo man zufällig nach sechs Wochen zur gleichen Zeit auf den Flieger nach Hause wartet. Ich ergebe mich dem Zufall. Ich bemerke, dass er verändert wirkt. Joes Outfit ist nicht mehr so preppymäßig wie noch beim Hinflug, wo er auf mich wie ein erwachsener Internatsschüler wirkte. Jetzt trägt er eine sackartige Jogginghose und ein *Kale*-Sweatshirt, so wie ich. Er begrüßt mich überschwänglich, nimmt mich sogar in den Arm und reibt mit der Hand über meinen Rücken, obwohl wir uns damals gar nicht so viel unterhalten haben.

»Wo ist deine Mutter?«, fragt er mich.

»Sie bleibt wohl noch eine Weile hier«, antworte ich und lache, so als sei es das Normalste auf der Welt, dass ich meine über siebzigjährige Mutter bei ihrem Freund in Kalifornien zurücklasse.

Joe lacht, als ich ihm erzähle, dass wir ihren Ex-Freund tatsächlich wiedergefunden haben.

»Die beiden sind also wieder *big in love*«, fasst er zusammen.

»So was von *big in love*«, bestätige ich und bin dabei stolz auf unsere erfolgreiche Mission.

Keiner von uns wusste, wie dieser Trip enden würde, aber dass er so enden würde, damit hätte ich niemals gerechnet. Wieso eigentlich nicht? Eine der Lektionen dieser Reise ist, dass ich meine Mutter unterschätzt habe. Nicht nur das. Ich habe das Leben unterschätzt, und welche Überraschungen es bereithält.

»Und du?«, fragt mich Joe.

»Ich muss langsam mal wieder zurück.«

Das ist natürlich untertrieben. Eine ehrliche Antwort wäre gewesen: *Ich bin so was von pleite und brauche dringend einen neuen Job.*

»Ich auch. Meine Frau und ich machen eine Kinderwunschbehandlung. Die nächste Runde steht an. Es ist unser zweiter Versuch.«

Joe sagt das mit einer Selbstverständlichkeit, mit der andere Leute erzählen, wo sie im Urlaub das beste Steak gegessen oder welche Küchenmöbelmarke sie für ihre neue Wohnung ausgesucht haben. Seine Offenheit macht mich sprachlos. Ich presse die Lippen aufeinander und nicke stumm.

»Vielleicht haben meine Yoga-Sessions hier etwas gebracht, und mein Spermiogramm hat sich verbessert. Der Stress mit dem Verkauf meiner Firma war einfach krass. Vorher dachte ich immer, ich gehe die Sache ganz gelassen an und genieße bis Ende dreißig meine Freiheiten. Und jetzt das!«, erzählt er lachend. »Ja, ja. Ich weiß, was du denkst: ›Was für ein Lappen, jeder Idiot kann Kinder machen.‹«

»Mmmh, neee«, murmele ich und schüttele den Kopf.

Ich könnte ihm jetzt sagen: *Hey Joe, was ein Zufall. Auch ich kenne das Thema gut und finde es viel spannender, mich mit dir darüber zu unterhalten als über Lungenhaschee. Ich mache mit meinem Mann auch eine solche Therapie. Wir haben schon ein paar erfolglose Versuche hinter uns, deshalb weiß ich gut, wie's dir geht. Ziemlich scheiße, das alles.*

Doch ich lasse Joe in dem Scheinwerferlicht, das er auf sich gerichtet hat, alleine stehen und beobachte, wie ich auf jemanden reagiere, der so gar keine Angst vor einem Tabu hat und sich bei seinem Geständnis auch null Sorgen um seine Männlichkeit macht. Ich empfinde es als mutig, als er sagt, er schieße nur mit Platzpatronen. Ich würde ihn am liebsten umarmen. *Es ist höchste Zeit, dass wir offen darüber sprechen*, denke ich, aber sage immer noch nichts. Ich frage mich, warum er mir bei unserer ersten Begegnung so fremd war. Die Tatsache, dass er ein Multimillionär ist, den ich um seine vermeintliche Sorglosigkeit beneide, spielt keine Rolle mehr. Und doch fehlen mir immer noch die Worte, eine Brücke zu schlagen, obwohl er auf der anderen Seite wie verrückt Pfähle in die Erde haut.

Stattdessen sage ich etwas total Oberflächliches: »Das Sweatshirt habe ich auch«, und zeige auf seinen Pulli.

Joe sieht an sich herunter, dann lacht er.

Ich bin unfähig, den Gesprächsfaden wiederaufzunehmen. Mir bleibt die Spucke weg. Da ist ein Mann, der vor mir steht und sagt, dass er unfruchtbar sei. Der mir erzählt, dass es seine Spermien sind, die nicht ausreichen. Dass das aber nicht bedeute, dass er impotent sei, was ich ein wenig unangenehm finde. Aber auch über seine Sexualität spricht er mit so viel Selbstvertrauen und Respekt, dass auch ich meinen Körper anders wahrnehme. Er sieht mich an, und ich denke, in diesem Moment weiß er es. Er umarmt mich zwei Sekunden länger, als es für zwei Fremde üblich wäre, entschuldigt sich für seinen Redeschwall, bedankt sich sogar bei mir fürs Zuhören und wünscht mir eine gute Heimreise.

»Ich folge dir übrigens jetzt auf Instagram. Lass uns unbedingt Kontakt bleiben!«, ruft er zum Abschied.

Der Moment, in dem ich mich ihm hätte offenbaren und nicht nur etwas Wahrhaftiges über mich, sondern ihm auch mein Mitgefühl hätte ausdrücken können, verstreicht, so, wie sich die automatischen Türen am Eingang des Flughafens schließen. Ich würde ihm am liebsten *Halt, warte!* hinterherrufen, denn ich habe ihn mit seiner Ehrlichkeit und dem ganzen Kummer, den er hat, einfach alleine gelassen. Der Lappen ist nicht er, der Lappen bin ich. Joe verschwindet auf der Toilette, und als er wieder rauskommt, geht er schnurstracks in den Gang für die Passagiere erster Klasse.

Diesmal streckt niemand seine schwarzen Socken durch die Sitze. Neben mir sitzt eine zierliche Frau mit braunen Haaren und einer runden Brille in einem grauen Sweatshirt mit einem Uni-Logo. Sie bittet mich nicht ein einziges Mal, sie für einen Toilettengang vorbeizulassen, sondern schläft, seitdem das Flugzeug in der Luft und das Anschnallzeichen erloschen ist, wie ein Stein neben mir. Auch ich lasse mich tiefer in den Sitz sinken, lege die Hände in den Schoß und spüre, wie randvoll ich mit Eindrücken bin. Die Auswahl an Filmen überfordert mich, ich habe ein paar Zeitungen gekauft, aber schaffe es nur, die Seiten zu überfliegen. In den letzten Wochen habe ich viel erlebt und gesehen, aber noch nicht verstanden, was diese Reise für mich bedeutet. Ich vermisse Floyd. Die Pause von der Behandlung hat gutgetan. Aber was habe ich über die Liebe gelernt? Dass es nicht nur die eine gibt. Und dass die Liebe im Alter die gleiche Wucht hat wie in der Pubertät. Mami verliebt zu sehen und sie in den Armen von David zurückzulassen, war schön und schmerzhaft zugleich, weil ich damit einen mir vertrauten Teil meiner Mutter zurückgelassen habe. In Kalifornien war ich am Ende viel alleine unterwegs und musste mich aushalten – oder sollte ich sagen: *durfte*? Es war an der Zeit, dass ich mir diese Zeit nahm. Zeit für mich und meine Wünsche. Ich dachte, ich würde in einem Ozean voller Möglichkeiten schwimmen. Dabei war es in Wirklichkeit nur ein Pool mit klaren Grenzen. In den letzten Wochen habe ich nicht nur die Enge des Beckens gespürt, sondern gelernt, wo sein glatter Rand verläuft, von dem immer alles zurück ins Becken rutscht. Jetzt muss ich nur noch einen Weg finden, wie ich aus diesem Becken herauskomme. Ich möchte das Gefühl haben, dass es etwas gibt, für das es sich lohnt, morgens aufzustehen. Ich schaue aus dem Fenster des Flugzeugs in den Abendhimmel. Meine Gedanken verlieren sich in der bauschigen Landschaft aus Wolkenbergen, die aus nichts weiter als Wassertröpfchen bestehen und trotzdem so groß und mächtig sind.

Mitten in der Nacht steht Joe in Pyjama und Pantoffeln vor mir, hockt sich neben mich in den Gang und raunt verschwörerisch in mein Ohr.

»Neben mir in der ersten Klasse ist ein Platz frei. Ich habe die Kabinen-Chefin gefragt. Es ist okay, wenn du dich da für den Rest des Fluges hinsetzt.«

»Die Chefin sagt, es sei okay?«, frage ich ungläubig zurück.

»Ja, es sind doch immer noch sieben Stunden Flugzeit. Das lohnt sich.«

»Geht das denn einfach so? Ich dachte immer, man muss auf seinem Platz sitzen bleiben, für den Fall, dass das Flugzeug abstürzt.«

Joe schüttelt den Kopf.

»In der ersten Klasse muss man gar nichts. Und wir stürzen nicht ab. Los, komm schon.«

Ich klaube meine Sachen zusammen und hieve mich aus dem Sitz. Meine Banknachbarin schläft weiterhin so tief und fest, als hätte sie ein Betäubungsmittel genommen. Sie wird sich nachher bei der Landung bestimmt fragen, wo ich bin und ob mir etwas zugestoßen ist. Egal, ich mache mir keine Sorgen mehr darüber, was andere denken könnten, und gehe mit Joe mit. Ich bin noch nie erster Klasse, ja nicht einmal in der Businessclass geflogen. Beim Einsteigen hatte ich aus Neugier einen Blick in das Luxusabteil mit den riesigen Sitzkojen geworfen. Manche Flugzeuge haben sogar Betten mit Matratzen in der First Class und servieren das Essen auf weißen Tischdecken. Es gibt Champagner zur Begrüßung und pochierte Eier zum Frühstück.

»Warum machst du das?«, frage ich Joe, während ich ihm durch lilafarbene Korridore folge.

Ich habe ein schlechtes Gewissen, weil ich bei unserem ersten Treffen seine Offenheit nicht erwidert habe. Jetzt finde ich ihn total nett.

»Keine Ursache!«

»Du musst das nicht machen.«

»Ich weiß.«

»Ich bin noch nie erster Klasse geflogen!«

»Dann wird es Zeit«, sagt er. »Diese Chance bekommst du nie wieder. Also hör auf, daran zu zweifeln, dass du heute einfach mal das Glück hast.«

Und was für ein Glück ich habe. Ich möchte nie wieder aus diesem Flugzeug aussteigen. Mein neuer Sitz ist ein weich bezogener Polstersessel mit einer Trennwand zum Gang, die ich zuziehen kann, wenn ich schlafen oder mich frisch machen möchte, wie mir eine wunderschöne Frau in einem weinroten Kostüm mit Pillbox-Hut auf dem Kopf erklärt. Sie reicht mir einen Stoffbeutel mit Pyjama und Pantoffeln und legt ein À-la-carte-Menü auf dem Tisch vor mir ab, so als sei es eine geheime Schatzkarte. Joe empfiehlt mir das vegane Kichererbsenomelette mit Shiitake zum Frühstück. Ich halte meinen Pyjama im Arm und bin mit den Auswahlmöglichkeiten überfordert. Ich erinnere mich, wie meine Mutter auf der Hinreise am Flughafen ihre Frikadellen abgenommen bekam. Sie würde sicher niemals ein veganes Omelette bestellen, und müsste sie es essen, dann würde sie nach jedem Bissen sagen, dass es komisch schmeckt. Gar nicht nach Ei, sondern nach eingeweichter Pappe. Ich muss lachen. Wäre sie doch nur hier.

»Stell dir vor, deine Mutter müsste veganes Omelette essen«, sagt Joe lachend, als könnte er Gedanken lesen, und beugt sich über meine Trennwand. Er sitzt in der Koje vor mir und verhält sich, als sei das Flugzeug sein Zuhause.

Ich nicke lachend und bin mir in diesem Moment sicher, dass meine Mutter eines Tages allein schon wegen ihrem Appetit auf Frikadellen nach Deutschland zurückkehren wird.

Joe ist gefühlt zwanzig Meter von mir weg, daher kann ich ihn leider wieder nicht auf unsere Gemeinsamkeiten, abgesehen vom Grünkohl-Sweater, ansprechen. Aber das macht nichts. Zehn Minuten nachdem ich das erste Upgrade meines Lebens von Economy auf First Class bekommen habe, schläft auch er tief und fest. Seine Wolldecke hat er bis über die Schulter gezogen und trägt über den Augen eine Schlafbrille aus dunkelblauer Seide. Er sieht aus wie aufgebahrt, und ich erinnere mich an eine Quizshow, in der erklärt wurde, dass das Codewort für eine Leiche an Bord »Hugo« ist. Eine Abkürzung für »Human Gone«. Die anderen Passagiere kann ich in ihren Kojen weder vor noch hinter mir sehen. Ab und zu schwebt eine Stewardess an mir vorbei und hinterlässt einen zart duftenden Luftstrom. Dann kommt sie wieder zu mir. Sie fragt mich, was ich trinken möchte. Ich frage, was es denn gibt, da sie kein Wägelchen mit Dosen und Flaschen vor sich herschiebt.

»Wasser, Wein, Champagner, einen Cocktail, frisch gezapftes Bier oder lieber Kaffee?«

Ich überlege kurz, dann sage ich: »Champagner.«

Wenn ich das wahrscheinlich erste und letzte Mal in meinem Leben erster Klasse fliege, dann lasse ich es krachen, auch wenn ich mir wie eine Hochstaplerin vorkomme.

Die Kabinen-Chefin und ich, wir beide wissen, dass ich nicht erster Klasse gebucht und damit eigentlich kein Anrecht auf den Luxus habe. Aber sie gibt mir in keiner Minute das Gefühl, dass ich mich hier hineingeschummelt habe. Vielleicht habe ich heute wirklich einfach mal Glück, also genieße ich es.

»Noch ein Wasser, bitte«, schiebe ich schnell hinterher. Ich will ja nicht nur als Säuferin gelten.

Ein paar Minuten später stellt sie ein hohes, schmales Glas mit golden prickelndem Inhalt vor mir ab. Die Kabinen-Chefin lässt sich von mir meinen Frühstückswunsch nennen und fragt, wann ich das Essen serviert bekommen möchte.

»Ich kann die Zeit aussuchen, wann Sie mir das Essen servieren?«

»Ja, Sie können jederzeit essen.«

»Ich muss nicht auf die anderen warten, sondern könnte jetzt Eggs Florentine essen?«

»Möchten Sie denn Eggs Florentine essen? Wir servieren sie mit frisch gebackener Brioche.«

»Nein, ich möchte ja das vegane Frühstück.«

»Sie können auch gleich Eggs Florentine bestellen. Das Sushi ist ebenfalls hervorragend.«

Sie lacht mich aufmunternd an. Ich bestelle einmal das Menü rauf und runter und bekomme eine weiße Tischdecke über das Tischlein vor mir gelegt. Das Wasser serviert mir ein Mann mit weißem Hemd in einer Wasserflasche, dazu stellt er ein Glas, einen Minieimer mit Eiswürfeln und ein Schälchen salzige Mandeln. Zur Vollendung des Arrangements stellt er ein rauchfarbenes Glas mit einer LED-Kerze auf den Tisch.

»Etwas Kerzenlicht für Sie«, gurrt er, und ich frage mich, ob er weiß, dass ich nicht zur zahlenden Kundschaft zähle. Wenn er und die Stewardess wüssten, wie pleite ich im wahren Leben bin.

Ich sitze andächtig vor der künstlichen Flamme und schaue abwechselnd auf meine Getränkebestellung und den Nachthimmel. Joe hatte recht: Wenn man einmal First Class geflogen ist, dann ist man für den Rest seines Lebens versaut.

Vor ein paar Wochen noch hatte ich Angst vor dem Tag meiner Rückkehr, weil ich dann die Antworten auf so Fragen wie *Kannst du dir unsere Beziehung auch ohne Kinder vorstellen?* geben soll. Jetzt merke ich, wie glücklich ich die meiste Zeit schon bin. Und worin dieses Glück besteht. Zum Beispiel in Begegnungen mit Menschen wie Joe, denen ich erst voreingenommen begegnet bin, nur um festzustellen, dass sie eigentlich in Ordnung sind. Nicht nur, weil sie mir ein Upgrade in die erste Klasse verschaffen. Sondern, weil sie warmherzig sind.

Eine Stunde bevor wir landen, komme ich in den Genuss des veganen Omelettes. Joe ist wieder wach und winkt mir verschlafen zu, als er mit einer Kosmetiktasche aus Leder in einem der Toilettenräume verschwindet und eine halbe Stunde darin verschollen bleibt. Als er wieder rauskommt, ist er rasiert und angezogen.

»Dein Frühstückstipp war gut«, sage ich.

Er hockt sich in den Gang vor meine Koje und fragt: »Was steht jetzt bei dir an, wenn du wieder zu Hause bist?«

»Wenn ich das nur wüsste«, antworte ich. »Einen richtigen Plan habe ich noch nicht.«

»Brauchst du denn einen?«, erwidert er.

»Schon klar, so ein Gründer wie du, der weiß, was er in den nächsten fünf Jahren macht«, sage ich und schaue beschämt aus dem Fenster, weil ich nichts Tolles zu erzählen habe.

»Meine Erfahrung ist: Deine Zukunft wird nicht einfach so passieren.«

Was für ein Stuss, denke ich. Tatsächlich werde ich über diesen einen Satz noch lange nachdenken. Im Kern sagt er das Gleiche, was Opal gesagt hat: *Gehe ich zu den Dingen? Oder lasse ich die Dinge zu mir kommen?*

Als wir landen und aus dem Flieger steigen, umarmen wir uns. Joe verschwindet mit seinem Handgepäck in Richtung Ausgang, ich biege in den Transitbereich ab. Noch eine Stunde, und auch ich bin wieder zu Hause.

Was, wenn der Erholungseffekt dieser Reise verpufft, ohne dass ich etwas geklärt oder angestoßen habe? Ich will ja, dass meine Zukunft Form annimmt, und nicht, dass ich in ein paar Tagen in diese Scheinwelt zurückkehre, die mein Gefühl der Unzulänglichkeit stetig weiter fördert. So viele Jahre habe ich meine eigene Realität verleugnet und einen fiktiven Lifestyle präsentiert. Ich war nicht finanziell unabhängig und erfolgreich, sondern unterbezahlt, perspektivlos und bin immer wieder daran gescheitert, meinen eigenen Bedürfnissen Priorität einzuräumen.

Der Landeanflug auf Berlin steigert meine Vorfreude darauf, nicht nur bald wieder in meinem Bett zu schlafen, sondern ein Leben zu führen, dass sich hoffentlich bald wieder mehr wie meins anfühlt. Bevor die Stadt mit ihren sternförmigen Boulevards rund um die Siegessäule beginnt, erstrecken sich vor uns dichte quadratische Teppiche aus saftig grünen Laubbäumen und dunklen Tannen. Dazwischen wirft der Weizen das Licht wie ein goldener Schild zurück in den Himmel. Es ergibt sich ein hübsches, wenn auch strenges Muster, und ich frage mich jedes Mal, ob die Landwirte das absichtlich machen: ihre Felder so anlegen, dass man vom Flugzeug aus denkt, was für ein ordentliches Land Deutschland ist. Aber es ist noch mehr als die Landschaft, die mich berührt. Ich verstehe meine Mutter, die Kalifornien verlassen hat, weil sie Sehnsucht nach Regen hatte. Ich hatte Sehnsucht nach diesem Grün. Kurz bevor ich den Fernsehturm sehen kann, zähle ich die kleinen Häuser in den Randbezirken ab, bei denen fast in jedem Garten, entweder rund oder eckig, blaue Swimmingpools stehen. Ich gehöre hierhin, in diesen deutschen Spätsommer, irgendwo zwischen die grünen Bäume, kleinen Häuser und großen Felder. Dieses Gefühl habe ich in Kalifornien vermisst, obwohl so viele Touristen am Strand von Malibu stehen, sich fotografieren und dann ein Foto mit dem Hashtag *#feelslikehome* posten. Ich aber fühlte mich dort wie eine Besucherin, die wie in einem Museum auf den Spuren der Vergangenheit ihrer Mutter wandelt, wo sie nichts anfassen darf, sondern immer nur staunt und zu verstehen versucht, was all das für sie und ihre Entscheidungen im Leben bedeutet hat. Und doch habe ich bei dieser Reise so viel über mich selbst erfahren. Woher vieles in meinem Leben kommt. Meine Gefühle, meine Entscheidungen, meine Zweifel. Ich glaubte, dass der frühe Tod meines Vaters meinen Charakter geprägt hat, aber es ist vor allem die Biografie meiner Mutter: der Verlust ihres jungen Vaters, der Krieg mit all dieser Zerstörung um sie herum, der Hunger als Kind, der prügelnde Stiefvater als Heranwachsende, der Tod der Mutter gerade in dem Moment, in dem sie sich ihre Freiheit erkämpft hatte, ihre Auswanderung nach Kalifornien und die Hoffnung auf einen Neuanfang und letztendlich immer wieder die Erfahrung, dass man sich im Leben nur auf eine Person verlassen kann: auf sich selbst. Wenn man sich selbst angesichts der Herausforderungen, mit denen einen das Leben konfrontiert, im Stich lässt, geht man unter. Diese Härte und den tief in meinem Herzen verborgenen Hass auf diese Geschichte mit all ihren Ungerechtigkeiten musste ich loswerden. Sonst würde ich immer das bleiben, was ich bin: einsam in einer Vergangenheit, die mich daran hindert, meinen Blick nach vorne zu richten.

Meine Mutter zurückzulassen war anfangs schwer, es fühlte sich im ersten Moment unmöglich an, sind wir doch unser ganzes Leben lang zusammen weggefahren und immer wieder zusammen nach Hause zurückgekehrt. Doch ich weiß, dass sie jetzt an einem Ort ist, an dem sie gut aufgehoben und glücklich ist. Das Gefühl einer Partnerschaft konnte ich ihr nicht geben. Jetzt liegt sie in den Armen eines Menschen, der meine Mutter als die Frau, die sie ist, aufrichtig liebt. Und die gegenseitige Zuneigung in der Wärme des gemeinsamen Bettes ist deshalb so verlässlich, weil die Beziehung von David und meiner Mutter vor über fünfzig Jahren begann. Sie haben sich ein ganzes Leben nicht gesehen und trotzdem geliebt. Ich könnte heulen und tue es auch.

Meine Mutter hat sich wieder verliebt, und das ist so unglaublich und schön, weil sie ihre alten Erinnerungen mit neuen Momenten auffüllen kann. Zu einem Zeitpunkt, an dem keiner mehr damit gerechnet hat. Am wenigstens vermutlich sie selbst. Mir wird klar, dass auch ich wahrscheinlich nicht mehr viele Menschen treffen werde, die mich lieben, wie ich bin. Es ist, als würde einem das Glück nur ein paarmal die Räuberleiter hinhalten, mit der man über die Schutzmauer des Herzens springen kann, um jemanden zu finden, dessen Herz und Seele die gleichen Bedürfnisse haben. Solche Gedanken habe ich nie, wenn es darauf ankommt, in meinen Texten etwas Kluges zu sagen. Diese Gedanken kommen mir erst in der

Abgeschiedenheit eines Flugzeuges, hoch über der Erde mit dem Blick auf das Dach aus Wolken und das Glühen der Morgensonne. Ich habe immer nur reagiert, nie aber aktiv nachgedacht über das, was in meinem Leben geschieht, zu welchen Entscheidungen es mich bringt oder ich mich zwingen lasse. Ich war wie eine Gärtnerin, die ehrgeizig ihren mit prächtigen Pflanzen bestückten Garten entweder ertränkte oder die Pflanzen aus Ratlosigkeit über die richtige Pflege vertrocknen ließ. Nie habe ich das richtige Maß gefunden, um so zu gießen, dass die Pflanzen gedeihen. Nie habe ich Hilfe gesucht, um zu verstehen, wie ich mir meinen Garten vorstelle und was ich mache, wenn darin nichts von dem wächst, was ich mir gewünscht habe. Nie habe ich mich gefragt, ob ich auch etwas ganz anderes darin pflanzen kann. Aber es ist ja nicht so, als könnte man das Telefonbuch einfach aufschlagen oder danach im Internet suchen: *Lebe ich mein Leben, oder lebt mein Leben mich?*

Im Bauch des Flugzeuges, eingequetscht in meinen Economy-Sitz, merke ich, wie die Gedanken in meinem Kopf ihre kleinen, müden Augen aufschlagen, sich rekeln, ihre Glieder ausstrecken, sich über die Aufmerksamkeit freuen und weitergesponnen werden wollen. Wie sie mich anstupsen, mich auffordern, meinen Blick nach innen zu richten, hin zu meinem Kern, der alles ausmacht, was ich bin und darstelle, und mir selbst doch am meisten verborgen ist. Wahrscheinlich habe ich gerade nur ein richtig heftiges Gras-Flashback von diesem Lemon Haze, aber was da in meinem Kopf passiert, fühlt sich an wie Tetris spielen. Ich tilge eine Reihe nach der anderen und erreiche das nächste Level. Ich fühle meine Gefühle. Ich gebe ihnen den Raum, sowohl den positiven als auch den negativen. Erst kneifen sie mich, um zu sehen, ob ich sie beachte, dann streicheln sie mich, nehmen mir die Angst, sie anzuschauen, geben mir Zuversicht, dass ich ihnen vertrauen kann, und hauen mir dann voll eine rein: *Du sehnst dich nach Verliebtheit, Verbundenheit und Zärtlichkeit. Du willst zeigen: Bei mir funktioniert noch alles. … Ich komme noch durch den TÜV! Nichts ruft lauter »Junge Frau!« als ein runder Babybauch. … In deinem Alter noch schwanger werden zu wollen ist egoistisch. … Dein Kind wird in der Schule wegen seiner alten Mutter gehänselt und muss mit der Angst leben, dass du bald stirbst. … Und denk daran: Bei der Hälfte aller Scheidungen haben die Paare minderjährige Kinder.*

All das geht mir durch den Kopf.

Und dann steht ein Gedanke so klar vor mir, als könnte ich seine Umrisse anfassen: *Ich will unbedingt Mutter werden, ja. Aber nicht, um meiner Existenz endlich einen Sinn zu geben. Sondern weil ich so viel Liebe zu geben habe.*

Auch ich bin wie Mohn. Ich trage nicht nur die Traumata meiner Vorfahrinnen in mir, sondern auch die Liebe und Herzenswärme, mit denen sich diese Frauen unterstützt haben. Und das möchte ich weitergeben. Ich habe so viel Liebe in meinem Herzen, die kein Ziel hat, an dem ich sie wie eine Gießkanne über den Blumenbeeten ausschütten kann, damit daraus wunderschöne Blumen wachsen. Wenn das Überschütten mit Liebe uns glücklich macht, dann muss das Nichtaufbrauchen von Liebe einen gegenteiligen Effekt haben. So, als würde eine zornige Ranke das Herz überwuchern und dafür sorgen, dass sein einst kräftiges Pumpen zu einem zaghaften Schlagen verkümmert. Ich packe die Ranke an der Wurzel und reiße sie raus.

Das Flugzeug setzt auf, wir kurven über das Gelände zu dem Parkplatz, der direkt am Terminal liegt und nicht in der hinterletzten Ecke, bevor der Wald beginnt, in dem die Füchse leben. Ich bin erschöpft und warte noch, bevor ich wie alle anderen mein Handy wieder anschalte. Stattdessen genieße ich den Moment, in dem ich nicht erreichbar, aber auch nicht ablenkbar bin. Es ist Freiheit, die ich empfinde, die Freiheit davon, sich dauernd zu Wort melden zu müssen, mit einer Antwort, einem Herz, einem Smiley, einer Empfangsbestätigung, einer Zusage, einer Absage, einem Feedback, einem Sorry, einem Glückwunsch, einem tollen oder witzigen Foto.

Ich stehe auf, strecke die Arme zur Seite und lasse meine Schultern kreisen, um meine Brust so zu öffnen, wie ich es von Opal gelernt habe.

Meine Sitznachbarin steht bereits mit geschulterter Tasche neben mir und starrt zum Ausgang, den wir aber gar nicht sehen können, weil alle Passagiere, bis auf mich, im Gang stehen.

Ich fische die Zeitungen aus dem Netz des Vordersitzes und packe sie in meinen Rucksack, der plötzlich irgendwie so nach Gras riecht. Die Vorstellung, seit Kurzem einen Stiefvater zu haben, und zwar einen, der unter einem Avocadobaum auf einem Gartenstuhl sitzt und sich einen Joint baut, zaubert mir wieder ein Lächeln auf die Lippen. Mein Handydisplay ist schwarz, ich schalte das Gerät an und gebe meine PIN ein. Es dauert nicht lange, bis die Nachrichten meiner Mutter mit einem schrillen *Ping! Ping! Ping!* aufploppen, in denen sie sich besorgt nach meinem Flug erkundigt. Sie will wissen, ob ich einen schönen Sitzplatz habe, wie das Essen war, ob ich schlafen konnte oder einen Film gesehen habe. Wenig später schreibt sie, ob ich schon angekommen bin, ob ich auf dem Flug meine Stützstrümpfe anhatte und genug Wasser getrunken habe, wie es mir geht, ob ich sie vermisse und mich auf Floyd freue. So sind Mütter, zumindest meine: Sie schicken einen weg und schreiben dann die ganze Zeit Nachrichten hinterher. Ich antworte, dass alles gut ist und ich mich auf Floyd freue. Ich will nicht nur nach Deutschland, sondern in mein Leben zurück. Die Liebe zu Floyd ist durch meine Abwesenheit nicht weniger geworden. Es gibt Paare, die sich einige Zeit nicht sehen und dann feststellen, dass sie nichts mehr verbindet, aber beim Landeanflug auf Berlin verriet mein stolperndes Herz, dass es ihn wirklich vermisst hat. Ich hoffe, dass es ihm genauso geht, und ich möchte, dass er sieht, dass sich dieser Trip gelohnt hat und ich als ein anderer Mensch zurückkehre als der, der vor über sechs Wochen heulend mit einem Käsebrot in den Zug gestiegen ist.

Auch wenn Floyd zu meinem Leben gehört, konnte ich diesen Teil nur mit mir selber ausmachen. Es ist wie in einer Wohngemeinschaft, in der es gemeinsame Aufenthaltsräume, aber getrennte Schlafzimmer gibt. Jeder darf etwas in den gemeinsamen Raum mitbringen und dort abstellen, egal ob es dem anderen gefällt, denn es geht ja darum, dass sich beide darin wohlfühlen, aber es ist wichtig, nicht die eigenen Räume aufzugeben. Mein Kinderwunsch war wie ein Monolith, den ich im Wohnzimmer abgestellt und neben den ich mich stumm gesetzt habe. Eine dunkle, aufragende Felsmasse und daneben ich, selber zu schwach, um das Ding zu bewegen, und zu sprachlos, um zu erklären, was es für mich bedeutet.

Die Karawane an Fluggästen – die eine Hälfte in makellosen Businessanzügen, die andere Hälfte so wie ich mit verknitterten Klamotten und zerzausten Haaren – setzt sich in Bewegung. Wir dürfen aussteigen, ich aber würde gerne noch ein wenig länger hier stehen, so als hätte jemand auf die Pause-Taste gedrückt. Die Stewardessen verabschieden sich freundlich, und ich denke darüber nach, was für einen Traumberuf sie haben (oder auch nicht), denn sie fliegen um die ganze Welt, sehen davon aber nur die Menschen, die an den Flughäfen ein- und wieder aussteigen.

Im Terminal gehe ich auf die Damentoilette und schaue in den Spiegel, um festzustellen, ob man was sieht: *Habe ich mich verändert?* Ich sehe lädiert aus. Wenn ich lache, habe ich Krähenfüße, die sich in feinen Linien von meinen Augenwinkeln zu den Schläfen hochknittern. Mein rechtes Augenlid hängt etwas runter. Mein Gesicht ist aber auch weicher und zugänglicher geworden. Dieser angestrengte Blick ist einer Gelassenheit gewichen, die vorher nicht da war. Ich fühlte mich gehetzt. Vor dem Einschlafen kreisten jeden Abend all die Dinge durch meinen Kopf, die ich am nächsten Tag erledigen musste. Meine To-do-Liste wurde nie kürzer, sondern füllte sich jeden Tag mit neuen Aufgaben, oder schlimmer: Es standen noch immer die Dinge darauf, die ich seit Wochen vor mir herschob – kritische E-Mails beantworten, Rechnungen bezahlen, die Fahrradversicherung kündigen, weil mein Fahrrad längst gestohlen war.

Ich bin dankbar für Dinge, die vorher für mich selbstverständlich waren. Eben dass ich, anders als David, gesund bin. *Du hast zwar kein Kind, dafür aber auch keinen Krebs*, würde er sagen. Ich habe eine Familie, die mich liebt, und viele Chancen, meine Zukunft zu gestalten, auch wenn ich mir bis hierhin vielleicht einen geradlinigeren Verlauf gewünscht hätte. Mein Leben hat einen Schlenker gemacht. Wer weiß, wofür er gut ist.

Ich bin auch dankbar für die Überraschungen, die das Leben in den letzten Wochen bereitgehalten hat. Sie wären mir nicht begegnet, hätte ich mich nicht auf dieses Abenteuer eingelassen. Eine verliebte Mutter mit über siebzig hat mich anfangs überfordert, weil ich nicht wusste, wie ich damit umgehen sollte, dass meine Mutter trotz ihrer Einsamkeit so positiv durchs Leben ging, während ich wegen der Kinderwunschbehandlung durchhing. Und zum anderen konnte ich es nicht fassen, dass Verliebtsein als Rentner noch genauso funktioniert wie als Teenager. Die Liebe ist ein so reines Gefühl, wie unfassbar schön zu sehen, dass sie sich auch im Alter nicht verändert. Wenn man Glück hat, darf man das erleben: Liebe bleibt Liebe. Auch nach fünfzig Jahren.

Ich spüre etwas in mir, von dem ich sicher war, es verloren zu haben, oder zumindest hatte ich vergessen, wie es sich anfühlt, denn in diesem Moment, in dem ich vor dem Spiegel auf dem Flughafenklo stehe, da fange ich vor lauter Zuversicht an, breit zu grinsen.

Ich sehe Floyd, wie er dasteht, mit einer neuen Jacke und einem großen Becher Kaffee für mich in der Hand. Er weiß, dass ich mich mehr über einen Kaffee freue als über alle Rosen oder Luftballons. Ich falle ihm um den Hals und fange an zu lachen – vor Freude und Erleichterung, diese Reise zu meiner Mutter, in ihre Vergangenheit und damit in meine Zukunft hinter mich gebracht zu haben und wieder dort zu sein, wo ich hingehöre. Zumindest in diesem Moment.

Erinnerungen meiner Mutter, 2017

David hat mir bewiesen, dass er noch immer zu den wenigen Männern gehört, die hervorragend küssen können. Als Frau fürchtet man immer, körperlich nicht mehr attraktiv genug zu sein. Für Sex im Alter muss man deshalb eine Menge Humor und Ehrlichkeit mitbringen. Und viel Zuneigung, auch für die Alterserscheinungen wie Hüftprobleme oder eine fehlende Erektion. Am schönsten ist, dass man sich nichts mehr vormachen muss. Es ist eben alles ein bisschen eingerostet. Wir haben nächtelang geredet. »Irgendwann müssen wir auch mal schlafen«, sagte David. Der Unterschied zwischen Liebe mit siebzehn und Liebe mit siebenundsiebzig? Es gibt keinen. Man ist aufgeregt, fühlt sich belebt. Man denkt die ganze Zeit an den anderen, kann nicht schlafen, ist unsicher, ob das Interesse beim Treffen erwidert wird. Ich konnte nächtelang nicht schlafen.

MOHN & REGEN – KAPITEL 10

100 DINGE

Wie gut es mir geht, darüber staune ich selbst am meisten. Ich merke es daran, dass ich nicht nur jeden Morgen gerne aufstehe, sondern am Dienstag nicht schon das Wochenende herbeisehne. Jeder Tag ist okay, nicht besonders aufregend oder stressig, aber okay. Ich arbeite unter der Woche in einem Restaurant, nehme die Bestellungen für das Mittagessen auf, spüle danach die Teller ab und kümmere mich am Nachmittag um die Dekoration auf den Tischen, damit der Laden am nächsten Tag wieder einladend wirkt. Es läuft gut, ich freue mich, wenn ich morgens die Tür aufschließe. Ich bekomme so viel Lob wie noch nie in meinem Arbeitsleben zuvor. *Wie glücklich es machen kann, für andere Menschen Kaffee zu machen*, denke ich, wenn ich die Milch aufschäume und versuche, ein Herz in den Becher zu gießen, aber ich kann noch keine Muster. Die Leute lächeln mich trotzdem an und sagen Danke. Sie fragen, wie es mir geht und wie es läuft. Manche kennen sogar schon meinen Namen. Am Samstag arbeite in einem Secondhandladen im Kiez, räume die Kabinen auf, berate die Kundinnen und kassiere. Es ist unglaublich, welche Mengen an Kleidern, Mänteln und Blusen die Leute zum Verkauf abgeben. Teilweise hängen an den Klamotten noch die Preisschilder, weil sie nie getragen wurden. Eine Frau zeigte mir ihre Sachen, die ich annehmen sollte, weil die Inhaberin des Ladens nicht da war: Es waren alles Designerteile, und jedes davon nannte sie einen Fehlkauf. Leute wie sie sind erleichtert, wenn sie ihre Säcke bei uns abstellen können und das Zeug los sind. Je mehr ich von diesen Dingen umgeben bin und die kurze Haltbarkeit ihrer Anziehungskraft begreife, desto weniger will ich davon haben. Ich denke an das Haus meiner Mutter mit dem ganzen Zeug und Familie Silberfisch darin, wie ich mit ihr in ihrem Arbeitszimmer saß und ihr stumme Vorwürfe gemacht habe, bis ich verstand, dass sie überfordert war – so wie die Leute, die sich nicht mehr anders zu helfen wissen, als teure Kleidung in einen Sack zu stopfen und vor die Tür zu stellen. Das Geld, das ich verdiene, ist fast das Gleiche wie früher. Es gibt nur einen Unterschied: Es ist am Monatsende auf meinem Konto und nicht erst acht Wochen später. Ich genieße es so sehr, dass ich dafür nicht den ganzen Tag auf einem Stuhl sitzen muss und meine Aufgaben am Abend alle restlos erledigt sind. Früher hörte meine To-do-Liste niemals auf. Klar gibt es Gäste oder Kunden, die nerven, aber da ist kein schlechtes Gefühl, das ich mit nach Hause oder in meine Träume nehme. Nur die Füße tun weh. *Was für ein Leben*, denke ich. So echt, so nah und ohne dabei ein ständiger Kampf zu sein. Und es war die ganze Zeit da, ich habe mich nur nicht getraut, es auszuprobieren. Es ist nichts, über das ich mich definiere. Ich schäme mich nicht dafür, dass ich jetzt kleinere Brötchen backe. Weil ich wieder schreibe. Es sind nur kurze Texte, die ich ohne Auftrag schreibe, einfach nur für mich. Ich speichere sie auf meinem Computer als »Fetzen« ab. Es sind Texte, in denen ich wie damals als Kind einfach meiner Fantasie freien Lauf lasse, manchmal sind es auch Gedichte. Eines Tages möchte ich ein ganzes Buch schreiben. Ich habe es noch niemandem erzählt, ich habe weder einen Agenten noch einen Verlag. Aber das ist das Einzige, was ich mir vorstellen kann zu machen, bis ich alt bin: gute Geschichten erzählen.

Diese Form der Lebensentspannung ist sicher gut für die Fruchtbarkeit, mir geht's aber erst mal nur darum, wieder Bock auf etwas zu haben. Da will ich hin. Floyd sagt, ich bin verändert. Ich weiß, was er meint, es ist nicht negativ. Ich bin näher an mir dran. Wie auf scharf gestellt im Auge der Kamera. Apropos Nähe: Unsere Berührungen im Alltag sind wieder häufiger geworden. Floyd und ich reichen uns beim Essen die Hand über den Tisch, wir umarmen uns, wenn wir uns sehen oder an der Ampel stehen, und küssen uns vor dem Schlafengehen auf den Mund. Aber ohne dass einer von uns beiden denkt: *Aha, der Eisprung steht kurz bevor.* So viele Gesten und Versicherungen unserer Liebe, des Zusammenseins und Zueinandergehörens sind uns in den letzten zwei Jahren abhandengekommen. Wir hatten uns als Paar aus den Augen verloren, jetzt gehen wir spazieren und reden, suchen die Nähe des anderen, haben Sex und lachen oft. Wir reden und streiten offen miteinander, bleiben dabei aber immer wertschätzend, weil wir uns unserer Verletzlichkeit bewusst sind.

»Schauen wir noch in die gleiche Richtung?«, fragt er mich ein paar Abende nach meiner Rückkehr.

»Wie meinst du das?«

»Was glaubst du, wie das an dem Tag bei der Ärztin für mich war?«

»Genauso schlimm wie für mich, denke ich.«

»Es war ein Schlag in die Fresse. Ich habe mir nie Sorgen über das Thema Kinder gemacht. Ich habe an meiner Intelligenz oder meinem Fußballtalent gezweifelt, nie aber an der Qualität meiner Samen.«

»Vielen Männern geht es so.«

»Das tröstet mich nicht. Fakt ist: Wir können auf natürliche Weise zusammen kein Kind bekommen. Dabei heißt es doch: Männer können immer. Mick Jagger war schon Opa und ist dann noch mal Vater geworden. Nach der Diagnose hätte ich am liebsten die Tür zugeknallt und wäre heulend aus der Klinik gelaufen. Auch ich bin in ein Loch gefallen. Aber das hast du gar nicht gemerkt, weil du kopfüber in deins gesprungen bist, wenn du deine Tage bekommen hast.«

»Ich wusste nicht, dass du das Zusammensein mit mir als eine Last empfunden hast.«

»Habe ich nicht, aber weißt du, wie oft ich schlaflos nachts neben dir lag? Es gibt selten Beziehungen, in denen es dem einen Partner miserabel und dem anderen gut geht. Ich habe mich gefühlt wie ein Verräter. Auch ich musste für mich klären, wie mein Leben weitergeht, während du in Kalifornien lecker Burger gegessen hast und durch die Wälder gewandert bist. Wie mein Plan lautet, wenn du wiederkommst und sagst: ›Ciao Kakao, das war's.‹ Ich habe alle glücklichen Paare mit einem gesunden Baby auf dem Arm gehasst, obwohl ich es nicht wollte.«

»Diese Hassgefühle hatte ich auch.«

»Ich fühle mich aber trotzdem noch wie ein Versager. Nicht nur die Behandlung, sondern auch alle Familienfeste belasten mich. Ich habe keinen Bock mehr auf unsere Freunde, weil die inzwischen fast alle Kinder haben. Nicht zu wissen, wie es weitergeht, blockiert mich. Ich habe überlegt, ob ich dir die Chance geben soll, deinen Kinderwunsch in einer neuen Partnerschaft zu erfüllen.«

»Bitte nicht.«

»Wusstest du, dass von zwölf Paaren nach einer IVF oder ICSI zehn einen Embryotransfer erreichen, drei eine Schwangerschaft, und nur zwei bekommen Nachwuchs?«

»Ja, ich kenne die Zahlen. Aber es passieren auch immer wieder Wunder.«

»Ein Mann soll doch, bevor er dreißig wird, ein Haus bauen, einen Baum pflanzen und einen Sohn zeugen.«

»Auf unserem Balkon steht immerhin Basilikum«, sage ich und zeige nach draußen.

Floyd hat für meine Rückkehr den Balkon so hergerichtet, dass wir morgens dort unseren Kaffee trinken können. Das macht meine Mutter auch immer: mit Humor etwas aus der Situation herausreißen, damit es nicht so wehtut.

Er schaut mich an, so nach dem Motto: *Nimmst du mich nicht ernst?*

Dann lachen wir Tränen.

Ich halte ihn im Arm, er weint und lacht zugleich.

»Ich sag nicht ›Ciao Kakao‹.«

Eine amerikanische Schauspielerin schrieb einmal über ihre IVF-Erfahrungen, dass man in seinem Leben viele Dinge selbst bereinigen könne: eine Beziehung beenden, clean werden, sich entschuldigen. Aber man könne das Universum nicht zwingen, einem ein Baby zu schenken, wenn der Körper es einem versagt. Schwache Tiere sterben in den Wäldern, während die Herde weiterzieht. Schlechte Eizellen lassen sich nicht befruchten. Die Natur beugt sich nicht. Ich bin dabei, meinen Frieden damit zu machen, und schreibe eine Liste mit hundert Dingen, die mich glücklich machen. Ich komme erst auf neununddreißig. Den Rest werde ich mir in den nächsten Jahren erarbeiten. Manche sind einmalige Ereignisse, andere Momente des Alltags, die ich jederzeit erleben kann. Ich will mich selbst immer wieder daran erinnern, dass mein Glück aus vielen kleinen Dingen besteht. Und nicht aus einer einzigen großen Sache.

1. Das perfekte Frühstücksei
2. Ausflüge planen
3. Morgens auf dem Balkon Kaffee trinken
4. Floyd umarmen
5. Mittagsschlaf machen und verschwitzt aufwachen
6. Am offenen Feuer sitzen
7. Eierlikör aus dem Schokoladenbecher
8. Dänische Krimiserien
9. Im Winter den Sommerurlaub buchen
10. Brennende Kerzen auf dem Tisch
11. Pinker Nagellack
12. Der Geruch von frischer Bettwäsche
13. Warme Hände
14. Roher Kuchenteig
15. Der Moment, in dem man das Meer wiedersieht
16. Von der Kälte ins Warme kommen
17. Die Ruhe zwischen den Jahren
18. Wenn der Besuch endlich klingelt

19. Allein im Museum sein
20. Den Wind auf der Haut spüren
21. Ein Kreuzworträtsel vollständig lösen
22. Mau-Mau gewinnen
23. Fischbrötchen essen
24. Der erste Frühlingstag ohne Jacke
25. Fotos meiner kleinen Nichte
26. Eine liebe Freundin wiedersehen
27. Ein Event absagen, auf das man keine Lust hat
28. Einen Spaziergang durchs Viertel am Abend machen
29. Ein aufgeräumter Küchentisch
30. Holzofenpizza mit knusprigen Rändern
31. Nein sagen
32. Ein offenes Gespräch
33. Wenn es das Paar Schuhe noch in meiner Größe gibt
34. Die Schuhe doch nicht kaufen
35. Ein neuer Song von Beyoncé
36. Ein rosa-blauer Abendhimmel
37. Die Weinschorle am Freitagabend
38. Wenn es nach dem Stau weitergeht
39. Morgens aufwachen und spontan blaumachen

…

Wenn meine Mutter aus Kalifornien anruft, klingelt mein Handy meist gegen fünf Uhr nachmittags. Wir facetimen eine halbe Stunde, erzählen uns, was passiert ist und wie's uns geht. Meistens sitzt sie dabei im Garten. Die Sonne scheint ihr ins Gesicht. Ab und zu umhüllt sie eine Wolke aus Rauch, und dann erscheint kurz das grinsende Gesicht von David auf dem Bildschirm, der »Hi« sagt und wieder verschwindet. Ich habe ihn so lieb gewonnen. Weil er meine Mutter nicht nur küsst, sondern ihr auch mit seinem Elektrorasierer den Damenbart rasiert. Er findet das so süß an ihr. Ich verstehe, was meine Mutter meinte, als sie sagte, dass er »wohltuend intelligent«

sei, weil er eben auch weiß, dass dunkle Haare am Kinn zum Altern einer Frau dazugehören. Meine Mutter sieht entspannt und deshalb noch mal um ein paar Jahre jünger aus, es ist, als würde sie in Kalifornien das Altern nicht nur anhalten, sondern umdrehen können. Wir reden nie darüber, wie sehr ich sie vermisse. Ich weiß, dass sie jetzt genau an dem Ort ist, wo sie hingehört. Die Ladys kommen sie bald alle zusammen besuchen. Darauf freut sie sich.

Floyd und ich haben ihr Haus mit einem Entrümplungs- und Umzugsdienst ziemlich schnell leer bekommen, viel schneller, als wir es selber jemals geschafft hätten. Allein würde meine Mutter immer noch in dem Arbeitszimmer sitzen und Briefe, Zeitungen und Fotos sortieren. Ein großer Teil unserer gemeinsamen Vergangenheit ist im Müll verbrannt. Auch das Zeug von meinem Vater. Es ist gut, dass es weg ist. Es hat keine Bedeutung mehr. Die Erinnerungen an ihn tragen wir in uns, sie stecken nicht in seinen leeren Kalendern.

Eine Trennung bedeutet nicht nur Freiheit oder Neuanfang für den einen, sondern auch für den anderen. Das gilt sogar für ein Haus. Es wurde nach dem Umzug verkauft und renoviert. Die Auslegeware wurde herausgerissen, und damit flog auch Familie Silberfisch raus. Die Bäder und die Küche wurden neu gemacht, die Fassade und der Garten umgestaltet. Jetzt wohnt eine junge Familie mit zwei Kindern darin. Ich kenne sie vom Sehen, der Vater ist Anwalt, die Mutter bekommt bald das dritte Kind. Sie haben zwei Töchter, niedliche Mädchen in karierten Kleidern, die mich an meine Schwester und mich erinnern. Die Große geht in die Grundschule, auf die ich früher gegangen bin, und fährt so wie ich mit dem Fahrrad dorthin. Sie haben vorher ein paar Straßen weiter gewohnt, in einer Wohnung ohne Garten. Die Kinder haben jetzt einen Sandkasten, ein Spielhaus und eine Schaukel. Der Vater hat uns eingeladen, dass wir jederzeit vorbeikommen können, um uns das Haus anzuschauen. Ich habe mich erst mal für den Zustand des Hauses bei ihm entschuldigt. Aber er und seine Frau meinten, dass sie es gar nicht so schlimm gefunden hätten. Es sei doch gemütlich gewesen, und man habe gemerkt, dass hier eine Familie gerne gelebt habe. Und dass eine ältere Dame irgendwann nicht mehr Sorge für ein ganzes Haus tragen könne, das sei doch vollkommen klar.

An anderer Stelle wartet noch ein Neuanfang, um seinen Zauber zu entfalten: Die Möbel in Mamis neuer Wohnung sind noch foliert, die Lampen noch nicht angeschlossen. Der Rest ihres Besitzes ist in Kisten verpackt in einem Lagerhaus am Stadtrand untergebracht. Sie wusste gar nicht, dass es solche Möglichkeiten gibt, und es hat uns den Druck genommen, jedes Blatt Papier in ihrem Arbeitszimmer zu sichten. Irgendwann kann sie anfangen, die Sachen auszupacken und zu sortieren. Sie hat eingesehen, dass jetzt nicht die Zeit dafür ist. Mami soll leben. So lange, bis sie wiederkommt, kann alles andere warten. Ihr Glück lässt sich nicht verschieben.

Vier Wochen nach meiner Rückkehr gehe ich zu meiner Ärztin und sage, dass wir einen weiteren ICSI-Versuch wagen wollen. Ich habe dafür meine Lebensversicherung aufgelöst, die ich vor ein paar Jahren als Altersvorsorge angelegt habe. Aber der Vertrag ist sowieso Mist, und ich kann nicht mit dem Kinderwunsch abschließen, solange ich nicht diesen einen Versuch unternommen habe. Dieses Mal machen wir keine Stimulation, die mich in die Wechseljahre schickt, sondern punktieren eine reife Eizelle aus meinem Eierstock, die mein Körper selber ausgesucht hat, anstatt dazu gezwungen zu werden. Das geht einfach ohne Narkose, nur mit einem Schmerzmittel, das ich vorher trinke und das nach Hustensaft schmeckt. Die Befruchtung klappt. Drei Tage später wird mir der Embryo eingesetzt. In zwei Wochen kann ich einen Schwangerschaftstest machen.

Wieder Sonntag. Mein Telefon klingelt wie immer gegen fünf. Mami und David rufen zusammen an, was ungewöhnlich ist.

»Hey, Leute, ist was passiert?«, frage ich.

»Hi, Schatz, wie geht es dir?«

»Alles okay – und bei euch?«

»Ja, wir waren heute am Strand spazieren. Danach habe ich versucht, Bratkartoffeln zu machen.«

»Sie hat fast unser Haus abgefackelt«, ruft David aus dem Off.

»Was hast du gemacht?«

»Ich wollte Bratkartoffeln machen ... Aber die Pfanne hat Feuer gefangen. Und dann auch meine Haare.« Meine Mutter hält eine verbrannte Strähne in die Kamera.

»Die amerikanischen Heizspiralen mögen keine Pfannen aus Gusseisen.«

»Und jetzt hängt der Haussegen schief?«, frage ich.

»Nein, nein – keine Sorge. Wir wollten euch etwas sagen«, antwortet Mami.

»Deine Mutter möchte, dass wir heiraten!«, erklärt David, der sein Gesicht lachend ins Bild schiebt. »Ich habe gesagt, dass ich sie nur frage, wenn sie verspricht, Nein zu sagen!«

»Wir sind also verlobt«, sagt meine Mutter.

Ich weiß noch, wie meine Mutter auf meine erste Verlobung reagiert hat. Da war ich Anfang zwanzig und hatte meine Ausbildung noch nicht fertig. Ich hörte die Panik in ihrer Stimme, und ihr fiel nichts Besseres ein als: »Oh, da brauche ich wohl einen Hut.« Ich schrieb ihr daraufhin einen Brief, in dem ich ihr schriftlich versicherte, dass ich keinesfalls gedenke, schwanger zu werden und eine Familie zu gründen, aber dass dieser Mann der Richtige für mich sei und sie mich doch immer auch darin bestärkt habe, auf mein Herz zu hören.

Mit einer Hochzeit würde meine Mutter ihre Ansprüche auf die Witwenrente verlieren.

Ich bin mir ziemlich sicher, dass sie das nicht will, deshalb sage ich genauso wie sie damals: »Da brauche ich wohl bald einen Hut!«

Ich rufe nach Floyd: »Komm mal, mein Stiefvater in spe ist dran!«

»Stiefvater?«, fragt Floyd, der seinen Kopf neben meinen schiebt.

»Meine Mutter ist verlobt!«, sage ich.

Meine Mutter und David lachen laut.

»Das sind gute Nachrichten! Wir freuen uns mit euch!«, antwortet Floyd.

Ich ärgere mich, dass ich als Tochter der Braut das nicht gesagt habe. Ein junges Paar hätte man sicher gleich beglückwünscht, aber Menschen von fast achtzig Jahren, von denen einer schwer krank ist? Für immer und ewig wird diese Ehe nicht sein. Aber muss die Ewigkeit überhaupt sein? Zählt nicht genau dieser Moment, in dem meine Mutter in ihrem Alter jemanden gefunden hat, mit dem sie sich vorstellen kann, wirklich bis zum absehbaren Ende zusammenzubleiben? Wenn das nicht der perfekte Zeitpunkt ist, um zu heiraten, dann weiß ich es auch nicht.

»Wann ist die Hochzeit?«

»Bist du irre? Wir sind nur verlobt«, sagt meine Mutter. »Sonst verliere ich doch meine Witwenrente!«

»Hast du wenigstens einen Ring bekommen?«, frage ich meine Mutter.

Das Detail interessiert mich natürlich, zumal die Amerikaner bekanntermaßen Verlobungsringe mit sehr großen Diamanten verteilen.

»Hier, schau!« Sie hält einen Schlüssel mit einem Surfbrett-Anhänger in die Kamera.

»Das ist der Schlüssel zu Davids Haus. Das ist mein Verlobungsring.«

Floyd und ich lachen.

Mami und David küssen sich auf den Mund. Mittlerweile irritiert mich der Anblick meiner knutschenden Mutter nicht mehr.

»Ich muss euch auch etwas erzählen«, sage ich.

Floyd schaut mich an, er nickt und legt seine Hand auf meine Schulter.

»Ab Mai habe ich einen neuen Job.«

»Herzlichen Glückwunsch, das sind fantastische Neuigkeiten«, sagt David. »Hast du doch noch eine neue Redaktion gefunden, in der du arbeiten möchtest?«

Meine Mutter legt den Kopf schräg, schüttelt ihn und verengt ihre Augen zu Schlitzen.

Meine Lippe zittert, ich schüttele ebenfalls den Kopf.

Meine Mutter fängt an *Ahhhwww*-Laute von sich zu geben.

David guckt irritiert zwischen uns und ihr hin und her. »Was ist geschehen?«, fragt er.

Floyd wischt sich die Nase.

»Es freut mich so sehr!«, juchzt meine Mutter und rückt mit dem Gesicht näher an den Bildschirm heran.

Jetzt heulen Mama, Floyd und ich.

»Was ist los?«, fragt David wieder im Hintergrund. »Habe ich etwas verpasst?«

»Ihr neuer Job: Sie wird Mutter«, klärt ihn Floyd auf. Er sieht mich stolz an.

Der Schwangerschaftstest war positiv. Es war unsere letzte Chance, bevor ich die Spritzen und Vaginaltabletten für immer in den Müll geschmissen hätte. Ich konnte es erst nicht fassen. Wie auch, nach all diesen Rückschlägen und Flops? Mir war in den Tagen nach dem Transfer etwas schwindelig, aber sonst fühlte ich mich normal. Zwei Wochen später ging ich zum Bluttest. Meine Zähne klapperten. Ich war auf die nächste Enttäuschung vorbereitet, auch wenn es immer einen Funken Resthoffnung gibt, den man sich aber nicht gönnt, aus Angst, er könnte verglühen.

Drei Stunden später schickte mir die Ärztin eine SMS mit einem Smiley.

Ich starrte auf das Handydisplay und schickte ein Fragezeichen zurück.

Sie schickte mir einen Daumen hoch.

Ich rief sie an, weil ich es immer noch nicht verstand.

»Willst du es gleich deinem Mann sagen?«, fragte sie fröhlich.

»Was denn?« Ich war anscheinend schwer von Begriff.

Dann weiß ich nur noch, wie ich aufgelegt habe und bestimmt

zwei Minuten still im Zimmer saß. Ich schaute nach links und nach rechts, hielt meinen Bauch fest.

Ich rief niemanden an, sondern ging zur Apotheke und kaufte zwei Schwangerschaftstests. Ich wollte es mit meinen eigenen Augen sehen.

Während der Kinderwunschbehandlung habe ich nie selber zu Hause einen Test gemacht, weil die Blutwerte aus dem Labor genauer sind und ich nicht zweimal gesagt bekommen wollte, dass es wieder nicht geklappt hat. Wieder zu Hause pinkelte ich erst auf den einen, dann auf den anderen Teststreifen. Beide zeigten das gleiche Ergebnis.

Draußen regnete es. Ich wartete den Regen ab und fuhr mit der Tram zu Floyds Arbeit. Ich hatte mir an diesem Tag wegen des Bluttests extra keine Schicht im Restaurant oder Laden eingetragen, um mich für die Enttäuschung zu wappnen. Und jetzt das!

Unter meinem Schirm winkte ich Floyd von draußen zu und gab ihm ein Zeichen, er solle rauskommen. Es dauerte ein paar Minuten, weil er noch ein Telefonat beenden musste. Da stand ich, wie so viele Male in meinem Leben heulend und lachend zugleich. Ich kickte ein paar Steine in eine Pfütze.

Floyd kam zu mir unter den Schirm.

Ich umarmte ihn mit einem Arm, ohne etwas zu sagen.

Er hielt mich fest. »Ich bin auch traurig«, sagte er.

Dann fing ich in seinen Armen an zu lachen.

»Was ist so lustig?«

»Der Test.«

Er sah mich lange an und sagte dann: »Ich glaub's nicht.«

»Ich auch nicht. Deshalb habe ich zwei gemacht.«

Ich zeigte ihm die beiden Streifen, die ich in meiner Tasche trug.

Wir starrten auf das Ergebnis.

Der Geruch von Regen auf trockener Erde stieg vom Boden auf. Dann versuchte Floyd, mich hochzuheben, aber er schaffte nur, ein Bein zu halten, und so drehten wir uns mit dem Schirm im Kreis.

Erinnerungen meiner Mutter, 2021

Aufgrund der Corona-Pandemie und dem damit verbundenen Einreiseverbot für Europäer in die USA habe ich David seit zwei Jahren nicht gesehen. Aber wir telefonieren täglich.

In seinem Stadium gibt es keine Heilungschancen. Irgendwann reagieren die Zellen nicht mehr auf die Medikamente. Ich würde ihn so gerne nach Deutschland holen und schauen, ob man hier mehr für ihn tun kann. Die medizinische Versorgung in den USA ist menschenverachtend. Er erfährt alle Diagnosen per Telefon, es gibt kein persönliches Gespräch zwischen Arzt und Patient.

Im Moment ist er zu schwach, er hat Angst, allein zu fliegen, und wartet darauf, dass ich ihn abholen komme. Ich habe sogar schon ans Kanzleramt geschrieben, um mich dafür starkzumachen, dass Menschen aus dem Schengen-Raum wieder in die USA dürfen. Der Betreff des Briefes lautete: »Liebe ist kein Tourismus.« Ich weiß nicht, ob wir uns jemals wiedersehen. Wenn ich darüber nachdenke, verzweifele ich. Er erinnert mich in unseren Gesprächen immer daran, dass wir zufrieden mit dem sein müssen, was wir haben.

DANKSAGUNG

Ich danke meiner Mutter und ihrem Lebensgefährten, dass sie mir das Vertrauen geschenkt haben, ihre Geschichte aufzuschreiben. Überhaupt meine Mama: Dieses Buch ist für sie, meine Heldin und wichtigste Ratgeberin in allen Lebenslagen. Niemand hat meinen Wunsch zu schreiben je mehr unterstützt als sie. Sie hat jeden Text gelesen und mich immer darin bestärkt, meiner Leidenschaft zu folgen. Ich dagegen staune jeden Tag über ihre Stärke. Wenn ich auch nur einen Bruchteil davon geerbt habe, kann ich mich glücklich schätzen.

Meinem Mann Florian danke ich für seine Geduld mit mir und meiner manchmal aufbrausenden Art. Er ermöglicht mir ein Leben auf dem Land, schenkt mir Sicherheit und Geborgenheit. Und ich danke ihm für das größte Geschenk, das wir uns gegenseitig gemacht haben: unsere Tochter.

Ich hoffe, dass man es diesem Buch anmerkt, wie sehr ich meine ganze Familie, auch meine Geschwister, liebe. Sie spannen unter mir ein unsichtbares Netz, und ich weiß, sollte ich jemals fallen, dann falle ich niemals tief und lande weich.

Meiner Kollegin Okka Rohd danke ich, dass sie den Kontakt zu Thomas Schmidt-Wölke von Landwehr & Cie. hergestellt hat. Er hat von Anfang an die Geschichte geglaubt, mir bei der Entwicklung des Manuskripts geholfen und wurde nicht müde, das Projekt auf der

Messe vorzustellen. Ihm ist es zu verdanken, dass es *Mohn und Regen* überhaupt gibt.

Dasselbe gilt für Anna Baubin vom Diana Verlag. Unser erstes Telefonat ging über eine Stunde lang, und dabei wurde mir klar, wie viele Frauen zwischen Erfolgsdruck, Partnerschaft und Kinderwunsch hin- und hergerissen sind. Ich hoffe, dass ich mit *Mohn und Regen* einen Teil dazu beitragen kann, dass Frauen ihre Verbundenheit erkennen und sich gegenseitig noch mehr in Beruf und Privatleben unterstützen.

Der Fotografin Juliane Dunkel-Bakx danke ich für ihre einfühlsame Art, mit der es ihr gelingt, wirklich nahe Aufnahmen von meiner Familie und mir zu machen.

Nicht zuletzt ein großes Dankeschön und Kompliment an die Redakteurin Janine Malz. Dank ihrer Genauigkeit und ihres Sprachgefühls hat dieses Buch so viel mehr an Qualität gewonnen. Die Arbeit am Manuskript hat mir in dieser Zeit mit am meisten Spaß gemacht.

Auch wenn mein Leben heute nicht mit meinen Träumen und Wünschen zu Abizeiten übereinstimmt, haben mich meine persönlichen Erfahrungen, vor allem aber die Leben meiner Großmutter und meiner Mutter, gelehrt, dankbar zu sein. Das Leben ist ein Geschenk. Packen wir es aus.